Andreas Berberich

Bären · Elche Weiße Schafe

Hochwildjagd im Norden Amerikas

Neumann-Neudamm

BILDNACHWEIS:
Tierbildarchiv Okapia, Frankfurt/M.: Seiten 17, 35, 47, 75, 112, 165 und 201; Günter Daiss: Seiten 57 oben, 184 oben und unten, 202; Dietmar Ruhle: Seite 58 oben und unten. Alle anderen Aufnahmen stammen vom Autor.

CIP-Kurztitelaufnahme der Deutschen Bibliothek:
Berberich, Andreas: Bären, Elche, Weiße Schafe: Hochwildjagd im Norden Amerikas / Andreas Berberich. – Melsungen: Neumann-Neudamm, 1986.
ISBN 3-7888-0506-4

Mühlenstraße 9, 3508 Melsungen
Printed in Germany
Titelgestaltung: Philipp Schneider unter Verwendung eines Dias von Andreas Berberich
Reprotechnik: Druckhaus Dierichs, Kassel
Gesamtherstellung: Werbedruck GmbH Horst Schreckhase, Spangenberg

Dieses Buch ist meinen Jagdfreunden Claus-Henning, Dieter, Günter, Heiner, Hubertus und Kurti gewidmet, die mich auf meinen Reisen begleitet haben; ohne sie wäre es niemals entstanden.

Andreas Berberich

INHALT

Vorwort

Aus einer eher zufälligen Begegnung mit der Neuen Welt entstand meine große Liebe zur Natur im Norden dieses Kontinents. So sind seit über 15 Jahren die „Ewigen Jagdgründe" Nordamerikas – von den bizarren Rocky Mountains über die dunklen Wälder und gläsernen Seen Kanadas bis zu den wilden Weiten Alaskas mit seiner menschenleeren Taiga und Tundra – Ziel meiner zahlreichen Jagd- und Abenteuerreisen.
Wenn auch die Jagd an sich mit ihrem gewollten Erfolg wohl überall auf der Welt sehr ähnlich ist, so gilt gerade für die USA und Kanada das alte Sprichwort „andere Länder, andere Sitten". Dies ist einsichtig, wenn man sich klar macht, daß so wichtige Einflußfaktoren, wie Tiere, Landschaft und Gesetze, doch erheblich von unseren europäischen Vorstellungen der Jagd abweichen.
Mit der Schilderung der Jagd auf die bekanntesten Hochwildarten verbinde ich die Vermittlung vielfältiger jagdfachlicher, aber auch allgemeiner Kenntnisse über Jagdsystem – Tier- und Pflanzenwelt – Land und Leute – outdoorsmen, Jäger und jagdliche Gepflogenheiten.
Diese Kombination von Unterhaltung und sachlicher Information bietet dem Erfahrenen Kurzweil und Wissenswertes; sie erspart den greenhorns sicher viele Fehler und Enttäuschungen beim Waidwerken im Norden Amerikas.
Lassen Sie sich vom Zauber dieser Natur- und Jagdparadiese gefangennehmen!

Haibach, im Frühjahr 1986

Andreas Berberich

COLORADO 1

Outdoors und Greenhorns

Als ich 1966 als blutjunger Student das erste Mal in die Vereinigten Staaten von Nordamerika reiste, wollte ich meine im Staate Colorado lebende Schwester besuchen, die ich lange Jahre nicht gesehen hatte. Obwohl von Kindesbeinen an jagdlich ambitioniert und bereits mit 16 Jahren im Besitz des Jugendjagdscheines, dachte ich doch bei der Vorbereitung dieser Reise nicht an Jagen, sondern eher daran, einen anderen Kontinent kennenzulernen.

Der Dollarkurs stand bei DM 4,20, und die Mittel, über die ein Student damals wie heute verfügte, waren mit und ohne Studienbeihilfe sehr beschränkt. Die jagdliche Ausrüstung blieb daher zu Hause.

Es kam jedoch ganz anders, als ich es erwartet hatte. Bei meinem mehrmonatigen Aufenthalt lernte ich nicht nur die beeindruckende Natur der Rocky Mountains kennen, sondern auch die amerikanische Art zu jagen und die daraus resultierende Jagdgesetzgebung. In meiner mir bis dahin noch unbekannten und deshalb eher suspekten Verwandschaft gab es doch tatsächlich einige Jäger, und bei der sprichwörtlichen Gastfreundschaft der Amerikaner, von der wir Deutsche uns in der Regel eine dicke Scheibe abschneiden können, ergaben sich dann auch bald Kontakte zu weiteren „outdoorsmen". Der Begriff outdoorsman läßt sich unterschiedlich definieren.

Es könnte ein Aneinanderreihen von Bildern dieser Spezies und ihrer Handlungen sein, oder man beschreibt sie einfach damit, daß den outdoorsman eine bestimmte, ihm eigene Lebensphilosophie kennzeichnet. Er handelt nicht einfach nach einer von gesellschaftlichen Zeitströmungen abhängigen, vergänglichen Welle, um „chic" oder „in" zu sein. Er ist einer – oder er ist es nicht. Er versucht niemals, durch seine Person darauf ausdrücklich aufmerksam zu machen, und benutzt dieses Understatement auch nicht, um es als Pendant eines nicht vorhandenen Overstatements herauszustellen.

Er ist vielmehr ein Typ wie mein Freund Heiner, ein Mann aus Colorado, der nach 30 Jahren immer noch besser hessisch spricht als amerikanisch und der es sich nie nehmen lassen würde, auch zum Smoking Cowboygalastiefel (sogenannte shitkickers) zu tragen. Ein Mann, der weniger durch sein auffälliges Äußeres – wenn auch sein exzellent gewundener Schnauzer viel Bewunderung hervorruft –, sondern vielmehr durch seine flexible Auffassungsgabe, sein nüchternes Abwägen und seine vorsichtige Meinungsäußerung auffällt.

Ein solcher Zeitgenosse ist auch daran zu erkennen, daß keineswegs etwa um eines snobistischen Gags willen seine Ehefrau zum Supermarktshopping oder sein Sohn zur ersten Verabredung mit irgendeiner großvolumigen Blechkarosse aufkreuzt, während er mit einem alten, dafür in vielen Geländeschlachten erprobten Allrad zur Feier seiner Freunde oder ins Geschäft fährt. Im Geschäftsleben zählt in den USA noch mehr als bei uns nur der Erfolg und nicht der Straßenkreuzer, und auf einer Party, wo er sich als outdoorsman nicht wohlfühlen würde, ließe er sich ohnehin nicht sehen, ob mit oder ohne verbeulten 4WD (Four wheel drive).

Diese outdoors, seien sie Jäger, Bergsteiger, Fischer, Camper oder sonst Naturverbundene, betrachten ihre häuslichen oder beruflich bedingten Aufenthalte in der Zivilisation oft mehr als Unterbrechung ihrer Erlebnisse in der Natur als umgekehrt. Sie sind mit Sicherheit keine Zeiterscheinung, und obwohl hin und wieder auch abschreckende Beispiele in Erscheinung treten, sind sie im Prinzip ein angenehmer Ausfluß der amerikanischen Kolonialgeschichte, ein Erbe, das die meisten in einer sympathischen und überzeugenden Art zum Ausdruck bringen. Um seinen Lebensstil verwirklichen zu können, ist für den outdoorsman allerdings die Großartigkeit der Natur und nicht zuletzt die politische Freiheit dieses gewaltigen Landes unabdingbare Voraussetzung.

Wenn ab Frühsommer in den einzelnen Staaten die Ferien und ab September die Jagdzeiten beginnen – vom Dallschaf am Eismeer des Nordens, bis zu den Hühnervögeln an der Grenze zu Mexiko –, ist mehr als jedes zweite Fahrzeug, das sich zwischen Fairbanks und El Paso bewegt, kein normaler Personenkraftwagen, sondern ein allradgetriebenes Vehikel, ein Camper oder eine sonstige, zumindest teilweise gelände- und freizeittaugliche Variation eines Fahrzeuges. Nur wer das erlebt hat, wird sich vorstellen können, welche Möglichkeiten dieses Land einem outdoorsman bietet. Wenn es mir im Fortgang dieses

Buches gelingt, diese Eindrücke wenigstens zum Teil zu vermitteln, dann habe ich mehr erreicht, als nur schöne Geschichten zu erzählen, die ohne das Verständnis für Land und Menschen die Mühe nicht gelohnt hätten.

Apropos Jagdsaison: daran läßt sich am deutlichsten der wesentliche Unterschied der Jagdsysteme der Alten und der Neuen Welt erkennen. In Nordamerika, also den USA und Kanada, gilt nicht wie bei uns das Revier-, sondern das Lizenzsystem. Das Jagdrecht hängt zwar auch dort am Grund und Boden, und damit kann auch jeder Farmer bestimmen, ob und wer auf seinem Grund jagt. Die Vergabe des Jagdrechts im Rahmen von Genossenschaften jedoch oder bei entsprechenden Größen auch direkt durch den Grundbesitzer, wie bei uns beispielsweise durch den Staat, ist unbekannt. Zunächst einmal kann prinzipiell jeder Einheimische im Rahmen der Gesetze jagen, soweit er – meist in einem Sportgeschäft – eine entsprechende Lizenz käuflich erworben hat. Jagen ist dann überall dort möglich, wo es nicht ausdrücklich verboten ist. Einzelne Grundbesitzer zeigen ihre Abneigung gegen fremde Jäger häufig durch Hinweistafeln mit den Aufschriften „NO HUNTING" oder „NO TRESPASSING" an. Wie mich die Erfahrung lehrte, sind diese Verbote jedoch nicht unbedingt Ausdruck besonderer Tierliebe und damit einhergehender Ablehnung der Jagd. Vielmehr entspringen sie meist einer nicht unberechtigten Furcht vor allzu schußhitzigen Zeitgenossen, die die Jagdzeit vor allem dazu nutzen, ihrer Schießwut freien Lauf zu lassen. Dies ist leider keineswegs nur eine Eigenart der Halberwachsenen.

Das Fish and Game Department, eine für die Jagd und die Einhaltung der Jagdgesetze zuständige Unterabteilung des Innenministeriums, regelt nun die Erhaltung der Bestände prinzipiell in der Weise, daß die Jagdzeit auf die Hauptwildarten nicht wie bei uns einige Monate dauert, sondern oft nur auf einige Wochen, ja Tage beschränkt wird. Bei dem statistisch bekannten Verhältnis zwischen gelösten Lizenzen und Erfolgsquoten läßt sich so eine quantitative Bestandsregulierung durchführen, zumal es durchaus üblich ist, die Länge der Jagdzeiten von Jahr zu Jahr den Notwendigkeiten entsprechend anzupassen. Dieser Modus muß automatisch zu Lasten der Qualität gehen.

Das System entspricht der amerikanischen Mentalität. „Ich bin Amerikaner, ich bin der freieste Mensch der Welt, ich kann immer und überall eine Waffe tragen und sie notfalls auch benutzen." Dies mag ein wenig, vielleicht auch deutlich überzeichnet sein. Als Präsident Carter jedoch 1979 beabsichtigte, ein Gesetz über den Vertrieb und die Registrierung von Hand- und Faustfeuerwaffen durchzusetzen, haben ihm seine Berater empfohlen, diesen Plan fallen zu lassen. Schließlich besitzen die Amerikaner in ihren Privathaushalten mehr Hand- und Faustfeuerwaffen als in den gesamten Depots der Nato ruhen. Die Beschneidung dieses historischen Rechts wäre im Hinblick auf seine Wiederwahl ein ungeeignetes, geradezu unamerikanisches Verhalten gewesen. Er hat die Wahl auch so verloren.

Als ich mich 1966 mit den Jagdgesetzen des Staates Colorado befaßte, waren diese nicht sehr umfangreich, einfach und verständlich. Die Jagdgesetze sind Sache eines jeden Staates, weichen jedoch, abgesehen von regional mehr oder weniger notwendigen Unterschieden, im Grundprinzip kaum voneinander ab.

Die Bestimmungen sind ein Ergebnis der jungen amerikanischen Geschichte, als die Jagd sowohl für die eingeborenen Indianer als auch für die Siedler Nahrungsquelle Nummer eins darstellte. Dazu kam, daß die Bewohner des hohen Nordens, einst wie jetzt, kaum Möglichkeit zum Ackerbau hatten und haben und die Fleischjagd dort auch heute noch im Vordergrund steht. Die Natur in ihrer unendlichen Weite und Unberührtheit diente in erster Linie dazu, daß man sich nahm, was zum Leben, ja Überleben notwendig war.

Im Wandel der Zeiten und gleichzeitig vor diesem historischen Hintergrund entstand das Lizenzsystem, mit dem der Gesetzgeber sich bemühte, soviel wie möglich an jagdlicher Freiheit zu belassen und soviel wie notwendig zur Erhaltung des ökologischen Gleichgewichts zu reglementieren.

Im Laufe der letzten 20 Jahre hat sich die jagdliche Situation in Nordamerika jedoch zum Teil grundlegend geändert. Die Anzahl der Jäger explodierte geradezu infolge zunehmender Freizeit und wachsenden Wohlstands. Sie sind heute technisch und finanziell in der Lage, auch große Strecken des Kontinents schnell zu überbrücken und damit den Jagddruck auch in die entlegensten Teile früher unberührter Wildnis zu tragen. Die Suche nach Bodenschätzen, vor allem im Interesse der Energiewirtschaft, hat ganze Länder aus dem Schlaf gerissen. Erwähnt seien nur die kanadische Provinz Alberta oder der US-Staat Alaska. Die

Pipeline reicht heute bereits bis in die Arktis. Der „Ölwurm" alleine wäre wohl nicht ganz so schlimm, aber seine Begleiterscheinungen: Pseudowohlstand und finanzielle Verderbtheit. Der Jagdgesetzgeber hatte Mühe, diesen Entwicklungen zu folgen. Und so wurde aus den einstigen, übersichtlichen „Regulations" heute ein Buch, dessen unzählige Bestimmungen selbst eingefleischte Profis nicht mehr überblikken. Deshalb ist es auch üblich, daß man auf der Jagd diese Regulations immer mit sich trägt.

Man stelle sich nur vor, wir gingen mit dem „BLASE" auf die Jagd. Ich möchte mir ersparen, hier auf weitere Einzelheiten einzugehen. Sie sind für den Interessierten an anderer Stelle übersichtlicher nachzulesen, so in „Jagd und Wildschutz im Norden Amerikas" von STEVEN JAN BLAUPOT TEN CATE, Paul Parey 1977. Einige Bestimmungen werden auch später noch notwendigerweise Erwähnung finden. – Warum schreibe ich soviel Negatives zu Anfang? Vielleicht weil jede Medaille zwei Seiten hat und ich die schönere, von der später die Rede sein soll, nicht durch diese Dinge trüben möchte. Diese Ausführungen sind darüber hinaus aber auch deshalb notwendig, damit derjenige, der mit diesem System nicht vertraut ist, sich nicht immer wieder fragt, warum manches eigentlich so und nicht anders gemacht wird.

Die Rede war bisher von echten outdoors, die die Natur und deren Gesetze und auch die Gesetze des Staates meist mehr als weniger beherrschen. Doch solche Meister fallen bekanntlich nicht vom Himmel; der Weg dorthin ist üblicherweise dornenreich und lang.

Steht jemand am Beginn einer solchen „Karriere" so bezeichnet man ihn gewöhnlich als „greenhorn". Dies muß nicht unbedingt ein Schimpfwort sein. Auch KARL MAY hat in seinem „Winnetou" diesem greenhorn, dem späteren Helden Old Shatterhand, ein ganzes Kapitel gewidmet. Es wird lediglich dann zu einer negativen Bemerkung, wenn man das greenhorn eigentlich nicht mehr für einen Anfänger gehalten hätte. Ein solches echtes greenhorn war ich, zumindest was die Jagd in Amerika betraf.

Während meines Aufenthaltes in Colorado fand ich auch für einige Wochen einen Halbtagsjob, machte einige Dollar und hatte dadurch eine gewisse Beweglichkeit erlangt. Ein gleichaltriger Arbeitskollege hatte im letzten Jahr in den Bergen einen Schwarzbär erlegt. Er erzählte, er habe dort oben einen alten Onkel, der in einem umgebauten Omnibus

lebe. Er selbst habe ein Auto, zwar wenig Geld, aber wenn man sich das Benzin teile . . ., vielleicht sollte man es doch einmal versuchen. Das war Musik in meinen Ohren, zumal meine Verwandten für big game hunting, etwa zu vergleichen mit unserer Hochwildjagd, weder Zeit noch besonderes Interesse zeigten.
Ich pumpte mir das Notwendigste – von den Stiefeln bis zu einer Kaliber 30/30 lever action ohne Zielfernrohr – zusammen; eine Schande, wenn man daran dachte, was zu Hause alles im Schrank stand, aber das war in diesem Augenblick nicht zu ändern. Aufgrund meiner schulischen Vorkenntnisse und meines Umgangs war mein Englisch in den letzten Wochen recht fließend geworden. Frech und selbstüberschätzend marschierte ich in das nächste Sportgeschäft und verlangte eine Jagdlizenz für black bear (Schwarzbär) und deer (Hirsch) – für Einheimische. Ich war seitens des Verkäufers auf alles gefaßt, nur nicht darauf, daß er sie mir kommentarlos ausstellte. Es gibt dort wohl viele, die zwar Einheimische (residents) im Sinne des Gesetzes sind, deren Englisch mit Akzent aber offensichtlich noch miserabler ist, als meines damals war. Das mag wahrscheinlich der Grund gewesen sein, warum ich auf diese illegale Weise zu der erheblich billigeren Einheimischen-Jagdlizenz gekommen bin. So etwas tut man wohl nur in seiner jugendlichen Unbekümmertheit.
Und jetzt ging es los. Mike holte mich zu Hause bei meiner Schwester ab, und zu meiner Überraschung hatte er den Rücksitz seines alten Straßenkreuzers ausgebaut und dort ein kleines Motorrad verstaut.
„Mit dem brauchen wir uns nicht so zu schinden, denn dort sind die Berge steil!"
Nach einigen Stunden nordwestlicher Fahrt in den Abend Richtung Boulder hatten wir die Behausung des Onkels erreicht. Kein uriger Trapper aus den guten alten Zeiten mit Vollbart und wildniszerfurchtem Gesicht empfing uns da, sondern ein unrasierter, schmuddeliger Schlamper, dessen Lebensinteressen mir verborgen blieben. Mike hatte ihn wohl auch schon einige Jahre nicht mehr gesehen, und wir beschlossen, lieber im kalten Auto zu schlafen, als mit dem Alten das Obdach zu teilen.
Am nächsten Morgen, von Schlafen konnte wegen der Kälte keine Rede sein, fuhren wir mit dem Auto noch einige Meilen Richtung Mikes Jagdgebiet vom Vorjahr. In der ersten Dämmerung sattelten wir das

Geländemotorrad, und dann ging es in halsbrecherischer Fahrt die weglosen Hänge hinauf. Nicht gerade die Jagd, die ich von zu Hause kannte, aber ich dachte mir, andere Länder andere Sitten. Und von denen sollte ich an diesem Tag noch genug kennenlernen. Wir starteten in einer Höhe von ca. 2500 Metern. Dies ist nichts Besonderes, wenn man bedenkt, daß Denver, der Ausgangspunkt unserer Reise, die „milehigh city" genannt wird. Die nur mit kniehohen Büschen, ähnlich großem Heidekraut, aber einer Art Salbei (sage brush) bewachsenen Hänge waren bald mit Schnee bedeckt, und bis das richtige Büchsenlicht herrschte, hatten wir einen Höhenzug erreicht, der bei wolkenlosem Himmel einen herrlichen Blick auf die umliegenden, sanft geschwungenen Bergrücken und aspenbewaldeten Täler freigab. Und das alles bis jetzt ohne große körperliche Anstrengung.
Ich folgte nun Mike zu Fuß hangauf. Er wollte verständlicherweise zurück an den Platz, an dem er im vergangenen Jahr seinen Schwarzbär erlegt hatte. Auf dem Weg dorthin stapften wir einen schneebedeckten Grat eines weiträumigen, unbewaldeten Kessels entlang. Wir beschlossen, auf dem Bauch bis an den Rand zu robben, von wo aus wir Einblick nach unten haben mußten. Vielleicht war etwas auszumachen. Es war. Auf eine Distanz von etwa 400 Metern äste ein weibliches deer (doe) mit seinen zwei Kälbern (fawn) und einem Spießer (spike). Wir krochen zurück und beratschlagten. Wegen des Windes schlug ich vor, den Kessel zu umschlagen und uns in Richtung Talausgang zu postieren, da das kleine Rudel offensichtlich diesen Wechsel nahm. Doch für Mike war das zu umständlich: „Laß es uns von hier aus probieren!"
Meine ungläubigen Einwände, es sei vor allem für unsere zielfernrohrlosen Gewehre doch viel zu weit, vermochten den sich bereits im Wildwestfieber befindlichen Jagd-, besser Weggefährten nicht zu überzeugen. Ohne langes Zögern lief er in Schußposition und eröffnete das Feuer . Das Wild flüchtete genau in der von mir schon zuvor vermuteten Richtung von uns fort. Dies hielt Mike jedoch nicht davon ab, so lange zu repetieren und weiter zu schießen, bis sein Magazin endlich leer war. War das amerikanische Jagd? Das durfte nicht wahr sein!
Ich mußte alle meine Beherrschung zusammennehmen, um nicht lauthals zu fluchen und sämtliche Schimpfworte, die ich mittlerweile gelernt hatte, zu gebrauchen. Aber schließlich genoß ich ja mehr oder weniger seine Gastfreundschaft und Abhängigkeit. Er war aber für meine

◀ Oben: Rocky Mountains – Blue Mesa/Colorado
Unten: Verlassene Trapperhütte in den Rocky Mountains

Begriffe nun ein greenhorn im negativen Sinne. Eines wurde mir klar, mit diesem Kerl, der keine Ahnung von der Jagd, viel weniger noch von Waidgerechtigkeit besaß, wollte ich nicht weiterjagen.
Die Sonne, die nach dem Bekenntnis der Einheimischen nirgendwo schöner vom blauen Himmel scheint als in Colorado, meinte es gut mit uns, und so legten wir eine kleine Rast ein. Der Zauber der Bergwelt stimmte mich etwas gemäßigter, wenn ich auch von meinem gedanklichen Plan nicht abließ, möglichst alleine weiterzujagen, zumal das Gelände recht übersichtlich und das Wetter traumhaft war. So ließ ich mir das umliegende Gebiet erklären, und schließlich teilten wir das Gelände auf. Ich nahm den östlichen Teil, was mir auch wegen des Windes günstiger erschien. Wir verabredeten uns für den Abend zu einer bestimmten Uhrzeit wieder am Wagen. Dann trennten wir uns recht schnell, und nun lernte ich auf einmal die Vorteile dieses Jagdsystems kennen.
Ich konnte hier in einem offensichtlich recht wildreichen Gebirgsrevier alleine, ohne Führer, ohne notwendige Erlaubnis des Grundeigentümers, abgesehen von einer Lizenzgebühr von US $ 10, jagen. War das nicht herrlich! Sollte ich obendrein etwas erlegen, so gehörte das Wildbret mir! Ich konnte außerdem den stärksten Schwarzbären oder kapitalsten Hirsch – sei es ein buck (männl. deer) oder bull elk (männl. Wapiti) – erlegen, der, auch wenn er Weltrekord wäre, keinen Penny extra kosten würde! Hatten es diese Amerikaner nicht prima? Nun, sicherlich ist nicht alles Gold, was in diesem System glänzt, aber zunächst gefiel es mir, zumindest in diesem Moment.
Meine mittägliche Pirsch war nicht erfolgreich. Warum sollte dieses amerikanische Hochwild, dessen ich heute morgen zum erstenmal in natura ansichtig wurde, auch andere Gewohnheiten haben als unser heimisches Schalenwild, das sich um diese Zeit ja gewöhnlich auch einschiebt?
Dennoch, es war wunderbar, ich alleine in den Rocky Mountains! Ich beschloß, in eine etwas tiefer gelegene, leicht bewaldete Hügelgruppe vorzudringen, um dort am Nachmittag das Auswechseln des Wildes zur Äsung abzuwarten. An einem für meine Begriffe idyllischen Winkel, der alle Vorteile in jagdlicher und geländeästhetischer Hinsicht vereinte – ein rechter Platz „zum Helden zeugen", wie man bei uns sagen würde –, ließ ich mich vor einem großen Felsen nieder und verzehrte

das mitgebrachte Vesper, bestehend aus den typisch amerikanischen Schokoriegeln. Mit mir und der Welt zufrieden, verfiel ich alsbald in ein leichtes Dösen.
Eine Stunde mochte ich wohl so zugebracht haben, als meine Glieder so steif wurden, daß ein wenig Bewegung nottat. Die Sonne und den riesigen Felsbrocken im Rücken, beachtete ich die alte Pfadfinderregel, vor dem Körper zunächst die Augen zu bewegen, denen ich sofort nicht zu trauen glaubte. Da stand doch tatsächlich keine 80 Schritte vor mir eine doe am Waldrand und äste. Die Benutzung des Fernglases war nicht nötig. Kälber waren auch nach einigen Minuten nicht auszumachen. In meiner Jägerbrust kämpften zwei Seelen: Sollte ich mit einem weniger erstrebenswerten Ziel nach dem Motto, „besser den Spatz in der Hand", zufrieden sein oder das Risiko der vertanen Chance zugunsten des Kapitalen eingehen? Die Entscheidung fiel mir nicht allzu schwer. Wußte ich, wann ich jemals wieder ein Gewehr in den Rocky Mountains führen würde? Außerdem ging der Tag in einigen Stunden zur Neige und, gepriesen sei das amerikanische Lizenzsystem, mit dem Wildbret könnte ich mich bei meiner Schwester für die großzügig genossene Gastfreundschaft bedanken – was gab es da noch zu überlegen!
Leise, doch wie sich gleich zeigte, leider bereits viel zu spät, versuchte ich, in Anschlag zu gehen. Bevor ich noch richtig eingezogen hatte, hatte ich plötzlich das Gefühl, auf, besser gesagt, unter einem expoldierenden Pulverfaß zu sitzen, denn der Knall donnerte aus einem Lauf, der wohl keinen Meter über meinem Kopf abgefeuert wurde.
Verfluchtes Lizenzsystem! Der Gewehrlauf verschwand und mit ihm das Stück Wild. Ich bemerkte gerade noch wie das Tier auf den Schuß hin vorne leicht einknickte, bevor es absprang. Über mir erschien ein großer, überbreiter texanischer Hut, mit einem fett grinsenden, kaugummikauenden Etwas darunter. Wir hatten uns beide zuvor nicht bemerkt. Für ihn als Fleischjäger war die Entscheidung zugunsten des Suppentopfes jedoch rechtzeitiger gefallen als bei mir.
Zwangsläufig machten wir beiden „Spezialisten" uns bekannt, waren aber beide offensichtlich auch froh, daß wir, welcher Zufall, in zwei verschiedenen Richtungen weiterjagen wollten. „Gefehlt sei das Stück ohnehin", . . . meinte er. Die karierte Jacke mit dem kaugummikauenden Strohhut verschwand hinter dem Bergrücken.

Nun wollte ich es genau wissen. Am Anschuß war eine größere Schneeplatte – mal sehen, was da zu finden war: etwas Wildbretschweiß und ein paar Knochensplitter. Ich tippte auf Oberlaufschuß. Meine Güte, zu Hause einen Spitzenlanghaar, mit allen Schweißerfahrungen gewitzt, und hier ein Paar viel zu dünne Schuhe, in denen man bei diesem Gelände nur kalte Füße bekam. Aber, was half's. Andreas bewähre dich! Die Wundfährte führte hangabwärts in den offenen und übersichtlichen Aspenwald. Infolge des Schnees war sie leicht zu halten, bis ich mir schließlich vorkam wie ein Welpe auf seiner zweiten Kunstfährte, bei der erstmals ein Haken gelegt wurde. Was hatte dieses Tier nur für Widergänge vollführt? War es zwischendurch geflogen und von der anderen Seite zurückgekehrt? Das Rätsel löste sich auf: verfluchtes Lizenzsystem!

Danach waren auf der Schalenwildjagd prinzipiell Hunde, auch Schweißhunde verboten! Und daher wohl wurde „meine" Schweißfährte von einer anderen Wundfährte gekreuzt, um die sich offensichtlich bisher niemand gekümmert hatte. Vielleicht war der Übeltäter dieser Strohhut oder mein Gefährte Mike oder sonst so ein Kerl! Gab es hier denn keine Jäger, ich meine solche, wie ich sie mir vorstellte? Oder hatten die an jenem Tag alle keinen Ausgang, und man schickte nur die zweite Wahl fort?

Ja, warum sind keine Hunde auf Schalenwild zugelassen? Zwei Gründe fand ich heraus, wobei der eine den anderen nach sich zieht. Zum einen ist das amerikanische Jagdhundewesen hinter unserem, jedenfalls was den waidgerechten Einsatz des Vollgebrauchs- und Schweißhundes betrifft, weit zurück, zum anderen, und wahrscheinlich weil es eben den Vierbeiner unserer gehobenen Durchschnittsprägung nicht gibt, befürchtet man von offizieller Seite – mit Recht –, daß der nicht firme Hund auf der Rotfährte zu leicht zum Stöber- oder Hetzhund werden könnte oder als solcher von Anfang an zum Einsatz kommt. Welche Folgen das bei dem praktizierten Lizenzsystem für Wild, Hunde und Jäger hätte, möchte ich nur mit einem „Kläff, Kläff, Bumm, Bumm, tot, tot" kommentieren. Heute, viele Jahre nach diesem Erlebnis, hat sich auf dem Gebiet Ausbildung und Führung der Hunde in der amerikanischen „Versatile Hunting Dog Association" viel getan. Es sind dort erhebliche Fortschritte zu verzeichnen, nicht zuletzt aufgrund einiger Schützenhilfe aus der alten Welt. Die amerika-

nischen „Rüdemänner" nehmen ihre Aufgabe ernst. Sie scheuen keine Kosten, um unsere Gebrauchshundeprüfungen zu besuchen, dabei zu lernen und Freundschaften zu schließen. Ich habe sie schätzen gelernt, ihre Gastfreundschaft genossen und bei ihnen gejagt: echte Kerle, keine leeren Strohhüte, Hundemänner, wenn Sie wissen, was ich meine.
Aber zurück zu meiner Nachsuche. Es gelang mir, meine Schweißfährte wieder auszufädeln, und nun, nach gefühlsmäßig mehr als zwei Kilometern, begann das kranke Stück, Stehpausen einzulegen: rechts oben, ja, da mußte der Schuß sitzen. Das Gewehr von der Schulter, vielleicht stand es irgendwo im Hang und würde vor mir wegbrechen. Die Fährte führte stetig nach unten in das nächste Tal, und da wurde wegen der abnehmenden Höhe der hilfreiche Schnee immer weniger. Es war nur noch eine Frage von wenigen Metern, wann ich aufgeben mußte. Ich mußte nicht! Keine 40 Schritte vor mir hangabwärts polterte das Tier aus einem Gebüsch und legte nach zwei mächtigen Fluchten nochmals zwei, drei Trollschritte ein. Das genügte. Auch ohne Zielfernrohr war der baumelnde rechte Vorderlauf zu erkennen. Zwei Handbreit höher kam ich ab.
Ich hatte in den Rocky Mountains nicht nur gejagt, sondern noch dazu mit Erfolg! Welch ein Erlebnis, ein Wechselbad der Gefühle, was war das für ein Tag! Ich wollte ihn auf jeden Fall im Kalender ankreuzen. Es schien mir, als müßte ich ein ganzes Buch darüber schreiben. Aber als Student der Betriebswirtschaft würde mir das wohl nie gelingen – spielte auch im Moment keine Rolle.
Unter mir ein schier nicht endenwollendes Tal, über mir dieser undefinierbare blaue Himmel mit der untergehenden Sonne, im nächsten Tal unser Auto und dazwischen der schneereiche Steilhang, der abwärts überhaupt keine Mühe bereitete – ja abwärts, ohne Wild! Aber die Freude über das Erfolgserlebnis – schade, daß der Strohhut das nicht sehen konnte – war zu groß, als daß ich das bißchen Anstrengung nicht auch noch gepackt hätte.

Die rote Arbeit war schnell erledigt. Ich schätzte das Tier aufgebrochen auf ca. 50 bis 55 Kilogramm. Gottlob hat ein ordentlicher Jäger immer einen Strick in der Tasche. So marschierte ich denn wie weiland Wildschütz Jennerwein, was heißt hier marschierte; ich kroch, robbte und schleifte das Stück hinter mir her den Hang hinauf. Würde ich den rich-

tigen Abstieg ins nächste Tal zu unserem Auto wiederfinden? Eingeprägt hatte ich mir ja alles gut, aber in der Abenddämmerung? Die Sonne war mit ihrem roten Hof gerade hinter dem felsigen Horizont untergetaucht, als ich den Grat erreichte. Ja, dort unten, diese Felsnase, das war die Stelle.
Mike langweilte sich bereits an seiner Blechkarosse. Kann wohl auch nur jagen wenn die Sonne scheint, dachte ich bei mir. Vielleicht empfehle ich ihm, doch besser Moto-Cross-Fahrer zu werden. Ein genüßlicher Blick durchs Fernglas: Beute hatte der offensichtlich keine – aber ich! Und was ich diesem Wildwestler alles erzählen würde! Wenn er eines dieser alten Fahrzeuge gehabt hätte, bei denen die Türen, zumindest optisch, aus Fachwerk gewesen sind,die Balken hätten sich gebogen.
Als ich ihn dann nach einer Weile in meinem jugendlichen Überschwang zu Wort kommen ließ, stotterte er irgend etwas von zu wenig Munition und zu großen Distanzen. Meine Güte!
St. Hubertus hat es mir später noch oft vergönnt, viele exzellente amerikanische Jäger kennenzulernen, von denen in diesem Buch die Rede sein wird. Aber dieses greenhorn? – Ich war ihm dennoch verpflichtet. Er hatte mich mitgenommen, ihm hatte ich letzten Endes alles zu verdanken, wenn er auch auf der Jagd nicht gerade mein Typ war. Er hatte keine Patronen mehr – der arme Kerl. Ich schenkte ihm meine. Ich war glücklicherweise nicht dabei, als er sie verbrauchte.

Zauber des Felsengebirges

Unser Wochenendtrip war montags natürlich Thema Nummer eins. Ein wenig stolz registrierte ich, daß mein Ansehen bei meinen Arbeitskollegen und vor allem bei meinem Chef gestiegen war. Der Boss jedenfalls suchte auffällig oft, mit mir über die Jagd ins Gespräch zu kommen. Er war ein sportlicher Typ, um die 30 und hatte wohl nicht allzuviel Erfahrung, was die Jagd betraf.
Eines Morgens kam er von der gegenüberliegenden Straßenseite aus einem Gebrauchtwarenhandel und grinste verschmitzt. Da stand ein häßlich pinkfarben gespritzter, offener Armee-Jeep. Den hatte er gekauft.
„Hast Du Zeit am Wochenende?" fragte er zweideutig. „Wenn Du mir hilfst, das Ding umzuspritzen und auf Vordermann zu bringen, könnten wir am übernächsten Wochenende vielleicht zusammen auf Wapitijagd gehen."
Hey, wie hatten sich die Zeiten verändert. Das artete ja langsam zu einem Jagdurlaub aus. Natürlich hatte ich Zeit!
Aus der alten Mühle machten wir, zumindest äußerlich, ein Schmuckstück. Anthrazitmetallic stand die Prachtkarosse vor der Tür.
Und die Dinge entwickelten sich nun immer besser. Inzwischen war ich mit Ken, so hieß mein Boss, bereits auf Du und Du. Während einer Geschäftsfahrt meinte er, wir könnten mal eben da einen Kaffee trinken, eine der großen Leidenschaften der Amerikaner. In einer der typisch amerikanischen Schnellimbißstuben lümmelten wir an unserem Tisch und schmiedeten Pläne für das Wochenende. Am Nachbartisch saßen zwei Herren mittleren Alters. Nach einer Weile drehte sich der eine zu mir herüber und fragte, wo ich denn herstamme, mein Akzent käme ihm bekannt vor. Er hatte richtig geschätzt. Er war in deutscher Kriegsgefangenschaft in Frankreich gewesen und hatte offensichtlich zur gleichen Zeit am gleichen Ort wie mein Vater gekämpft; nur auf der anderen Seite. Ressentiments kannte er gottlob keine. Nein, nein – so wie heute, so hätte dies schon immer sein sollen.
Längst saßen wir an einem Tisch und plauderten. Er hätte eine große Ranch oben in den Bergen, und wenn ich da einmal vorbeikäme, müßte ich ihn auf jeden Fall besuchen.

War das nicht eine Chance, die ich beim Schopf nehmen mußte? Aber durfte ich mir erlauben, die bekannte amerikanische Gastfreundschaft schon beim ersten Angebot festzuhalten, oder sollte man sich zunächst noch in vornehmer Zurückhaltung üben? Wer nicht wagt, der nicht gewinnt; ich entschloß mich zum Angriff.
„Vielen Dank für Ihre Einladung, aber ich bin nur noch zwei Wochen in Colorado, und am kommenden Wochenende wollen wir beide unser Glück auf Wapiti in den Bergen versuchen, vielleicht klappt's, wenn ich wieder einmal zu Besuch in dieser Gegend bin."
Er hatte es ernst gemeint.
„Das trifft sich wunderbar, kommt auf meine Ranch, dort und in der Umgebung gibt es genügend deer und elk."
Im amerikanischen Sprachgebrauch heißt der Wapiti, der direkte Verwandte unseres europäischen Rothirsches, „Elk". Der Name Wapiti (*Cervus elaphus canadensis*) leitet sich aus dem Indianischen ab, und die ersten Weißen hatten den Wapiti wegen seiner zum Teil ungeheueren Ausmaße wohl fälschlicherweise für einen Elch gehalten. Der Hirsch erreicht Lebendgewichte bis zu 450 Kilogramm, was aufgebrochen etwa 300 Kilogramm entspricht. Ein starkes Geweih übertrifft in Auslage und Gewicht auch die stärksten osteuropäischen Rothirsche. In der Regel werden aber keine Kronen gebildet. 12 bis 14 Enden dürften die obere Grenze sein. Auffällig ist häufig eine starke Wolfsprosse über der Aug- und Eissprosse. Die Decke ist fahler als die unseres Rothirsches und hebt sich von den sehr dunklen Zeichnungen der Mähne, der Läufe, dem Brunftfleck einerseits und dem großen hellen Spiegel andererseits kontrastreich ab. Im übrigen ähnelt der elk auch in seiner Verhaltensweise sehr stark unserem Rothirsch, sieht man einmal von dem wenig imponierenden Brunftschrei, der eher einem hohen Pfeifen gleichkommt und der mit einem Trenzer abgeschlossen wird, ab.
Tom Fielend, so hieß der Rancher, hatte also angebissen. Es wurde alles eingehend besprochen, und wir verabredeten uns für den kommenden Freitag.
Ken war selbstverständlich ebenso Feuer und Flamme. Hatten wir zwar sein Geschäft schon viel zu lange verlassen, so doch wenigstens das brennendste Problem, wo wir bei diesen winterlichen Temperaturen und Schneelagen in den Bergen schlafen würden, gelöst. Die Motels und sonstigen Unterkünfte sind zu den Jagdzeiten selbstverständ-

lich ausgebucht und entsprachen wohl auch nicht unseren Vorstellungen von der Jagd in den Bergen, und eine winterfeste Zeltausrüstung besaßen wir natürlich auch nicht. Zudem waren wir zu Gast auf privatem Land, so daß wir hoffen konnten, nicht laufend anderen Jägern auf die Füße zu treten.
Wenn ich in den folgenden Tagen auch versuchte, zumindest nach außen einen gelassenen Eindruck zur Schau zu tragen, so brauche ich wohl nicht besonders zu betonen, welch' gespannte Erwartung sich meiner bemächtigte.
Kopfzerbrechen bereitete mir nur der neuerliche Erwerb einer Jagdlizenz, die für jede Schalenwildart eigens zu lösen war. Eine nonresident licence hätte US-$ 80 gekostet, das war entschieden zuviel. Ich sprach mit Ken. Da wir nicht erwarteten, in zwei Tagen zwei Bullen erlegen zu können, müßte eine Lizenz genügen. Die resident licence von Ken kostete außerdem nur US-$ 15, und er hatte mehr Geld als ich.
Ein Problem bedeutet jedoch weniger die Jagdgenehmigung, als vielmehr das sogenannte „tag". Das Gesetz schreibt vor, daß diese mit unseren Wildmarken zu vergleichenden Blechbänder sofort nach Inbesitznahme des Wildes zusammen mit der entwerteten Jagdlizenz unlösbar mit der Trophäe verbunden werden. Damit sind Wild und Schütze gekennzeichnet. Üblicherweise darf pro Saison auch nur ein Stück jeder Spezies pro Jäger erlegt werden,um damit über die registrierten Lizenzen Mißbrauch zu verhindern. Auch diese Vorschrift ist ein wesentlicher Bestandteil des Systems, wonach der Handel mit Wildbret unter Androhung schwerster Strafen verboten ist. Die der Allgemeinheit zugängliche Jagdmöglichkeit soll nicht dahingehend ausgenutzt werden, daß durch kommerziellen Wildbrethandel der Fleischjägerei Vorschub geleistet wird. So wird man auf einer amerikanischen Speisekarte auch vergeblich nach Wildgerichten suchen.
Da der Jeep für die lange Fahrt zu langsam, für das Gepäck zu klein und außerdem ohne Verdeck war, entschlossen wir uns, das Gefährt mit einer Abschleppstange an einen geräumigen Kleintransporter (pickup) zu hängen. Meine Schwester Ulla rief dem „Großwildjäger" noch ein deutsches Waidmannsheil zu, und dann waren wir in Richtung Westen unterwegs in die Rocky Mountains.
Über die Interstate 70 und den nahezu 3000 Meter hohen Berthood Paß erreichten wir nach einer landschaftlich wunderschönen Fahrt

durch den Arapaho National Forest, mit seinen nicht endenwollenden, bewaldeten Höhenzügen und Tälern den kleinen Ort Granby.
Alles hier roch förmlich nach Jagd. Camper, Geländewagen, überdimensionierte Dachaufbauten, aufgepackte Moto-Cross-Räder an jeder Tankstelle und vor jeder Kneipe. Die Nummernschilder verrieten alle nur erdenklichen Bundesstaaten. Einer kam aus Florida. Man stelle sich diese Reise über mehrere tausend Kilometer vor! Zu sehen waren fast nur Männer, die aufgrund ihrer Kleidung unverkennbar auf einen Aufenthalt in der Wildnis vorbereitet waren; eben richtige outdoors.
Hohe Lederstiefel, Daunenparkas, typisch amerikanische, karrierte Wolljacken und Kopfbedeckungen aller Farben, vor allem rot, meist Werbeträger für irgendein besonders „empfehlenswertes„ Produkt. Strickmützen, Hüte mit, ohne oder besonders großer Krempe. Selbst die in unseren Breiten gewohnte Vielfalt jägerischer Kopfbedeckungen wurde hier noch um ein Vielfaches übertroffen.
Und da waren sie wieder, die überbreitkrempigen Texashüte. Böse Erinnerungen wurden in mir wachgerufen, aber es mußten ja nicht alle Jäger aus diesem größten Bundesstaat der USA (außer Alaska) hinter mir auf einem Felsen sitzen.
Der Eindruck auf den Straßen setzte sich in den Kneipen fort. Das alles beherrschende Thema war auch für einen Blinden oder Tauben weder zu übersehen noch zu überhören. Morgen bei Tagesanbruch beginnt die Saison. Wo werden sie kommen? Wie werden Wind und Wetter Einfluß nehmen? Heute sah es ja prächtig aus bei strahlendem Himmel und Temperaturen unter dem Gefrierpunkt. Die Blicke der Jäger wanderten immer wieder zu den Trophäen, die überall die Wände dekorierten. Waren sie auch noch so vergilbt, vermottet und verstaubt; die Luft haben sie mir schon etwas genommen. Herrgott, sind die gewaltig! Würde mir so einer über den Weg laufen? In jedem Fall waren wir hier richtig. Hier mußte der Nabel der Wapitiwelt sein!
Wir schlürften ein Bier zur Entspannung und beratschlagten, wie wir nach Toms Angaben wohl die hier in der Nähe liegende Ranch finden würden. Doch dieses Granby war nur ein wenige hundert Seelen zählendes Dorf, das gerade zwei Wochen im Herbst aus seinem Schlaf erwacht, nämlich zur Deer- und Elk-Saison. Selbstverständlich kannte ihn die Kellnerin.
Den zur Ranch führenden Feldweg versperrte ein Zaun und ein Tor mit

der Aufschrift: „NO HUNTING, NO TRESPASSING". Dies galt natürlich nicht für uns. Wir verschafften uns Zutritt, schließlich waren wir ja geladene Gäste.
Die Hausherrin wußte nicht so recht, was sie nach unserem artigen Diener mit uns anfangen sollte. Sie hatte wohl nicht nur gute Erfahrungen mit Jägern gesammelt. Dennoch bat sie uns in den großzügigen Wohnraum des Haupthauses. Die Wände aus schweren Nadelholzbalken, bis unter den Giebel offen, und der selbstverständlich offene Feuerplatz gaben dem Raum Atmosphäre. Und Trophäen – nein nicht schon wieder – das alles sollte es hier in den Wäldern geben? Sämtliche Jugendträume schienen sich der Erfüllung zu nähern.
Die leicht „ungereinigte" Luft klarte jedoch sofort zu strahlendem Sonnenschein auf, als Tom die Szene betrat. Er begrüßte uns wie alte Freunde und ging sofort zur Tagesordnung über, was bedeutete, Quartier zu machen und der Einladung zum Essen zu folgen, selbstredend nicht ohne die nötige flüssige Unterlage.
Es war Abend geworden, die Sonne versank im Westen hinter dem Waldrücken, der die Ranch wie ein großer Mantel umgab. Mit unserem Drink in der einen und dem Fernglas in der anderen Hand schlenderten wir auf die Veranda und genossen den ungestörten Blick über die Prärie im Osten, die sich in das in der Ferne liegende Tal von Granby verlief. Tom war sichtlich zufrieden, daß er seine soeben geäußerten Behauptungen sofort beweisen konnte. Keine 400 Meter nördlich stand bereits ein Rudel von etwa 30 deer. Zwei starke Böcke waren dabei. Die hätten vor zwei Wochen meinen Pfad kreuzen müssen, als ich mit Mike unterwegs war. „Deer season is over", kam der Seufzer aus Kens Richtung.
Vor dem Kamin erläuterte uns Tom dann anhand einer Karte die Situation. Das Tal von Granby ist Privatland oder sogenanntes BLM-Land (Bureau of Land Management), das der Staat an Privatleute verpachtet. Dort ist die Jagd für die Allgemeinheit nicht möglich. Hinter diesem Gelände, also hangaufwärts, liegt der Arapaho National Forest. Diese Gebiete sind zwar für jeden Lizenzinhaber zugänglich, jedoch nicht von dieser Seite des Tales. Dazu hätte man über den Grund der Rancher gemußt, und dort prangten überall die Schilder, „Durchgang nicht erlaubt". Das war unser Vorteil. Mit Tom und seinem Sohn Ed waren wir nämlich nur vier Jäger für ein riesiges Gelände – falls, ja falls nicht zuviel Rotkappen von der anderen Seite sich legal zum National Forest

Zugang verschaffen würden. Tom erläuterte uns seinen Schlachtplan, dem wir selbstverständlich nichts entgegenzusetzen hatten, und dann ging es auf die mitgebrachten Luftmatratzen.

An Einschlafen war natürlich so schnell nicht zu denken. Zu vielfältig waren die neuen und völlig fremden Eindrücke. Nur eine Frage, über der ich dann offensichtlich auch wegen ihrer nicht von der Hand zu weisenden Gewichtigkeit einschlief, beschäftigte mich mit Unbehagen. Wo sollten all die vielen Jäger in den vielen Autos, die wir heute hier in der Gegend gesehen hatten, morgen sein? Das Gelände war zwar für unsere Verhältnisse unvorstellbar groß und weiträumig, aber war es weitläufig genug für alle diese Jagdhutindividualisten?

Der berühmte amerikanische Frühstücksspeck, nach dem ich bei uns zu Hause leider immer noch vergeblich suche, bruzzelte bereits in der Pfanne, als wir den Wohn- und Eßraum der Ranch am nächsten Morgen gegen vier Uhr noch etwas verschlafen betraten. Die Hausherrin bereitete schon seit geraumer Weile das „American breakfast" vor, das uns als Grundlage für einen langen Jagdtag dienen sollte. Typische pancakes – eine Art Pfannkuchen mit Sirup oder Marmelade – Speck, Eier, Bratwürste und allerhand mehr, selbstverständlich Orangensaft und Kaffee. Normalerweise bin ich kein großer Frühstücker, aber angesichts so vieler lukullischer Genüsse und höchst vorsorglich langte ich kräftig zu. Auf den Geländewagen hatten wir wegen der zu erwartenden hohen Schneelagen am Vorabend bereits Ketten montiert. Allzuweit wollten wir nicht fahren, aber der Jeep sollte uns über verschiedene Berghänge doch möglichst hoch in die Nähe des Kamms des Bergmassivs bringen. Auf der anderen Seite lag der National Forest, und dort waren in jedem Fall viele Jäger, die bei entsprechender Beunruhigung im Morgengrauen für uns die Treiber spielen sollten. Das Wild würde nach Toms Einschätzung die Fernwechsel in unsere Richtung nehmen, weil unsere Seite der Berge in jedem Fall geringerem Jagddruck ausgesetzt sein würde. Wie bereits erwähnt, war ein ungehinderter öffentlicher Zugang nicht möglich.

Es herrschte klirrende Kälte. In der Dunkelheit bahnte sich der Allrad über kaum auszumachende Waldwege oder, besser gesagt, Buschschneisen seinen Weg hangaufwärts. Ohne sich mit beiden Händen festzuhalten, lief man Gefahr, über Bord zu gehen oder sich sämtliche Knochen anzuschlagen. Ed verschwand nach etwa einer halben Stunde

in der Dunkelheit. Er kannte sich hier aus. Völlig durchgeschüttelt erreichten wir kurze Zeit später ein Hochtal. Die Konturen waren durch den Schnee recht gut zu erkennen. Wir näherten uns der Baumgrenze. Tom ging einige hundert Meter mit mir und wies mir meinen Stand zu. Er und Ken würden sich noch ein Stück weiter auf der anderen Seite des Höhenrückens postieren.
„Good luck, see you later", flüsterte er und verschwand in der Dunkelheit.
Da stand ich nun in der einsamen Finsternis einer eiskalten und schneereichen Nacht in den Rocky Mountains ganz alleine. Wo war hier eigentlich vorne und hinten. Der Wind kam von dort. Aber wo war eigentlich „dort"? Und war das gut oder schlecht?
Es nutzte alles nichts, ich mußte auf das erste Morgengrauen warten, dann würde ich mich mit meinem Orientierungssinn schon zurechtfinden.
Die Kälte kroch langsam aber stetig an mir hoch. Meine notdürftig zusammengeborgten Jagdklamotten waren alles andere als wintertauglich. Vor allem wußte ich nicht, ob ich meine Füße überhaupt dabei hatte. Mit ihnen hatte ich schon bald keinen Kontakt mehr. Auch damit mußte ich mit abfinden, es war nun mal nicht zu ändern. Ich konzentrierte mich einfach auf meine Umgebung, die so ganz allmählich Konturen annahm, überspannt von einem wolkenlosen Himmel, an dem trotz der aufkommenden Dämmerung immer noch die Sterne funkelten. Der Nadelwald, der aus dem Tal hochreichte, begrenzte ein offenes Kar, das zu einem baumlosen, runden Berggipfel hinaufführte; dieser lag etwa 400 Meter entfernt und 100 Meter höher als mein eigener Standort. Auf der anderen Seite dieser Senke reckte sich ein in eine Felswand übergehender Steilhang in den Himmel; von dort war sicher nichts zu erwarten. Im Osten färbte sich das Firmament, und langsam kehrte meine Orientierung zurück. Wenn Tom recht hatte, dann müßte das Wild um die Felswand herum dort über den Kopf die Senke herunterkommen, wenn, ja wenn es von der anderen Seite nach Norden seinen Wechsel nahm.
Meine Übersicht wurde im ersten Büchsenlicht schlagartig besser – der erste Schuß krachte! Es klang zwar von sehr weit, kam aber eindeutig aus der südlichen Richtung des National Forest.
Aha, jetzt geht es los, dachte ich bei mir.

Das bedeutete natürlich nicht, daß ich jetzt unmittelbar flüchtiges Wild erwarten konnte, da der Schuß noch einige Meilen entfernt gefallen war. Aber zumindest tat sich etwas.

Mit zunehmendem Licht wurden die Umrisse plastischer, und das Schwarzweiß ging allmählich in überwältigende Farben über. Der Himmel, an dem immer noch die Leuchtpunkte der Sterne standen, nahm von Osten her eine erst hellere, dann im Westen nahezu kobaltblaue Färbung an. Soweit nicht durch den Schneemantel alles in ein bläuliches Weiß getaucht war, bildete das Dunkelblaugrün der mächtigen Tannen einen beeindruckenden Kontrast. Es war wunderbar – wenn nur die Kälte nicht gewesen wäre. Wieder waren einzelne Schüsse in großer Entfernung zu vernehmen. Auf unserer Seite des Bergkamms rührte sich nichts. Kein Knacken, kein Vogel, kein Windhauch – nur eisige Füße.

Endlich schob sich die Sonne über den Horizont. Sie strahlte in diesem Moment zumindest „moralische" Wärme aus. Rasch gewann sie an Höhe und tauchte die umliegenden Berggipfel in blendendes Licht, das die Schatten schnell talwärts vertrieb. Immer wieder äugte ich das Tal zu dem kleinen Berggipfel hinauf. Von da müßten sie jetzt doch langsam kommen. Gut gedeckt von der großen Tanne, an der mein Gewehr lehnte, begann ich einige Bewegungen zu vollführen, um das inzwischen schmerzhafte Kältegefühl zu bekämpfen. Den Kopf zwischen die Schultern gezogen, schielte ich nur noch aus den Augenwinkeln, um dem Frost möglichst wenig Angriffsfläche zu bieten.

Doch da, war das eine Fatamorgana? Nein halt, nochmals ganz langsam. Dort oben, auf dem Gipfel, tatsächlich! Wie auf einem der bekannten Kitschbilder „Röhrender Hirsch", stand ein Bulle im gleisenden Sonnenlicht und äugte in die Täler hinab. Ich wollte sofort zu meinem Gewehr greifen, verwarf diese Idee im gleichen Atemzug. Es waren mindestens 350 bis 400 Meter bis dort hinauf. Am Baum aber lehnte nur eine 30/30 lever action ohne Zielfernrohr. Bei deren ballistischen Daten wäre auch mit optischer Hilfe kaum etwas zu machen gewesen, zumal die Geschoßenergie, je nach Laborierung, etwa nur der Hälfte bis einem Drittel der einer 7 x 64 entspricht. Und eine Kugel aus einer solchen Patrone wollte ich diesem kapitalen Wild auf diese Entfernung nicht antragen. Es hatte mich ohnehin erstaunt, daß zur damaligen Zeit das Kaliber 30/30 von den Amerikanern so häufig auf der

Schalenwildjagd geführt wurde. Ich bin sicher kein Freund von überkaliberisierten Waffen für nicht allzu starkes Wild, aber die 30-06 wäre hier wohl das Mindeste gewesen. Doch diese Winchester, die jedem von uns aus den Wildwestfilmen bekannt sein dürfte, ist mit ihrem auf der Welt einmaligen Repetiersystem wohl auch ein Stück amerikanischer Siedlungsgeschichte und deshalb noch heute so gebräuchlich.
Es kam jetzt darauf an, ob der bull-elk den Wechsel in mein Tal abwärts nehmen würde oder ob er sich für die andere Seite entschied. Es wird mir ein unvergeßliches Bild bleiben, wie der „König der Wälder" dort oben stand. Durch das Glas war gut auszumachen, wie er, offensichtlich von allem unberührt, majestätisch sein Haupt drehte, den Wind prüfte – und dann auf der anderen Seite des Gipfels verschwand. Es wäre auch zu schön gewesen! Vielleicht änderte er seinen Sinn nochmals! Vielleicht störte ihn irgend etwas auf der anderen Seite des Berges?
Vorbei war das Beschäftigen mit der zauberhaften Bergwelt, der Jagdinstinkt gewann die Oberhand. Was sollte ich tun? Es war gut eine Viertelstunde vergangen, seit ich ihn zuletzt sah. Sonnenschein überflutete bereits die Berghänge, die Dämmerung war endgültig dem Tag gewichen. Sollte ich auf weiteres Wild warten oder mein Glück versuchen – unter uns gesagt, der Ungeduld nachgeben – und dem Bullen hinterher pirschen? Ich mußte es wagen. Außerdem duldete die Temperatur meiner Gliedmaßen auch kein weiteres Ausharren mehr.
Die Füße schmerzten bei jedem Schritt. Mit jedem Meter bergauf kehrte jedoch die Wärme zurück. Als ich auf dem kleinen Gipfel angelangte, hätte ich meinen Parka entbehren können. Und da stand diese Fährte vor mir. Hatte ich mich getäuscht? War hier eines der Ranchrinder gewechselt? Das Trittsiegel eines unserer Rothirsche wirkt dagegen wie das eines Rehbocks.
Mein Erstaunen wurde nur kurz von dem unbeschreiblichen Rundblick auf die unter mir liegende verschneite Berg- und Talwelt unterbrochen. Der Hirsch war hangabwärts in den nahegelegenen Nadelwald gezogen. Der Wind stand gut. Schritt für Schritt folgte ich in die Dekkung. Im kniehohen Schnee war jede kleinste Verwundung der Oberfläche zu erkennen, er konnte nicht weit vor mir sein. Ich wagte kaum zu atmen. Wenn doch der Schnee nur manchmal nicht so knirschte!
Ich mochte der Fährte, die nicht talabwärts, sondern um die Berg-

kuppe herumführte, etwa 300 bis 400 Meter gefolgt sein, als ich ein Geräusch vernahm, das mir das Blut in den Adern gerinnen ließ. Ich pirschte einige Schritte um die nächste Überhälterfichte. Keine 30 Gänge vor mir leuchtete das Sonnenlicht durch die Reste des von einem mannshohen Fichtenast herabrieselnden Schnees. Hier war das Lager, es war noch handwarm. Ich hastete vorwärts der Fluchtfährte nach. Vielleicht kam nochmals etwas offenes Gelände. Doch vergeblich, vor mir lag ein Kieferndickicht, vermutlich hatte der Wapiti sich dort in Sicherheit gebracht. Aus, vorbei der Traum. Dabei war ich ihm so nahe, vielleicht hatten nur einige Meter gefehlt.
Enttäuscht ließ ich mich auf einem umgestürzten Baumstamm nieder und sann darüber nach, was ich wohl falsch gemacht hatte oder ob dieser „big bull" nur bessere Beziehungen zu Hubertus hatte als ich. Aber heute abend und morgen hatte ich nochmals die Chance, ich würde mich dann besser postieren, wenn ich ihn nicht ohnehin auf Tage von seinem Wechsel vergrämt hatte.
Bumm-Bumm, riß es mich aus allen Träumen und Überlegungen. Zwar nicht so nahe wie dieser Texaner, aber irgend jemand mußte in meiner unmittelbaren Nähe, in Fluchtrichtung des Hirsches gefeuert haben. Verdammt, hatte nun ich den Treiber für die anderen gespielt? Hoffentlich war es nicht wieder einer mit diesen breitkrempigen Hüten aus dem Süden. Ich warf meine Rifle über die Schulter und folgte der Wapitifährte. Den Weg zurück würde ich in diesem Schnee immer wieder finden. Ich mußte jetzt wissen was da passiert war.
Nach wenigen Kriechübungen in die Kieferndickung hinein war ich bereits tropfnaß, was mir jedoch aus vielseitig begründetem Zorn kaum bewußt wurde. Das Holz lichtete sich wieder und öffnete sich talabwärts in ein kleines Kar. Ich nahm das Glas zu Hilfe und suchte das offene Gelände und den Gegenhang sicherheitshalber einmal ab.
Das durfte nicht wahr sein, dort liefen zwei Gestalten talwärts, recht eilfertig, sie mußten ein Ziel haben. Ich überholte sie mit dem 7x50, und da, tatsächlich, dort unten lag etwas Rotbraunes – „mein" Wapiti –. Trotz des hohen Schnees ragte die eine Stange gewaltig gen Himmel. Diese Kerle, ich war den Tränen nahe . . . ausgerechnet! Nach dem ersten Schreck nahm ich das abgesetzte Glas erneut an die Augen und betrachtete das Stück voller Wehmut, und schon liefen die Jäger in mein Sehfeld.

CHARCOAL STARTER

Was war das? Diese rote Mütze, diese . . ., das waren Tom und Ken. Hey, das durfte doch nicht, doch das mußte . . . ja, jippy! es hatte doch geklappt! Ich stieß einen langanhaltenden Indianerschrei, oder wenigstens das, was ich dafür hielt, aus und hastete zu den Kumpanen hangabwärts.
Der Hirsch dürfte etwa vom sechsten bis achten Kopf gewesen sein. Jede Stange hatte sehr ebenmäßige fünf Enden, dafür aber eine gewaltige Auslage und Stangenlänge. Unsere Spessarthirsche würden sich dagegen recht bescheiden ausnehmen. Von ebenso überwältigenden Dimensionen war der Wildkörper. Ich dachte bereits an die vor uns liegende Arbeit des Transports.
„Waidmannsheil" rief ich auf gut Deutsch; soviel hatte ich meinen Jagdfreunden schon beigebracht. In weiser Voraussicht hatte ich auch schon einen entsprechenden Latschenzweig parat.
Ken war der Glückspilz. Beide waren an der anderen Seite des Kars am Waldrand postiert. Der Hirsch wechselte, durch mich aufgemüdet, talabwärts. Die Schußentfernung betrug gut 100 Meter. Er kam im leichten Troll, und beide Schüsse saßen auf der Kammer.
„Hey Ken, was ist Dir das denn wert, daß ich den hab' laufen lassen und Dir dafür so schußgerecht zutrieb?" – „Du bekommst heute abend eine extra Kiste Bier."
„Aber nur wenn Dein Hirsch auch den letzten Bissen bekommt."
Nun erklärte ich diesen Brauch und überreichte Ken den Schützenbruch. Er fand das mächtig gut und meinte, er könne von diesen „Krauts" doch noch etwas lernen.
„Kraut" im Amerikanischen entspricht etwa unserem „Ami" und läßt je nach Tonfall Rückschlüsse auf die Einstellung dessen zu, der diese Worte verwendet. Hergeleitet wird dieses Wort aus unserem deutschen „Sauerkraut". Die Amerikaner denken, wir würden dieses Nahrungsmittel mindestens dreimal am Tag zu uns nehmen.
Glücklich und rundherum zufrieden genossen wir den paradiesischen Morgen. Das Ereignis löste die Zungen, gefördert vom Inhalt des Flachmanns, den Tom aus seiner Tasche hervorzauberte. Worum es sich bei diesem Teufelszeug handelte, vermochte ich nicht herauszufinden. Tom weigerte sich auch beharrlich, sein Geheimnis preiszugeben und behauptete nur immer wieder, daß es reine Medizin sei.
Wir beratschlagten, wie wir nach der Freude nunmehr die Arbeit erle-

digen wollten. Da die Sonne immer höher stieg, schlug ich vor, das Stück sofort aufzubrechen. Ken schielte mich etwas unsicher von der Seite an, und ich hatte auch gleich begriffen. Es war Kens erstes Stück Schalenwild. Gleichzeitig war ich natürlich stolz, zeigen zu können, daß ich dieses Metier beherrschte. Wie sich jedoch schnell herausstellte, kostete ein Hirsch mit schätzungsweise aufgebrochen 250 Kilogramm etwas mehr Schweiß als unsere Rehböcke. Gemeinsam bewältigten wir die rote Arbeit, doch das war nur der Anfang. Kleinlaut erkundigte ich mich, ob wir wohl den Hirsch über den hinter uns liegenden Bergrücken, von wo ich herkam, tragen müßten. Tom beruhigte mich, er wisse einen Weg talabwärts auf dieser Seite des Hanges, der mit dem Geländewagen erreichbar sei.
Um es kurz zu machen, als wir den Hirsch endlich auf dem Jeep hatten, war es bereits zwei Uhr nachmittags. Wie wichtig ein reichhaltiges Frühstück ist, wurde mir bei dieser Gelegenheit bewußt. Die Mühen und Strapazen nahmen wir jedoch angesichts von Kens Waidmannsheil und diesem einmaligen Tag aus Blau, Weiß und Tiefgrün kaum wahr. Als wir dann im Sonnenschein langsam talwärts fuhren und der mächtige Wildkörper über beiden Seiten des offenen Gefährts hinausragte, wollte ich dieses einmalige Bild festhalten. Leider war der Film zu Ende.
Zu Ende war natürlich auch unsere Jagd, da wir nur eine Lizenz hatten. Ich empfand darüber aber kein Gefühl der Traurigkeit, hatte ich doch ein einmaliges Erlebnis, Ken seinen ersten Hirsch und meine Schwester Wildbret zur Bereicherung ihres häuslichen Speisezettels.
Der Empfang auf der Ranch war selbstredend entsprechend und nach kräftiger Atzung ging es ans Zerlegen des Wildbrets. Wir bedankten uns bei unseren Gastgebern mit einer Keule, die allein etwa 30 Kilogramm gewogen haben mag.
Dann wurden natürlich feuchtfröhlich die Gläser gehoben und Jagdgeschichten aus der alten und neuen Welt ausgetauscht, die nicht nur aus Jägerlatein bestanden. Es war ein unvergeßlicher Abend in dieser urigen Atmosphäre des Ranchhauses.
Vor einigen Tagen kannte ich weder Tom noch seine Familie, und heute genoß ich ihre großherzige Gastfreundschaft. Selbstverständlich leerten wir auch noch die Extrakiste Bier, die Ken mir schuldig war.
Am nächsten Morgen brachen wir auf in Richtung Denver.

Sämtliche Einfallstraßen aus den Bergen führten an den an diesen Tagen geöffneten check points vorbei. Dort wurde das Wild registriert, Lizenzen und Wildmarken überprüft. Auch das ist Teil des Systems, um Mißbrauch zu verhindern; denn jedes Gesetz ist nur so gut, wie seine Einhaltung auch kontrollierbar ist. Und da nehmen es die Amerikaner mit Recht sehr genau.
Die schöne Zeit war aber für mich noch nicht zu Ende, stand doch für die kommende Woche ein Besuch bei Verwandten in Nebraska auf dem Programm, und da sollte es reichlich Fasanen und Wachteln geben.

KANADA

Jagen unterm Nordlicht

Nahezu ein Jahrzehnt war vergangen, seit ich das letzte Mal in der neuen Welt war, sicherlich war ich nicht freiwillig weggeblieben, sondern den Zwängen des Lebens gehorchend. Ausbildung und Berufsstart nahmen zuviel Zeit und vor allem finanzielle Mittel in Anspruch, als daß eine solche Reise zu finanzieren gewesen wäre. Diese ganze Zeit stand für mich aber immer unter dem Motto, aufgeschoben ist nicht aufgehoben. Den Kontakt zu diesem Land, das mich so begeisterte und mit dem mich im Vergleich zur Heimat so völlig verschiedene Jagderlebnisse verbanden, hielt ich aufrecht, indem ich, durch meine Schwester immer wieder mit den entsprechenden Jagdmagazinen versorgt, alles las, was von den urigen Jagdgründen berichtete und dessen ich habhaft werden konnte. Stein des letzten Anstoßes, wieder über den Teich zu fliegen, dürften nicht zuletzt die begeisternden Bücher von JOHANNES K. HOGREBE gewesen sein. Den Jäger, der diese Jagd-, Reise- und Landschaftsbeschreibungen liest und den dabei kein Prickeln und der Wunsch überfällt, wenigstens eines dieser Erlebnisse nachzuvollziehen, habe ich noch nicht kennengelernt.
Eines Herbsttages flatterte mir eine Einladung zu einer kleinen Niederwildstreife in einem Vorspessartrevier auf den Tisch. Damals kam auch soviel Wild zur Strecke, daß es einem nicht die Schamröte ins Gesicht trieb, weil man befürchten mußte, heute wohl den letzten von der geschundenen Umwelt übrig gelassenen Hasen oder Fasan zu erlegen. An diesem Tage begegnete ich zum ersten Mal Hubertus. Ein gewichtiger Vollblutjäger, der mir zwar nur einige Jahre des Alters, aber dafür viel Erfahrung in den Jagdgründen des Ostens voraus hatte.
Es war beim letzten Treiben, wir liefen dem Feldweg nebeneinander her, und ich kam irgendwie auf die Bücher und Erlebnisse von Hogrebe zu sprechen.
„Da müßte man auch einmal hin. Elche und Bären jagen, das wäre eine Sache!" geriet er sofort mit dem unverkennbaren Unterton ins Schwär-

men. „Ich habe dort einen über mehrere Ecken verwandten Onkel, der sich da auskennt und eventuell etwas arrangieren könnte!"
War das Zufall, daß ich gerade an diesen Hubertus kam, oder war es nicht vielleicht allerhöchste Zeit, daß ich einmal so einen Waidkameraden traf, nach dem ich im Unterbewußtsein sicher schon lange gefahndet hatte? Jedenfalls entwickelte sich ein recht munterer Plausch, und als wir uns später voneinander verabschiedeten, war beschlossene Sache, daß sich jeder nach Kräften bemühte, entsprechende Informationen zu beschaffen und das Abenteuer im kommenden Herbst anzugehen.
Bis zum nächsten Frühjahr hatte sich bereits ein Ordner voll Schriftverkehr und Prospekten angesammelt. Wir verglichen Preise, knobelten Flug- und Fahrtrouten aus – und buchten letztlich doch in den Jagdgründen Hogrebes, die zugleich die Hubertus' Onkel waren, im Bundesstaat Ontario/Kanada südlich von Hearst. Entsprechend den Statistiken sollte dort die stärkste Elchpopulation der Welt vorherrschen; dort mußten wir richtig sein.
Anfang Oktober ging es los. Über die im gleißenden Sonnenlicht liegende Eisscholle Grönlands erreichten wir Chicago. Sicherlich nicht der nächste Weg nach Kanada, aber wir verbanden das Angenehme mit dem Nützlichen.
Wir besuchten eine entfernte Cousine meines Freundes, mieteten uns einen Wagen und fuhren nach Norden an der Westseite des Michigan Sees entlang. Die traumhafte Strecke führte uns über den kanadischen Grenzposten nach Sault St. Marie. Hinter der Stadtgrenze begann unmittelbar das, was wir für Kanada hielten. Mit starker innerer Erregung beeindruckte uns diese Landschaft der Sümpfe, Seen, Nadelwälder und . . . Straßenschilder. Lachen Sie nicht, lieber Leser, aber wie würden Sie empfinden, wenn laufend unübersehbare Schilder vor Elchwechseln warnen? Sowas kann nur einen erfahrenen kanadischen outdoor unberührt lassen, nicht aber zwei auf diesem Gebiet völlig unerfahrene greenhorns.
Der Trans Canadian Highway führte uns nordwestlich nach Wawa, das direkt an der Straße mit einer etwa 30 Meter hohen Kanadagans als deren größtes Exemplar der Welt wirbt. Wer hätte es nicht geglaubt?
Wir übernachteten in einem gottverlassenen Motel, das den sinnigen Namen „Black Forest" trug, was mich unschwer an unseren Schwarzwald erinnerte. Leider gab es da keinen Tropfen Alkohol. Das ist aller-

dings durchaus üblich, da in Amerika die Alkohollizenzen offensichtlich nur sehr schwer erhältlich sind. Durst hatten wir, und so rafften wir uns nach dem Quartiermachen nochmals auf und fuhren zur einige Meilen entfernt gelegenen Tankstelle; dort gab es Bier. Ich bestellte in englischer Sprache zwei Bier und bekam zur Antwort: „Wollen Sie es kalt oder warm?"
Ich traute meinen Ohren nicht, aber diese Lady war aus Frankfurt und lebte hier seit langen Jahren. Ihr Mann war gerade auf der Elchjagd.
Die Informationen aus erster Hand erhöhten natürlich unser Jagdfieber. Tags darauf fuhren wir weiter Richtung White River, dem kältesten Ort Kanadas. Davon zeugte diesmal ein überdimensionales Thermometer. Amerikaner und Kanadier haben nun mal einen nicht geringen Nationalstolz, und den verheimlichen sie in der Regel nicht, warum auch.
„Hoffentlich haben sie auch die größten Elche des Landes!" meinte Hubertus trocken, als wir versuchten, unsere Anlaufstelle, den White River Air Service, zu finden.
Die Formalitäten waren schnell und unbürokratisch erledigt, und wir fuhren Richtung See hinunter; dort war der Airport. Wir erwarteten hier am Rande der Wildnis nicht gerade einen Großflughafen, aber mit dem Begriff Airport verknüpft man doch ganz gewisse Vorstellungen. Um so mehr waren wir überrascht, als an einem kleinen See lediglich eine Holzbaracke mit einem kleinen, schmalen Landungssteg auftauchte. Freundliche Leute waren gleich aufgetrieben; und man sagte uns, wir würden am frühen Nachmittag zum Brunswike Lake ausgeflogen.
Bei einer Tasse Kaffee warteten wir auf das Verrinnen der Zeit. Hilfreiche Geister zogen einen Karren zum Landungssteg, der offensichtlich voll mit Bierkisten und sonstigen Getränken beladen war.
„Schau mal da. Ist hier vielleicht eine Brauerei in der Nähe?" fragte ich zweifelnd.
Da fiel uns unsere eigene Bestellung ein, die wir beim Buchen des Camps aufgeben mußten. Wir multiplizierten rasch unseren angegebenen Tagesbedarf, den wir schon wegen der meist durstigen Jagdführer großzügig bemessen hatten, und stellten fest, daß das meiste wohl für uns sein mußte. Hatten wir uns da nicht etwas verrechnet? Wir würden es schon herausfinden.

Über die grünen Baumwipfel schwenkte ein blauweißes, einmotoriges Flugzeug zur Landung ein. Rasch verlor es an Höhe und die spritzende Gischt zeigte an, daß die Wasserkufen Berührung mit der Seeoberfläche hatten. Neugierig schlenderten wir zur Anlegestelle. Zwei erfolgreiche Jäger waren von ihrem Außencamp eingeflogen worden. Die auch für kanadische Verhältnisse mächtigen Schaufeln hatten eine Auslage von etwa 1,20 Meter und eine Vielzahl von Enden. Für mich war es bis dahin der größte Elch, den ich je gesehen hatte. Die Pulsfrequenz stieg sprungartig.

Ohne Hast wurde entladen, und dann fand man sich erstmal in der Holzbaracke zu einer Tasse Kaffee und einer Zigarettenpause ein. Wir mußten uns erst langsam daran gewöhnen, daß man das Wort Hektik hier nicht kannte. Wozu auch, wir befanden uns schließlich im kanadischen Busch und nicht in einer mitteleuropäischen Großstadt zur Hauptgeschäftszeit.

Die Cessna 185 hatte vier Sitze, so daß der Pilot und wir mit unserem Gepäck recht bequem Platz hatten. Als ich auf den Rücksitz kroch, kam ich mir zunächst vor wie in einer Konservendose. Ob das Ding überhaupt fliegen würde? Und dann nur eine Maschine – wenn die ausfällt? Hat der überhaupt Radar? Offenbar nicht! Was macht der nur, wenn er durch eine Wolke muß? Alles nicht auszudenken für mich fliegerischen Hasenfuß. Aber dem Piloten mußte sein Leben ja auch irgend etwas wert sein. Es wird schon schiefgehen.

Das kleine Flugzeug tuckerte den See hinaus. Es mußte gegen den Wind gestartet werden. Der Pilot ließ den Motor aufheulen, und dann entwickelte das Gefährt relativ schnell eine Geschwindigkeit, die ich kaum vermutet hätte. Der rauhe Wasseroberflächenkontakt war auf einmal verschwunden, und der See entfernte sich unter meinen Füßen. Tatsächlich, das Ding war in der Luft, und es hatte nicht einmal weh getan.

Bei strahlendem Himmel gewannen wir rasch an Höhe, und jetzt sah ich Kanada das erste Mal richtig. Wald, Wasser, Sümpfe, das Auge konnte sich gar nicht satt sehen an soviel unberührter Wildnis. Die gelbe Herbstfärbung der Aspen (Zitterpappel) bildete einen grellen Kontrast zum dunklen Blaugrün der Nadelbäume, deren lange Wipfel sich in den glasklaren, dunkelblauen Seen spiegelte. Hervorgerufen wurde dieses Farbenspiel durch die Sonne, die vom wolkenlosen Firma-

Seite 45 oben: Yellostone Nationalpark, Wyoming/USA ▶
unten: Der berühmte Bogen aus Wurfstangen der Wapitis in Jackson Hole, Wyoming/USA
Seite 46: Wasserscheide in den Rocky Mountains, Colorado/USA

JACKSON
HOLE WYO

ment strahlte. So ähnlich hatte ich mir das in meinen kühnsten Träumen vorgestellt: der kleine Andreas im großen Kanada. Gierig saugten wir wortlos die unter uns vorbeifliegenden Eindrücke auf. Erst als Hubertus nach einer langen Weile die Filmkamera zückte, erwachte ich aus meiner stillen Begeisterung und kramte den Fotoapparat aus meiner Parkatasche. Vor den Wäldern lagen meist noch ausgedehnte Sumpfareale, deren Gelbbraun von kleinen verwundenen Bachläufen, die sich ihren Weg in die Seen bahnten, durchfurcht waren.
Die Jägeraugen suchten natürlich sofort das Wild. Nur, wie würde das von hier oben, aus einer Höhe von etwa 300 bis 500 Meter, eigentlich aussehen? Diese Frage brauchte mich nicht lange zu beschäftigen, denn schon deutete unser Pilot nach unten, und unschwer konnten wir im seichten Uferwasser zwei dunkle Punkte ausmachen. Kuh und Kalb meinte er. Wir waren begeistert.
Das Schauspiel mag wohl eine gute Stunde unter uns vorbeigezogen sein. Wir gewöhnten uns schnell an das für uns bis dahin ungewohnte Fluggefühl. Es war vergleichbar mit dem Autofahren über eine holprige Straße vierter Ordnung, bei der man jedoch nie den Kontakt zum Untergrund verlor. Zudem gab es überall natürliche Landepisten in Form der Gewässer, so daß ich recht bald zu dieser Fortbewegungsart mehr Vertrauen schöpfte als zu den großen Jets, bei denen mir trotz aller physikalischen Logik immer wieder rätselhaft erscheint, daß sie überhaupt den Boden verlassen können. Nein, nein, diese kleinen Hüpfer stärkten das Zutrauen eines naturwissenschaftlich nur wenig gebildeten Geisteswissenschaftlers ganz erheblich.
Kleinere Tümpel wechselten in rascher Folge mit größeren Wasserflächen, als unter uns der Wald zurücktrat und ein riesiger See erkennbar wurde. Wir erfuhren, das sei der Brunswik Lake. Wir waren fast am Ziel unserer Träume. Eine Landzunge ragte in die blauen Wasser. Nach zwei Landeschleifen setzte die Cesna kaum merklich auf der leicht kräuselnden Wasseroberfläche auf. Flott überwanden wir die letzten paar Meter und ließen uns von Wind und Wellen an den kleinen hölzernen Landungssteg treiben. Zwei Blockhäuser standen unweit des etwas vom Holz ausgelichteten Ufers und sahen recht einladend aus. Das Empfangskomitee erwartete uns bereits. Da waren Vic und Kit, ein älteres Ehepaar, das als caretaker, eine Art Mädchen für alles, was das Camp betraf, fungierte. Mit ihnen sollte ich noch ausgezeichnete Er-

◀ Seite 47: Wapiti – Elk *(Cervus elaphus canadensis)*
Seite 48 oben: „Moose country“, Ontario/Kanada
unten: Wald, Wasser, Elche! Traumlandschaft Ontario/Kanada

fahrungen machen. Dann waren da noch Eli und Duncan, zwei indianische Führer, und Jack, ein hagerer weißer Dauerqualmer, auch ein Jagdführer; mit ihm jedoch sollte ich noch mein blaues Wunder erleben.

Die Begrüßung war herzlich. Unser Quartier wurde uns nach den üblichen, abtastenden Willkommenssätzen in der einen Blockhütte zugewiesen. Hinter einem geräumigen Aufenthaltsraum, in dem ein wohliges Feuer knisterte, befanden sich zwei Schlafräume. Wir okkupierten den einen. Für den anderen, etwas größeren, wurden noch heute abend vier weitere Jäger erwartet – aus Deutschland. Na ja, nichts gegen meine Landsleute, aber im Ausland lerne ich lieber die Einheimischen kennen, die Landsgenossen treffe ich zu Hause auf der Treibjagd.

Wir hatten uns gerade häuslich eingerichtet und die Küchenhütte mit der üblichen Tasse Kaffee eingeweiht, als Vic, ein sechzigjähriger ausgewanderter Irländer, uns auf ein Motorengeräusch aufmerksam machte, das die anderen Jagdgäste ankündigte. Diesmal war es eine wesentlich größere Beaver, die sich über das Wasser zum Camp gleiten ließ. Ihr entstiegen Karl, ein etwa dreißigjähriger Großlandwirt aus Norddeutschland, Bernd, ein in Chicago lebender Deutschamerikaner, sein Bruder Franz, ebenfalls aus Norddeutschland – und Gregor. Ja Gregor, auch norddeutscher Großlandwirt, im englischen Tweedanzug mit moderner Krawatte und prallgefülltem, ledernen Aignerkoffer. Nun ja, jeder soll nach seiner Fasson selig werden, dachte ich im stillen und harrte der Dinge, die da kommen würden.

Gregor bezog das dritte Bett in unserem Schlafraum. Er machte einen höflichen und netten Eindruck, und wir begannen, uns beim Abendessen zu beschnuppern. Die erkleckliche Anzahl Getränke, die wir am Flughafen in White River bewunderten, war tatsächlich weitgehend für uns bestimmt. Wir verstauten sie unter unseren Feldbetten. Wir mußten es hier wohl mit vornehmlich antialkoholischen Landsleuten zu tun haben; hoffentlich wollten die uns nichts „abkaufen".

Nach dem Abendessen und der Lagebesprechung zogen wir uns in die Schlafhütte zurück. Gregor, der zuvor nicht ausreichend Zeit hatte, seine Habseligkeiten zu verstauen, öffnete seinen Gewehrkoffer. Wir trauten unseren Augen nicht. Zum Vorschein kam ein sehr wertvoller, aber nach unserem Verständnis für den kanadischen Busch völlig untauglicher Drilling. Vielleicht war es ein tolles Kaliber – nein, 7 x 57!

Dazu packte er das typische Patronentäschchen aus: für sechs Kugeln und vier Schrotpatronen. Dieses Behältnis war aber bei weitem nicht prall gefüllt. Nein! Drei ganze Patronenkugeln nannte dieser Jünger in Huberto sein eigen. Ein Träumer? Oder ein Fantast? Wieso eigentlich, wir hatten ja auch keine Erfahrung, nur die aus Büchern. Da stand aber allerdings immer zu lesen: nicht unter 20 Patronen. Man bedenke, notwendiges Einschießen, Fehlschüsse, Fangschüsse, Verluste usw. Der nächste Laden befand sich ja hier nicht gerade um die Ecke, insbesondere nicht für das in Amerika absolut untypische Kaliber 7 x 57! Unsere Magazine waren auf jeden Fall gefüllt, und solange er ein angenehmer Schlafgenosse blieb, sollte es uns recht sein.
Vic holte uns bei stockdunkler Nacht aus der Falle. Das Wasser im „Hygieneeimer" vor der Tür war gefroren. Bald gab es das die Lebensgeister wachrüttelnde, bereits früher beschriebene American breakfast.
Gejagt werden sollte in drei Gruppen zu je zwei Jägern mit einem guide. Warum weiß ich nicht, aber wir erwischten diesen Jack. Die kleinen Aluboote hatte Vic längst auf Vordermann gebracht, und wir tukkerten mit dem Acht-PS-Außenborder in die finstere Nacht.
Soweit wir uns nicht bereits bei unserem Anflug aus der Luft einen Eindruck verschaffen konnten, half Vic am vorhergehenden Abend unserer Ortskenntnis mit einigen Karten nach. Der See uferte in seinem Südteil in drei etwa gleichgroße Finger aus. Am nördlichen Ende dieses Fächers lag unser Camp. Nach Norden verengte sich das Wasser zu einem Hauptarm mit unzähligen Buchten, Sumpf- und Schilfgebieten sowie einigen befahrbaren Zuflüssen, um in seinem Nordende in einem mit dem Boot nahezu unpassierbaren Ausfluß zu enden. Was an dieser „Pfütze" sechs Jäger sollten? Keine Angst, das Naß war etwa 30 Kilometer lang.
Jack, den ich bis zu diesem Zeitpunkt noch nie ohne seine Selbstgedrehte gesehen hatte, was sogar mir als Raucher auffiel, hielt das kleine Ruder in der Hand und bestimmte Nordrichtung.
Hubertus und ich hatten geknobelt, wer am Komandostand sitzen und damit das Recht des ersten Schusses haben sollte. Hubertus zog das längere Streichholz, das galt zumindest für diesen Tag.
Nach einer halben Stunde zeigte sich ein Silberstreif am wolkenlosen Horizont. Das Boot tastete sich auf einmal sehr vorsichtig durch das Wasser. Hier waren Felsvor-, -auf- und -rücksprünge, die Jack

offensichtlich kannte. Hoffentlich wußte er auch die Elcheinstände. Bei Morgengrauen erreichten wir einen von Westen in den See eingurgelnden, respektablen Zufluß. Es war gerade Büchsenlicht. Das kleine Boot bahnte sich fast lautlos den Weg flußaufwärts. Unser Führer bedeutete Hubertus, sich fertig zu machen. Geistig war er das schon seit vier Wochen, physisch seit Besteigen des Bootes. Der kleine Zufluß hatte nur sehr wenig Strömung. Jack stellte den Motor ab und hob ihn in das Boot, eine Vorschrift des kanadischen Jagdgesetzes, wonach aus einem Boot nur geschossen werden darf, wenn sich keine künstliche Antriebsquelle im Wasser befindet. Das Stechpaddel brachte uns vorwärts.

Hubertus stand wie einst Kapitän Ahab auf Ausschau nach Moby Dick am Bug unseres Nachens. Im Stehen hatte er den besseren Überblick über das Schilf. Nur zog er wegen der Temperaturen, die leicht unter dem Gefrierpunkt lagen, das Genick sicherlich mehr ein als der Walfischfänger. Weniger stolz war er nicht, nur bestimmt weniger arrogant. Es lief auch keine Filmkamera. Aufregend war es für mich auf jeden Fall. Mein Freund zuckte und bedeutete Jack, an das andere Ufer beizudrehen. Ich mogelte mich nach oben. Bei mittlerweile gutem Büchsenlicht konnten wir noch zwei wogende, dunkle Rücken erkennen, keine Schaufeln. Eine Kuh mit Kalb strebte der schützenden Dekkung der blauen Fichten zu.

War das ein Auftakt! Das erste Mal sahen wir dieses mächtige Elchwild auf keine 50 Meter. Die ganze Physiognomie paßte gut in eine dieser Karten, die die zeitgeschichtliche Entwicklung des *Homo sapiens* aus einem einzelligen Etwas beschreibt und für die DARWIN sich so anprangern lassen mußte: das in unseren Breiten bei unserem Wild unbekannte ramsnasige Pferdegesicht mit den überdimensionalen Lauschern des Muttertieres und dazu der federnde Trab dieses Kolosses. Der Schöpfer kann nichts tun, ohne daß es unnachahmlich wäre. Würden wir Erdenwürmer etwas Derartiges zu schaffen versuchen, wir wären zum Scheitern verurteilt. Oder kennen Sie nicht die zum Teil kläglichen Versuche der Modeschöpfer, Farben aneinanderzureihen, um Mode zu machen und Absatz zu fördern? Wie oft paßt das Eine nicht zum Anderen? Hatten Sie dieses Empfinden schon einmal bei den unterschiedlichsten Grün des Waldes oder gar im Herbst, wenn unsere Bäume sich färben? An diese Unnachahmlichkeit der Schöpfung mußte

ich denken, als die tiefbraunen Rücken in der Deckung verschwanden. Die in die Glieder dringende eisige Kälte entrückte mich meinen Besinnungen, als sich der Puls wieder auf seinen Normalwert eingependelt hatte. Uns war wohl allen nach Wärme zumute und auch nach körperlichem Ausgleich für den vor drei Stunden reichlich genossenen heißen Kaffee. Unser Dauerqualmer steuerte eine kleine Felsausbuchtung an. Während mein Freund und ich noch ungelenke Freiübungen vollführten, machte sich Jack an einer Birke mit seinem Messer zu schaffen. Mit einer handvoll Birkenrinde und einigen wenigen trockenen, unter Überhälterfichten ausgegrabenen Reisern lief er zurück auf einen aus dem Bachbett herausragenden flachen Fels. Auf dessen trockener Oberfläche hatte er im Handumdrehen mit der Birkenrinde ein kleines Feuer entfacht. Nicht groß, aber warm – weißer Mann, großes Feuer, roter Mann, kleines Feuer –, dabei war er gar kein Nachfahre von Sitting Bull. Wenn er nur nicht in einem fort gepafft oder vor allem gehustet hätte. Als Jäger wußte ich, daß die menschliche Witterung für das Wild ebenso stark ist, wie der Rauch. Aber die Geräuschkulisse mußte irgendwann einmal abgestellt werden. Elche waren sicherlich nicht taub, zumal bei dieser Größe der Lauscher.
Wir ließen uns von der Strömung zurücktreiben. Zwischenzeitlich saß ich am „Kommandostand" – das kurze Streichholz!
Offensichtlich war das Gelände, wie wir aus der Luft bereits bemerkt hatten, sehr flach. Nachdem die Sicht im Busch keine zehn Meter betrug, erhofften wir Erfolg nur am Übergang von Wald und Wasser. Soviel konnten wir bis jetzt schon erkennen. Aber es war ja noch nicht einmal die Hälfte des ersten Jagdtages ins Land gegangen, und der Huster am Steuer, sicherlich ein erfahrener Bursche, würde schon wissen, was er tat.
Wir versuchten unser Glück, indem wir mit geringster Motorkraft an den Ufern des Wassers dahinglitten. Bereits am frühen Nachmittag, bei der nächsten Rast, kamen bei meinem Freund und mir die ersten Zweifel auf. „Mit dem Kutschwagen in Ungarn kann man vielleicht die Hirsche anfahren, ob Elche das aber auch aushalten?" gab ich meinen ersten vorsichtigen Einwand von mir. Hubertus in seiner Bierruhe ermahnte mich zur Gelassenheit.
Die Sonne strahlte vom kanadischen Himmel, wir hatten ja Urlaub! Mit wem oder was hätten wir auch tauschen wollen, während wir

mit kaltem Hintern in der, wenn auch kaum wärmenden Sonne lagen? Nein, sicher empfanden wir das im Moment als den schönsten Fleck auf Gottes Erdboden, und dafür waren wir mehr als dankbar.

Bei noch gutem Tageslicht überwanden wir auf dem Heimweg die heimtückische Felsbarriere. Die Küche war vorbereitet. Kit wußte genau, wie sie hungrige Jäger begeistern konnte. Wir hatten zwar keine großen körperlichen Strapazen hinter uns, die frische Luft machte uns jedoch hungrig und schläfrig; wie die Murmeltiere krochen wir uns in unsere Schlafsäcke.

Die nächsten zwei Tage rollten ab wie der erste: Ufertuckern bei Sonnenschein, mittägliche Rast bei Birkenholz, offensichtliche Geländeunkenntnis Jacks und das permanente Röcheln dieses Asthmatikers. Da mußte etwas passieren. Ich wandte mich an Vic. Er war sofort im Bilde.

„Der war erst einmal hier. Der kennt das Gelände überhaupt nicht. Ich werde ihm heute abend einige Plätze auf der Karte erklären, da soll er morgen mit Euch sein Glück versuchen."

Dieses Gespräch führte ich mit Vic und Kit in ihrer Privathütte, wohin sie mich eingeladen hatten. Es gab dort Punsch und „muffins", tolle Dinger, kleine Kuchen mit Waldbeeren. Die gab es in der Küche nicht. Wir tranken noch eine Flasche Wein. Die beiden freuten sich, jemanden aus der alten Welt, ihrer Heimat, zu sehen, und ich war froh, hier an diesem Ort Gast zu sein. Das entsprach genau dem, was ich außer Jagd erleben wollte! Nichts gegen die norddeutschen Großlandwirte.

Als wir in der kommenden Nacht in See stachen, kannte ich den Brunswik Lake wahrscheinlich besser als unser „Whiskey-Jack". Wie mir Vic erzählte, arbeitete er in einer nahegelegenen Papierfabrik und verdiente sich durch die Jagdführung nur ein Zubrot. Ob das der richtige Mann für uns war? Heute mußte sich das entscheiden.

Dieses Mal wählten wir die südliche Richtung. Wir querten die Felsen und suchten uns den schmalen Schlund in den äußersten, südöstlichen Arm. Ab und zu mit leichter Motorunterstützung paddelten wir in namenlose Schilfbuchten, an Bieberdämmen vorbei soweit wie möglich die Zuflüsse stromaufwärts. Wo uns das Gelände gut erschien, stiegen wir aus dem Boot, suchten uns, wenn möglich, einen erhöhten Ausguck und warteten. Das Wetter war immer noch traumhaft. Die Natur zeigte sich von ihrer schönsten Seite mit den dominierenden Farbtönen

Gelb, Blau und Grün. Das prinzipiell sehr flache Gelände ließ die Sicht auf größere Distanzen selbstverständlich nur in unmittelbarer Wassernähe zu.
„Whiskey-Jack", wie wir unseren Führer wegen seines vorabendlichen Granatenrausches inzwischen nannten, – er hatte eine unserer halbvollen Flaschen heimlich geklaut –, „erfreute" uns durch seine beharrliche Geräuschkulisse. In mir stieg der Zornpegel langsam, aber unaufhaltsam in Richtung einer gefährlichen Grenze.
Um die Mittagszeit wechselten wir den Standort, da der Wind gedreht hatte und direkt in das vor uns sich ausbreitende Schilfgelände stand. Wir überquerten den etwa 500 Meter breiten Wasserarm und steuerten eine erfolgversprechende Bucht auf der Ostseite an. Vorsichtig wurde das unmittelbare Ufergelände erkundet. Hier wimmelte es von frischen Elchfährten. In die Trittsiegel der einen konnte ich meine Hand bequem reinlegen. Wenn das ein Bulle ist, der ist mir stark genug. Auch sonst waren für ein Elchjagdgreenhorn genügend Pirschzeichen zu entdecken, die den Puls in die Höhe trieben.
Leider stand auch hier der Wind in die Deckung. Ein Ansitz seitlich war wegen schlechter Übersicht nicht möglich. Wir entschlossen uns, im Boot zu bleiben und hinter der nächsten Schilfnase vor Anker zu gehen. Das Boot schaukelte leicht im Wind, der mir Jacks pausenlosen Dampf in die Nase trieb. Nach wenigen Minuten begann er zu hüsteln, was ihm meinerseits sofort einen strafenden Blick eintrug, ihn jedoch offensichtlich wenig beeindruckte, denn er drehte bereits am nächsten Sargnagel. Den hatte er noch nicht richtig in Brand gesteckt, als sich sein Räuspern in ein lautes Husten, dann in ein beängstigendes Kotzen steigerte, um nach einer halben Minute in einem besorgniserregenden Röcheln zu enden. Jezt hatte ich genug. Ich drehte mich zu ihm um, und er merkte wohl, was es geschlagen hatte.
„Die Elche husten auch", stammelte er schuldbewußt, doch meine Geduld war endgültig erschöpft. Ich riß dieser halben Portion den Glimmstengel aus dem Mund, beschimpfte ihn mit den schlimmsten Worten, die mir in der Wut einfielen, verbot ihm ab sofort das Rauchen, teilte ihm unmißverständlich mit, daß jetzt wir das Kommando in diesem Boot übernehmen würden und er, wenn er sich auch nur einer meiner Anweisungen widersetze, augenblicklich im Wasser landen würde. Ich drehte mich wieder nach vorne zu Hubertus, der wohl nur einen

Teil der in Englisch geführten Konversation, die Bedeutung dieses Gesprächs aber vollinhaltlich verstanden hatte, und gab „Befehl" zur vollen Kraft voraus nach Norden. Mit Wild war hier nach diesem Theater sicher vorerst nicht mehr zu rechnen.

Wir versuchten, einen etwa zwei Meilen nördlich gelegenen Sumpfgürtel zu erreichen, den uns Vic abends zuvor auf der Karte gekennzeichnet hatte. Das für das Auge einzigartige Biotop war unschwer zu erkennen. In einer Tiefe von etwa 200 Metern wogte vor dem Busch ein durch viele Tümpel aufgelockertes gelbes Halmenmeer. Die Wasserpflanzen, eine der Hauptnahrungsquellen des Elchwildes, reichten bis zur Wasseroberfläche. Hier wollten wir am Nachmittag unser Glück versuchen. Doch wir waren gewarnt. Hubertus und ich ließen uns auf einer weit in den See ragenden, mit Sitkafichten bewaldeten Felszunge absetzen. Zum Camp zurück dürften es mit dem Boot etwa eineinhalb Stunden gewesen sein. Jack schickten wir mit unserem Transportmittel auf die unserem Jagdgelände abgewandte Seite der Felsenhalbinsel und machten ihm unmißverständlich klar, daß er sich dort nicht von der Stelle zu rühren und Punkt fünf Uhr nachmittags hier wieder zu erscheinen habe. Das würde uns die Geräuschkulisse vom Halse schaffen und gleichzeitig eine Rückkehr vor Anbruch der Dämmerung ins Camp gewährleisten.

Hubertus und ich verteilten uns auf der kleinen Halbinsel, so daß wir von unserem einige Meter über dem Sumpfgelände liegenden „Ansitz" gutes Seh- und Schußfeld hatten.

Windwellen glitten über die Halme, die wie ein wogendes Kornfeld wirkten, die Sonne stand nach wie vor am strahlenden Himmel, und eine Haubenmeise beäugte mich neugierig aus nächster Nähe. Hier gab es nur das leise Plätschern des Wassers am felsigen Ufer, sonst war absolute Totenstille. Wenn man sich darauf konzentrierte, hatte man fast das Empfinden, daß diese Ruhe unseren geräuschkulissegewohnten Ohren weh tat. Nach einer Weile überwog aber das herrliche Gefühl der Unendlichkeit und der unbeschreiblichen Schönheit von Gottes Natur. Ich sog die Bilder in mich auf und schloß von Zeit zu Zeit die Augen, um sie mir im Unterbewußtsein einzuprägen, so als wollte ich sie für alle Zeiten festhalten.

Aus meinen tiefsinnigen Betrachtungen riß mich ein markanter dunkler Punkt am Rande zwischen Wald und Wasser. Vorsichtig fingerte ich

Oben: Alaskanische „Ordnung" – Flughafen in King Salmon ▶
Unten: Wasserflughafen Lake Hood, Anchorage/Alaska

N70070

nach dem Glas. Ein weibliches Stück, nein zwei, Kuh und Kalb standen sichernd im Wasser. Das Muttertier reckte erkennbar die Ramsnase in den Wind, doch der stand auf uns zu. Einige Minuten mochte sie wohl so verbracht und mir damit den uneingeschränkten Genuß des Anblicks gewährt haben. Die tiefbraune, dichte Decke färbte sich gegen den Mähnenansatz und vor allem an den Läufen in ein Silbergrau. Davon war jedoch meist nicht viel zu sehen, da das Wild fast bis zum Stich im seichten Wasser stand. Ich stoppte mit meiner Uhr, wie lange sie den ganzen Kopf unter Wasser hielt, um die Wasserpflanzen aufzunehmen. Sie brachte es bis auf über 20 Sekunden. Die Lungen des Kalbes waren offensichtlich noch nicht so gut trainiert.
Erlegen wollte ich einen Elchbullen, so daß ich auch bar jeder diesbezüglichen Überlegung das vor mir abrollende Schauspiel in mich aufnehmen konnte, zumal die Entfernung nunmehr weniger als 50 Gänge betrug. Die Brunftzeit ging gerade zu Ende. Vielleicht war da noch etwas zu erwarten? Die Zeit verging, Kuh und Kalb ästen vor mir weg in Richtung Norden, um sich dann im buschigen Gelände meinen Blikken zu entziehen.
Über dem Schauspiel hatte ich die Zeit völlig vergessen. Es war Viertel vor fünf Uhr, Jack mußte jeden Augenblick um die Ecke tuckern. Hubertus, der etwas weiter landeinwärts postiert war, erschien, und wir vertilgten die Reste unserer Verpflegung. Er konnte das Wild ebenfalls gut beobachten, und so gab es reichlichen Gesprächsstoff.
„Hoffentlich ist der Kerl nicht schon an Lungenkrebs gestorben, sonst sitzen wir bis zum Sanktnimmerleinstag hier", erfreute mich mein Freund mit seiner positiven Bemerkung. Die Zeit verstrich, unsere Mienen wurden finsterer, das Blut quoll in den Adern, es war bereits halb sechs. Was, wenn Jack tatsächlich nicht mehr kam? Hatte ich ihn so verprellt, daß er uns eins auswischen wollte? Dem war alles zuzutrauen. Eines war klar, mit dem war für uns die Jagd vorbei. Sollte er hingehen, wo der Pfeffer wächst, zu ihm würde keiner von uns mehr in ein Boot steigen.
Mit nahezu einer Stunde Verspätung vernahmen wir endlich das Tukkern des Außenborders. Kurze neuerliche Beschimpfung, vergebliche Ausredeversuche – schnell, schnell ins Boot, die Zeit drängte. Die Sonne war bereits am Horizont verschwunden, es wurde auf einmal erst frisch und dann sehr schnell eiskalt. Eingemummt fuhren wir mit

◀ Oben: Flußlandschaft am Becharof Lake
Unten: Katmai, Land der 1000 Feuer

voller Kraft gen Süden. Das Licht wich der schnell hereinbrechenden Dämmerung, und das sich im Abendwind leicht kräuselnde Wasser spritzte uns unangenehm ins Gesicht. Wir fuhren schräg über den offenen See, die Ufer waren nur noch als dunkle Konturen zu erkennen. Ich schaute auf meine Uhr. Wir waren schon über eine Stunde unterwegs und immer noch nicht an den Felsenriffen, die zwar gefährlich zu durchschiffen, aber ein unmißverständlicher Wegweiser nach Hause waren. Im Bewußtsein gemeinsamer Not begann ich eine im Ton gemäßigte Unterhaltung mit unserem Bootsmann über unseren Kurs. Mit recht wackeliger Stimme meinte er, er „glaube" wir seien schon richtig. In mehrminütlichem Abstand ließ ich nicht locker, Jack wurde erkennbar unsicherer. Mein Orientierungssinn begann nun auch zu rebellieren.

„Wir sind doch schon viel zu weit südlich", wandte ich in moderatem Ton ein.

„No, no, I think this is the right way", brachte er mit ängstlicher Stimme hervor.

„Wenn Du mich fragst, ich weiß überhaupt nichts mehr", ermutigte mich Hubertus.

„Verdammt, kennst Du jetzt den Weg oder nicht", wurde ich, von Angst befallen, wieder aggressiv.

„Wir könnten dort am Ufer übernachten. Wenn wir ein Feuer machen und uns unter das umgekehrte Boot legen, wäre das möglich", beschwor Jack bereits die zu diesem Zeitpunkt schlechteste aller Lösungen herauf.

„Dreh sofort, dort hinüber fährst Du jetzt", herrschte ich ihn an. Jetzt war nichts mehr zu verlieren. Ich wollte es noch einmal versuchen.

Der Schutzpatron der Jäger hatte wenigstens zum Teil ein Einsehen mit unserer doch recht aussichtslosen Situation. Ohne daß man es richtig kommen sah, erschien auf einmal am dunklen Firmament „Northern Light", das Nordlicht. Die Wissenschaft hat bis heute noch keine hundertprozentige Erklärung für dieses Spektakel am herbstlichen Nordhimmel. Wie weiße Tinte auf einem blauen, fast schwarzem Fließblatt lief der mondhelle Schein von der Mitte des Firmaments zum Horizont, mindestens ebenso hell wie der volle Schein des Mondes. Die fließenden Bahnen verloren schnell an Leuchtkraft, um an anderer Stelle der Unendlichkeit ihre Wanderung von neuem zu beginnen. Gehört

und gelesen hatte ich von diesen Lichterspielen. Sie rühren von Sonnenwinden her, die an den Polen in die Erdatmosphäre eindringen. Aber sie waren so ganz anders, als ich sie erwartet hatte. Nicht weniger schön oder weniger beeindruckend, nur einfach anders, als sie beschrieben wurden. Heute wundere ich mich nicht mehr so sehr über die Formen des Nordlichts. Sie sind jedoch für mich auch heute noch ein faszinierendes Phänomen, obwohl ich sie noch auf vielen Nordlandfahrten in immer anderen Formationen und kein Mal weniger begeisternd als das erste Mal erlebt hatte.
Dieser Schein des Himmels erleuchtete die Szene für einige Minuten, so daß ich die Orientierung wieder fand.
„Da vorne sind die Felsen, wir sind richtig", rief ich mir erleichtert von der bedrängten Seele.
Jack nahm sofort den Motor aus dem Wasser, und wir griffen zu den Paddeln. Ich legte mich auf den Bug unseres Alubootes und bohrte meine Blicke in die Wasseroberfläche. Wenn die scharfkantigen Felsen unseren dünnen Bootskörper aufrissen, waren wir bei dieser eisigen Wassertemperatur verloren.
Es war ein vorsichtiges Tasten, Stumpen, hörbares und deshalb beängstigendes Anstoßen, aber dann hatten wir es geschafft. Wir waren durch. Mit dem Glas suchte ich die Dunkelheit ab.
„Dort ist Licht! Wir sind richtig! Hubertus, weißt Du, wie schön unser Schlafsack heute abend ist, mit keinem, aber auch mit keinem Luxusbett der Welt würde ich heute tauschen!" stieß ich erleichtert aus. Wer eine solche Situation einmal erlebt hat, weiß, wovon ich spreche. Zehn Minuten noch, und dann würde Vic uns sicher mit einem lukullischen Abendessen empfangen. Zwischenzeitlich erkannten wir im Glas auch schon die am Ufer aufgehängten Orientierungslampen.
Blupp, blupp, . . . blupp, blu ...
„Was ist los Jack?"
„Ich glaube, das Benzin ist alle." Das darf doch nicht wahr sein! Nicht einmal dafür konnte der Kerl sorgen. Bevor wir jedoch noch zum Paddel griffen, kam ein Licht näher.
„Hey, da kommt ein Boot!"
Wir fingen an zu rufen, wild zu gestikulieren. Aber was hatte letzteres bei dieser Dunkelheit für einen Zweck, allerhöchstens den der Abreaktion. Jetzt bewies sich Jack. Er zückte seinen Flammenwerfer, endlich

war dieses Ding für etwas gut. Wenige Minuten später war Vic mit seinem Boot längsseits und nahm uns in Schlepp. Ich konnte Kits Braten schon riechen, wir hatten es überlebt.
Mit Erleichterung empfingen uns die anderen am Ufer. In die Freude über unsere Rückkehr mischte sich sofort auch die Mitteilung über das Waidmannsheil von Karl. Er hatte einen Stangenelch erlegt. In der Küche stand außerdem Bob, der Chef des White River Air Service. Er hatte neue Verpflegung für uns gebracht und wollte über Nacht bleiben.
An diesem Abend gab es bereits die ersten saftigen Elchsteaks, und Kit beherrschte ihr Fach vorzüglich.
Natürlich wurde uns dann ausführlich die Geschichte des ersten Elches erzählt. Karl hatte den Bullen beschossen, als dieser aus dem Busch zum Äsen austrat. Als aber der erste Schuß seiner 7 x 64 nicht ausreichte, feuerte er das Magazin leer. Der Elch verschwand im Dickicht. Nachdem offensichtlich Leberschweiß am Anschuß lag, aber keine Munition mehr verfügbar war – dabei dachte ich sofort an Gregors Drilling –, fuhr man zurück zum Camp um „aufzutanken". Gregor, Franz und Bernhard befanden sich zur Mittagszeit ebenfalls im Camp, und so lief man mit einer Armada von drei Booten aus, um das Wild zur Strecke zu bringen.
Der indianische Führer vermutete, daß der Elch, wenn er nicht schon verendet sein sollte, möglicherweise wieder das Wasser annehmen würde. Die anderen Gewehre wurden daher seitlich am Ufer mit soviel Schußfeld wie möglich postiert. Karl und sein guide drangen in den Busch ein, der Rotfährte nachhängend und wohl wissend, daß das nicht ganz ungefährlich sein konnte. Aber was half's.
Keine 100 Meter folgten sie den auch im Unterwuchs unübersehbaren Bodeneingriffen, und schon wurde der Koloß aus dem Wundbett hoch und stürmte auf kurze Entfernung an den beiden vorbei Richtung Seeufer. Karl war offensichtlich so verdutzt, daß sein flüchtig hingeworfener Schuß fehl ging, und an weiteres Schießen war in diesem Dickicht aus Nadelhölzern und Weidengestrüpp nicht zu denken. Sie rannten zurück zum Ufer, als auch schon die ersten Schüsse der Freunde fielen. Der Bulle nahm wie erwartet das offene Wasser an. Auf seinem Weg dorthin schossen die anderen, was das Zeug hielt, jedoch ohne Erfolg. Der Elch wurde nun schwimmend selbstverständlich ein langsameres,

aber auch ein kleineres Ziel. Es ist nach dem kanadischen Jagdgesetz zwar prinzipiell verboten auf schwimmendes Wild zu schießen, aber in diesem Falle wäre eine Ausnahme sicherlich erlaubt und zu rechtfertigen gewesen. Der Elch war jedoch inzwischen mindestens 200 Meter weit in die Bucht hinausgeschwommen und versuchte, das andere Ufer zu erreichen. Die halbe Strecke hatte er schon fast zurückgelegt. Die Jäger rannten zu ihren Booten und folgten mit aller Kraft, um die Chance am anderen Ufer wahrzunehmen. Gregor mit seinem Drilling und Bernd mit seinem Kugelautomaten eröffneten das Feuer, als der schwerkranke Recke aus dem Wasser wankte. Endlich wurde er von seinen Qualen erlöst. Nach insgesamt 17 Schuß brach der Elch am Strand zusammen. Ohne daß ich dabei gewesen war, hat mich diese Geschichte doch manches gelehrt und auch einiges, was ich schon gelesen hatte, bestätigt. So sollte man für dieses schwere Wild auch entsprechend schwere Kaliber führen. Darüber hinaus ist ein ausreichender Munitionsvorrat notwendig, und letztlich ist das Nachpirschen auf krankes Wild in diesem unübersichtlichen Biotop nicht ganz ungefährlich. Selbstverständlich wurde an diesem Abend kräftig gefeiert, und längst waren unsere Bestände an Bier das einzige, was dazu herhalten konnte. Ich unterhielt mich mit Bob und Vic über unsere schlechten Erfahrungen mit Whiskey-Jack. Vic meinte, er sei selbst zwar hier kein Führer, und das wäre auch nicht seine Aufgabe, aber weil ich so ein „nice guy" sei und er das Gebiet im Laufe der Jahre wie seine Westentasche kennengelernt habe, wolle er mich ab morgen höchstpersönlich führen. Hubertus sollte sein Glück mit Duncan, dem Indianer, versuchen, der ja ab morgen ohnehin frei sei, da Karl seinen Elch bereits erlegt habe. Das klang wie Musik in meinen Ohren, denn jetzt konnte es ja nur noch besser werden.

Am nächsten Morgen beluden wir Vics Boot, und der 35-PS-Außenborder brachte uns natürlich viel schneller nach Norden, als wir das von den Tagen zuvor gewöhnt waren. Am Ende des Sees stellte Vic den Motor ab, und wir paddelten den flachen Fluß entlang, der die Wasser des Brunswik Lake nach Norden führte. An den Ufern waren die Pirschzeichen eines guten Elchwildbestandes deutlich zu sehen. Hier hatten Vic und sein Freund vor zwei Wochen einen starken Bullen erlegt. Der stand aber nicht alleine. Sie beobachteten einen zweiten Kapitalen in der Nähe, und dem galt unser Streben.

Wir drehten bei, befestigten unser Boot und gingen an Land, dort, wo es ein wenig übersichtlich war. Vic brachte einen aus Birkenrinde geformten Tirchter mit; wir ließen uns nieder.
Nach einer Weile ahmte mein Führer den Brunftruf des Elchbullen nach. Ein langgezogenes Oooohhh . . . o . . . hallte schaurig in die Wildnis. Er wiederholte den Ruf zwei-, dreimal, um dann mit dem Trichter Wasser zu schöpfen, indem er das engere Ende mit seiner Hand verschloß, und das Wasser gleich darauf wieder aus einer Höhe von etwa einem Meter auf die Wasseroberfläche zurückplätschern zu lassen. Dieses Geräusch sollte das Nässen eines im Wasser stehenden Bullen simulieren.
Vic erzählte mir viel über das Elchwild und sein Verhalten, es war eine großartige Lehrstunde. Meine Befürchtungen, wir könnten durch unsere flüsternde Unterhaltung das Wild vergrämen, teilte er nicht.
„Wenn uns der Bulle zusteht, dann glaubst Du, eine Dampfwalze bricht durch den Busch. Den hören wir lange, bevor er uns wahrnimmt."
Ganz in der Nähe fanden wir auch die Reste der Decke und einige Knochen, die die Bären, Wölfe, der Vielfraß und all die anderen „Polizisten des Waldes" von Vics Waidmansheil vor einigen Tagen übrig gelassen hatten. Auf den Brunftschrei war ihnen der Bulle von der anderen Seite des kleinen, etwa 15 Meter breiten Flusses zugestanden. Wie ein Panzer hatte er sich den Weg durch das Dickicht gebahnt. Mitten im seichten Fluß auf keine 20 Meter hatte er dann verhofft. Der Schuß – ein Kinderspiel im Verhältnis zu der anschließenden Bergungsaktion.
Die Sonne stand im Süden, es war Mittag. Vic entschied, daß dieser Platz wohl nicht mehr sehr erfolgversprechend sei, und ein ordentlicher Lunch bei seiner lieben Frau wäre jetzt wohl auch nicht zu verachten.
„Wir probieren es heute Nachmittag im Süden des Sees." Er war der Boss, ich hatte nichts einzuwenden, machte er mir doch den absoluten Eindruck eines Profis, und solche Typen mag ich.
Nachmittags drehten wir zuerst eine Runde um unsere Halbinsel. Vic lud dort den Müll aus dem Camp ab. Wir hielten Ausschau nach Bärenspuren, denn ich hatte ja auch eine Schwarzbärlizenz.
„Für die Blackies ist es schon fast zu spät, sie ziehen sich schon zum Winterschlaf zurück, höchstens die Grizzlies sind noch aktiv, aber die sind eben wesentlich seltener und außerdem sie die Todfeinde der

Schwarzbären." Dafür waren Wolfspuren auszumachen. Vic erzählte mir, wie schwierig und von welchen Zufällen die Wolfsjagd abhängig ist, wenn sie fair und nicht vom Flugzeug aus betrieben wird. Allenfalls im Winter, bei Schnee, wenn die Raubtiere viel auf der Wanderschaft sind, habe man größere Chancen.

Allein mit diesem Mann unterwegs zu sein war für mich eine riesige Bereicherung. Ich lernte in diesen Stunden mehr als aus allen Büchern über den kanadischen Busch, sein Wild und auch über die indianische Urbevölkerung und ihre Probleme mit der Zivilisation, die für sie vor allem aus Alkohol bestand.

„Gebe ihnen nie Alkohol, auch wenn Du glaubst, unhöflich zu sein. Wenn Du welchen hast, verstecke ihn gut, sonst werden sie ihn finden. Dann wissen sie nicht mehr, was sie tun, und es kann für Dich lebensgefährlich werden."

Einige Wochen später traf ich einen Freund zu Hause, der von einer Jagd in Alaska zurückkam. Er und sein Begleiter hatten die zwei mitgeführten Schnapsflaschen außerhalb des Camps vergraben. Als sie von einem Jagdgang – sie jagten in der Nähe des Meeres auf Braunbären – zurückkehrten, waren nicht nur der Alkohol, sondern auch das am Fluß liegende Boot und die beiden im Camp zurückgebliebenen Indianer unauffindbar. Die Meldung wurde an die staatlichen Behörden weitergegeben. Suchflüge wurden durchgeführt. Alles, was man fand, war das gekenterte Boot an der Meeresmündung des Flusses. Die Indianer blieben verschollen.

Die Sonne stand schon ziemlich tief am Horizont, als wir unsere Plauderstunde am Ufer beendeten und Vic in Richtung Süden allen Pferden seines Motors freien Lauf ließ. Nach geraumer Zeit breitete sich vor uns ein riesiges Sumpf- und Schilfgebiet aus, in das mein ortskundiger Führer traumwandlerisch den Zugang fand. Vic betätigte das Stechpaddel, und lautlos drangen wir in die Wildnis ein. Das ruhige Wasser schlängelte sich durch das Halmenmeer, das sich immer wieder zu kleinen Tümpeln öffnete. Auf dem Wasserspiegel tauchte plötzlich ein dunkler Punkt keine zehn Meter vor uns auf. Lautlos ließen wir uns treiben. Ein Bieber schob seine kleine Bugwelle an das Flußufer. Entweder kannte er keine Furcht vor dem, was da auf seinem ureigenen Element dahin glitt, oder er hatte uns nicht bemerkt. Vom Schilfrand kehrte er mit einem kleinen Holzstamm in das Wasser zurück und trieb

seine Last vor sich her. Ich wollte diese einmalige Szene im Bild festhalten und erhob mich im Boot, um einen besseren Sichtwinkel zu bekommen.
Mit einem lauten „Platsch" hieb der Nager mit seinem breiten Schwanz auf die Wasseroberfläche und tauchte ab. Wie ich Wochen später erfreut feststellte, hatte ich immerhin die Wasserfontäne scharf im Bild.
Das Schauspiel wiederholte sich mehrmals. Wir folgten dem Baumeister um einige Flußwindungen, und dann konnten wir auch schon seine Burg bewundern. Er hatte in bekannter Weise den Flußlauf mit seinem Mammutbau abgeriegelt. Sicherlich aus diesem Grunde war das Wasser auch einem Spiegel vergleichbar ruhig. Am Ufer sahen wir seinen „Bauhof", der zugleich seine unerschöpfliche Vorratskammer beherbergte.
Die weißen Nagestellen der gefällten Bäume zeigten je nach Helligkeit an, wie lange es schon her war, seit der Bieber daran gearbeitet hatte. Die Weichholzbäume werden vor allem auch zur Nahrungsbeschaffung gefällt. Bis zu oberschenkelstarken Weiden und Aspen lagen in der Nähe des Wassers, fein säuberlich von den kleinen und mittleren Ästen befreit. Am meisten begeisterte mich die Fälltechnik dieser Wahrzeichen nördlicher Wasser- und Waldlandschaften. Standen drei oder mehr Stämme an der Wurzel dicht beieinander, was nicht gerade selten vorkommt, so waren die Stämme exakt nach „geometrischen Grundsätzen" gefällt worden, und zwar derart, daß sie im gleichen Abstand in jeder Himmelsrichtung lagen. Dadurch verschaffte sich der Bieber die Möglichkeit, auf die unbeschwerlichste Art und Weise an die begehrten kleineren Zweige heranzukommen, ohne daß ihm die großen Stämme ständig im Wege lagen.
Längst war unser Freund unser überdrüssig und endgültig in seiner Burg verschwunden. Elche hatten wir auch keine ausmachen können, Vic paddelte weiter.
Nach geraumer Zeit erreichten wir wieder den Ausgang aus dem Sumpf. Vic wollte gerade den Motor anwerfen, als ich ihn anzischte:
„Over there!"
Er kauerte sich sofort wieder ins Boot zurück. Die Sonne stand flach am westlichen Firmament und strahlte geradewegs in die Bucht. Und dort stand majestätisch am einige Meter breiten, weißen Sandstrand vor der schwarzgrünen Nadelwaldkulisse ein Elch. Wir hatten sofort die

Gläser an den Augen. Es mögen wohl an die 400 Meter gewesen sein, die uns von ihm trennten. Das offene Wasser war für normale Begriffe zwar ruhig, aber ein Schuß auf diese Entfernung? Vielleicht ließ mich auch die Aufregung zittern, ganz sicher war es so. Sie übermannte mich aber vollends, als mein Begleiter das Wort „bull" hauchte.
„Der Wind ist hervorragend, er kann uns gegen die untergehende Sonne nicht eräugen, er ist zwar nicht riesig, aber „nice bull", instruierte mich Vic mit wenigen Sätzen über Situations- und Schlachtplan.
„Get ready, ich sag' Dir, wenn es soweit ist", meinte er und betätigte lautlos das Stechpaddel, um geradewegs über das offene Wasser auf den massigen Wildkörper zuzusteuern.
Ich kauerte längst im Bug des Alubootes und machte erste Zielübungen. Als ich den Elch schließlich im Fadenkreuz hatte, erhöhte sich entweder mein Puls in nie erwarteter Art und Weise, oder ich hatte diese Miniwellen unterschätzt. In jedem Fall tanzte der Stachel auch auf diesem Scheunentor so stark, daß ich zunächst nicht wußte, wie das wohl gutgehen sollte.
Mittlerweile hatte ich das zweite Stechpaddel als Zielstock zu Hilfe genommen, was die Situation aber nur unmerklich verbesserte. Es waren immer noch mindestens 250 Meter, an Schießen war nicht zu denken. Der Bulle war jetzt einige Meter ins seichte Wasser gezogen und begann, an den Unterwasserpflanzen zu äsen. Dazu versenkte er sein ganzes Haupt unter Wasser. Wie er wieder auftauchte, rannen Wasserfontänen über seinen Kopf herab, als ob man einen Eimer in den See ergossen hätte. Doch zu feinsinnigen Betrachtungen hatte ich wenig Zeit, zu sehr beschäftigte mich mein Kampf mit den eigenen Nerven und dem leicht schwankenden Boot.
Die Zweihundertmetermarke mochten wir um einiges unterschritten haben, als die Situation sich zuspitzte. Vic tauchte das Paddel nicht mehr ein, der Elch sicherte zu uns herüber. Der Stich reichte gerade bis zur Wasseroberfläche.
„Wenn Du kannst, schieß, nur noch einige Sekunden, er beginnt sich gleich zu bewegen", raunte Vic.
Jetzt war die Sekunde gekommen, dies war kein Hochsitz im Spessart mit Auflage und der möglichen Chance auf den bestätigten Bock am nächsten Morgen!
Durch das Zielfernrohr sehe ich kaum ein Zeichnen. Im Anschlag repe-

tieren, und schon ist der zweite Schuß unterwegs. Der dunkelbraune Körper dreht nach links ab; der dritte aus dem Lauf und der vierte hinterher.
Der Elch erreicht den Sandstrand und verhofft.
„Soll ich Dir helfen?" ruft mein Steuermann.
„Nein, warte", gebe ich zitternd zurück.
Eine Patrone fingere ich, wer weiß woher. Erneut im Anschlag – nach dem ersten Schuß, trotz des schwankenden Bootes selbstverständlich alles freihändig – und dann Nummer fünf. Endlich bricht der Koloß hörbar in sich zusammen.
Die begeisterten, ja befreienden Rufe hinter mir nahm ich nur als Geräuschkulisse war. Ich vergrub mein Gesicht in den Händen und versuchte, Ordnung in meine sich überschlagenden Empfindungen zu bringen.
Was war da eigentlich passiert? Ich wußte es nicht so recht. Ich hatte mir das alles zwar erträumt, hatte dafür lange geplant und gespart, aber jetzt, wo es offensichtlich geschehen war, kam mir alles unwirklich vor, und ich konnte es in diesen Sekunden nicht so recht einordnen.
Ich schielte durch die gespreizten Finger, vielleicht hatte ich Halluzinationen? Nein, es war die reine Wirklichkeit, die da vor und mit mir abgelaufen war. Spätestens ein kräftiger Schulterschlag meines Führers holte mich auf den Boden der Tatsachen zurück.
Ich hatte meinen ersten Elch erlegt!
Während ich meine leeren – schändlich, es waren fünf – Patronenhülsen im Boot zusammensammelte, warf Vic das Gerät an, und wir fuhren in Richtung Ufer. Vic mußte wohl meine Gedanken erraten haben.
„Auf diese Entfernung und aus dem Boot habe ich schon ganz anderes erlebt, Du brauchst Dich nicht zu schämen, aber so schnell wie Dich habe ich noch selten einen an der Backe repetieren gesehen." – Das baute mich etwas wieder auf.
Ehrfurchtsvoll stieg ich aus dem Boot. „Nice trophy", freute sich Vic. Es war ein Bulle im zweiten Kopf, ein Stangenelch mit einem Spieß und einer Gabel. Keiner von den viel besungenen Kapitalschauflern des amerikanischen Nordens, aber für mich bedeutete er Weltrekord, und zwar mein persönlicher.
Die Sonne war gerade hinter dem Horizont verschwunden, als Vic seine rote Schirmmütze abnahm und sich bedächtig zwischen seinen 24

verbliebenen Haaren kratzte. Er schaute zum Himmel, zur Sonne, zu seiner Zigarettenpackung, dann zur Uhr und schließlich auf die in unmittelbarer Nähe stehende Eibe.
„Bevor die Arbeit beginnt, will ich Dir erst einmal zeigen, daß wir auch von eurem Brauch wissen", sagte er und brach den Schützenbruch. Meine Überraschung war nicht gerade gering. Ich hatte von einem Jagdkumpan aus dem Camp eine rote Strickschildmütze geschenkt bekommen. Einmal, weil ich meinen Hut irgendwo verloren hatte, zum anderen, weil Rot Pflicht auf der Jagd war. Und an dieses Prachtstück steckte ich die kanadische Eibe; vielleicht für „BLASE" und einen Jagdprüfling ein Stilbruch, nicht aber für einen „hartgesottenen" kanadischen Elchjäger wie mich!
„Wir werden das heute abend niemals schaffen, den Elch zu zerlegen und ins Camp zu transportieren. Das sind mehrere Stunden Arbeit. Lassen wir ihn aber liegen, fehlt morgen die Hälfte. Die Blackies werden gehörig aufräumen. Ich habe ein langes Seil. Wir befestigen die vier Läufe und schleppen ihn nach Hause. Wenn wir ihn nicht aufbrechen, schwimmt er wie ein Floß. Mach Deine Bilder!"
Fein säuberlich hatte ich mich für die Nachwelt postiert, als Vic den Auslöser betätigte, besser gesagt, betätigen wollte.
Der Film war zu Ende. Dafür hatte ich unzählige Bieberbilder. Ich erinnerte mich an die Situation mit Kents Wapiti. Ich greenhorn hatte meine Lehren offensichtlich noch nicht ganz gezogen. Wir verzurrten das Seil und brachten das Boot so nahe, daß der Außenborder gerade noch Wasser fassen konnte. Vic gab Vollgas, und ich versuchte mein Glück mit Ziehen. Wer einmal an einem solchen Fleischberg gearbeitet hat, weiß, was ich meine, wenn ich vom letzten körperlichen Einsatz spreche. Jeden Lauf millimeterweit gen Wasser wuchtend, stemmte ich mich in den weißen Sand. Es mußten nur etwa drei bis vier Meter bewältigt werden, aber in der Zeit, die wir benötigten, werden Zehntausendmeterläufe gewonnen; 500 Pfund lassen sich eben nicht im Rucksack verstauen. Immer wieder watete Vic an Land, um dann wieder mit seinen 35 PS nachzuhelfen. Endlich hatten wir es geschafft. Der Wildkörper bekam durch das seichte Wasser leichten Auftrieb, wir waren frei. Bis zu den Oberschenkeln im Wasser stehend, hatte ich infolge der körperlichen Überanstrengung keinerlei Kälte gespürt, jetzt ließ ich mich ins Boot fallen. Ich war fertig, aber glücklich fertig.

Vic hielt die Maschine auf ganz niedrigen Touren. Immer wenn wir zu schnell wurden, zog es den schwimmenden Wildkörper unter die Wasseroberfläche, und da war er wegen des gewaltigen Widerstandes nicht mehr vorwärts zu bewegen.
„Zwei bis drei Stunden werden wir wohl brauchen, hoffentlich geht uns nicht der Sprit aus", tat Vic seine Befürchtungen kund.
Im Gegensatz zu meinen Unternehmungen mit diesem Whiskey-Jack war ich jedoch diesmal nicht beunruhigt, hatte ich doch keinen besoffenen Kerl, sondern diesen tollen Burschen, einen echten outdoor, einen Profi, an meiner Seite. Er würde das schon hinkriegen.
In der Abenddämmerung tuckerten wir nach Norden. Erlöst, erleichtert, froh, stolz – und welche Adjektive noch zu dieser Stimmung passen mögen –, all das und noch viel mehr war ich in diesen Augenblikken. Mit Vic plauderte und unterhielt ich mich freundschaftlich, nicht nur über die Jagd und das soeben Erlebte – bei ihm war es auch möglich, philosophische Gedanken in das Gespräch einzubringen –, kurzum, ich hätte mir für diese Stunde und diese Gelegenheit keinen anderen Menschen wünschen mögen.
Inzwischen war es dunkel geworden. Der sternklare Himmel gab jedoch genug Licht, um Vic den Weg zu zeigen. Er hatte zwar schon bei Einbruch der Dämmerung aus einem Kasten eine kleine Lampe hervorgekramt, doch die wollte er nur im Notfall entzünden. Doch dieser Notfall trat schneller ein, als wir dachten. Mit dem Fernglas konnten wir auf mindestens zwei Kilometer das winzige Licht des Camps ausmachen, als unser Sprit zu Ende ging.
„Jetzt können wir nur noch hoffen, daß sie uns sehen."
Wir entzündeten die kleine batteriegetriebene Lampe und befestigten sie am Ende eines Paddels. Vic streckte unsere Konstruktion in die Luft und vollführte kreisende Bewegungen. – Oh, Hubertus hilf! – gleich, ob es unser Schutzpatron oder mein Freund ist.
Während wir abwechselnd unsere Fackel in Bewegung hielten, versuchte der andere zu erkennen, ob unser Signal im Camp angekommen war. Die Ungewißheit dauerte gottlob keine zehn Minuten. Auf einmal kam Bewegung in unser Sehfeld. Neue Lichter wurden am Ufer entzündet, ein untrügliches Zeichen, daß sich da etwas tat.
Es währte auch nicht lange, bis sich eines davon näherte. Es war geschafft. Keine hungrige Nacht in den kalten und nassen Klamotten.

Zehn Minuten später hörte ich die sonore Stimme meines Freundes Hubertus:
„Andreas, alles in Ordnung?"
„Waidmannsheil", rief ich zurück, „Gott sei Dank, daß ihr da seid!"
„Hast Du einen Elch erlegt, alles o. k.? Bist Du heil? Wo wart Ihr so lange?" Hubertus wollte alles auf einmal wissen.
„Na klar, kennst mich doch", tönte ich selbstbewußt.
„Mensch, Spitze, doppeltes Waidmannsheil, ich habe einen guten Schaufler gestreckt!"
„Das darf doch nicht wahr sein, wir können halt zusammen nicht jagen, nächstens gehen wir gleich jeder alleine!" lachte ich zurück.
Die Stimmen überschlugen sich überglücklich, von geregeltem Informationsaustausch konnte keine Rede sein.
„Da werden wir morgen ganz schön viel Arbeit haben, das Wild zu bergen!"
„Was heißt hier morgen, ich habe meinen Elch im Rucksack!"
„Du spinnst, hast Du ein Kaninchen erlegt?"
„Vorsicht, verfangt Euch nicht in der Leine, sonst müßt Ihr nach meinem Elch tauchen, er hängt im Schlepptau!" erwiderte ich stolz.
Die beiden hatten uns selbstverständlich neuen Sprit mitgebracht und fuhren ins Camp voraus, die frohe Kunde zu verbreiten.
Alles, was Beine hatte, war am Bootssteg versammelt. Gemeinsam hieften wir meinen Elch an Land. Im Schein der Taschenlampe lüfteten wir das Stück und brachen es soweit notwendig auf.
Kit hatte ja genügend Zeit, etwas Deftiges für ihre Jäger zuzubereiten. Wir waren hungrig und durstig!
Man konnte wirklich von der Duplizität der Fälle sprechen. Hubertus hatte bis auf kleine Nuancen ein ähnliches Erlebnis wie ich. Sie erspähten den Elch ebenfalls auf der Ostseite des Sees. Bei gutem Wind konnten sie die Deckung durch einige kleine Landzungen ausnutzen. Sie paddelten sich näher heran. Es war wohl mindestens eine Stunde später als bei uns, bis sie sich auf Schußentfernung nähern konnten. Das bedeutete aber zugleich aufkommender Abendwind und ein stark schwankendes Boot.
„Ich lag im Bug wie ein Kanonier, aber ich mußte die Chance wahrnehmen, er stand im seichten Wasser, hatte das Haupt eingetaucht. Als das Wasser von seinen Schaufeln lief, dachte ich, er steht unter der Dusche.

Eigentlich wollte ich noch näher, das Schauspiel war einzigartig. Er hatte uns aber offensichtlich eräugt. Es war wie bei Dir. Dann habe ich mir gedacht, als der Zielstachel tanzte, „immer wenn der Zehner vorbeikommt", drückst du ab. Mit der 9,3-Doppelbüchse ließ ich zweimal fliegen. Der dritte Schuß war eigentlich gar nicht mehr notwendig. Ich habe mir gedacht, besser ist besser, nach dem, was Karl gestern erlebt hat.

Dann hatten wir aber das umgekehrte Problem wie Ihr; wir mußten den Elch an Land ziehen. War wegen des Wassers wohl doch nicht so mühsam, aber naß. Es war schon zu spät. Duncan meinte, wir hätten heute keine Chance mehr. Du weißt ja, es ist dort, wo wir vorgestern waren. Es ist ziemlich weit vom Camp. Hoffentlich hat meinen Elch bis morgen nicht die Katz' gefressen."

„Das kriegen wir morgen schon, wir alten Elchjäger!"

Der Gesprächsstoff ging uns an diesem Abend nicht einmal aus, als wir schon lange in den Schlafsäcken eingerollt lagen. Nur der andere Stoff, der, den man trinken kann, der war nahezu dahin, als wir endlich entschlummerten.

Am nächsten Morgen schliefen wir seit Tagen das erste Mal richtig aus. Wir hatten keine Eile und genossen ausgiebig unser reichhaltiges Frühstück. Daß die Sonne schien, nahmen wir als selbstverständlich – war doch klar, wenn Engel reisten. Vom unweit im Busch gelegenen „Donnerbalken" betrachtete ich die wenige Meter entfernt turtelnden Haselhühner, die man gemeinhin als „grouse" bezeichnet, oder besser, sie betrachteten mich. Scheu schienen sie nicht zu kennen.

Diese Spezies findet man auf dem gesamten Nordamerikanischen Kontinent in verschiedensten Farbschlägen. Da gibt es die fast Weißen bis zu den nahezu Schwarzen. Oft konnte ich sie aus kürzester Distanz bewundern. Meist waren sie sehr vertraut. Gerne hätte ich manchmal unseren Suppentopf damit bereichert, aber die schweren Kugelkaliber hätten wohl wenig Brauchbares übrig gelassen.

Vic war bereits mit dem Aufbrechen und Zerwirken meines Elches beschäftigt. Hubertus und Duncan machten ihr Boot klar, um sich um den draußen liegenden Schaufler zu kümmern. Wir hatten das schnellere Boot und wollten nachkommen, wenn wir unser Wild versorgt hatten. Ein normales Aufbrechen und anschließendes Transportieren, wie wir es auch von einem Rothirsch in unserer Heimat kennen, ist bei ei-

nem ausgewachsen Elchbullen ein heilloses Unterfangen. Das Stück muß, abgesehen von Sondersituationen, wie wir sie gestern abend erlebt hatten, an Ort und Stelle in einigermaßen handliche Teile zerwirkt werden. Anatomisch unterscheidet sich ein Elch natürlich nicht von den uns vertrauten Wildarten. Es gibt lediglich zwei ins Auge fallende Unterschiede. So wird zum Ausweiden das Schloß nicht geöffnet, dies geschieht vielmehr erst beim Zerlegen. Zum andern bleibt die Decke zum Schutz des Wildbrets an den einzelnen Partien , ein für dortige Verhältnisse völlig normaler Vorgang, dessen Mißachtung ich jedoch schon nach einigen Stunden bitter bereuen sollte. Zum weiteren Schutz auf dem Ab- und Weitertransport werden die einzelen Teile dann noch mit einem Art Gazestrumpf überzogen, eine, wie ich im Laufe der Jahre lernte, äußerst wirksame Methode gegen Verschmutzung des rohen Fleisches. Wegen der Gefahr unliebsamen Besuchs aller „Reißzähne" werden die einzelnen Stücke schließlich an einem etwa fünf Meter über dem Erdboden angebrachten Querholm in die Bäume gehängt. Lediglich die grauen, eichelhäherartigen „camprobber" konnten wir mit unseren Maßnahmen nicht beeindrucken. Na ja, bei der Masse war das halbe Pfund zu verschmerzen.
Nach unserer anstrengenden Arbeit nahmen wir die Gelegenheit, uns auf der Fahrt zu Hubertus wenigstens etwas auszuruhen, gerne wahr. Fest in den Parka eingemummt, genoß ich innerlich die entspannte Situation, das gesteckte Ziel erreicht zu haben und mich nur noch dem Naturgenuß hingeben zu können. Eine halbe Stunde später konnte ich in einiger Entfernung am Ufer bereits die Freunde bei der Arbeit entdecken. Hubertus hatte Gummizeug an, stand knietief im Wasser und war mit dem Aufbrechen gerade fertig, als wir anlandeten. Meine Güte, das war für Ontario ein ganz beachtlicher Schaufler.
„Waidmansheil Hubertus! Da wirst Du wohl eigens eine Wand freimachen müssen! Die Decke hat ja eine einmalige Färbung! Eigentlich viel zu schade zum Wegwerfen."
Mein Freund kratzte sich nachdenklich am Hinterhaupt.
„Mensch, Du hast eigentlich recht, die müßte man mitnehmen können."
„Können wir nicht?" – „Wenn Du mir hilfst!"
„Auf geht's, das wäre doch gelacht, wir haben schon ganz andere Dinger gedreht!"

Gesagt und munter ans Werk. Unsere Begleiter runzelten ungläubig die Stirne und wagten, uns wohl lediglich aus Höflichkeit nicht öffentlich für verrückt zu erklären.
„Wißt Ihr, wieviel Arbeit das ist, diesen Koloß zu bewegen und zu drehen?", wand der erfahrene Vic ein.
„Wenn Ihr uns helft, werden wir es schaffen, auch wenn das vor uns noch keiner gemacht hat. Einmal ist immer das erste Mal."
"Let's go", lautete der einzige Kommentar, und dann begann die Schufterei. Wir zogen, drehten, schoben, schnitten, hackten. Es mochten zwei Stunden vergangen sein, wir waren fast fertig, als flach über den Baumwipfeln ein Wasserflugzeug auftauchte, das wir wegen der geringen Flughöhe nur ganz kurz zuvor akustisch wahrnahmen. Es schwenkte ein, landete und tuckerte auf uns zu.
„Die CO's", war die knappe Bemerkung von Vic.
„Ich hoffe, Du hast alle Papiere dabei, Hubertus", war seine erwartungsvolle Frage.
Mit gelber Schildmütze, den unverwechselbaren rotkarrierten Jacken, den Colt an der Hüfte, doch mit freundlichem Lächeln begrüßten sie uns bei der Arbeit. Es begannen die typischen Fragen, wer den Bullen erlegt habe, wann, von wo, womit, warum – nein, diese Frage ließen sie aus – und selbstverständlich, ob sie die Papiere sehen könnten.
Hubertus hatte am Abend zuvor auch vorschriftsmäßig die Wildmarke an den Schaufeln befestigt.
Nachdem die offizielle Kühle etwas geschwunden war, entwickelte sich ein recht munteres Pläuschchen, und nun begannen natürlich wir zu fragen wo, wer – und wir fragten auch warum. Die Kontrollen sind offensichtlich notwendig, gibt es doch zu viele Zeitgenossen, die glauben, große Weiten würden auch Gesetze überflüssig machen. Die existieren aber, wie früher schon ausführlich beschrieben, nicht zur willkürlichen Bevormundung der Jäger, sondern dienen ausschließlich dem Schutz des Wildes. Und für deren Einhaltung sind die CO's, die Conservation Officers, verantwortlich.
Bei diesen hartgesottenen Burschen verdiente sich unsere Schufterei mit der Elchdecke Anerkennung. So Verrückte hätten sie im Busch noch nicht gesehen.
„Deutsche, was?" war ihre bewundernde Bemerkung.
Den Schaufler schätzten sie auf fünf Jahre. Die Auslage betrug 35 inch,

Elch – Moose *(Alces alces)*

was etwa einem Meter entspricht und wies 14 Enden auf. Die Decke, mit den Grannen nach außen zusammengerollt, verstauten wir mit dem Wildbret und Werkzeug in unseren Booten und machten uns auf den Heimweg. Über das vom Nordwind leicht gekräuselte Wasser fuhren wir nach Süden. Die körperliche Anstrengung hatte uns hungrig gemacht. Ärgerlich dachte ich an die vertane Chance mit meiner Elchdecke. Ob so eine Gelegenheit wohl nochmals im Leben käme – oder war das mein erster und letzter Elch? Ich wischte diese Gedanken beiseite, sie waren so unwichtig, zumal die Natur plötzlich von etwas ganz anderem beherrscht zu werden schien. Der Wind wurde eisig, der Himmel war nicht mehr so blau, das aufspritzende Wasser biß auf einmal im Gesicht – der Winter kündigte sich an.

Abends nach dem Essen, die anderen saßen noch um die offene Feuerstelle und ließen die Erlebnisse oder die verpaßten Gelegenheiten Revue passieren – einer hatte eine Fahrkarte geschossen –, lud mich Vic leise, ohne daß es die anderen hören konnten, noch zu einem Glas Wein in seine Hütte ein. Mit diesem Burschen hatte ich so viel Gemeinsames erlebt, ich betrachtete das als Auszeichnung.

Kit hatte kleine Preiselbeermuffins gebacken, es gab Kaffee und eine Flasche vorzüglichen Californischen Weines. Wie sollte ich das wieder gut machen? Oder war da noch etwas im Busch?

Es war!

Die beiden lebten im Winter in White River. Vic hatte, wie jedes Jahr eine volle Tiefkühltruhe für die unwirtlichen Monate eingeplant. Den ersten Elch, den er mit seinem Freund vor ein paar Wochen erlegt hatte, überließ er ihm. Er selbst war zwar noch im Besitz einer gültigen Lizenz, aber ohne Fleisch.

„Der Winter hat sich heute überdeutlich angekündigt. Vielleicht haben wir nur noch einen Jagdtag, dann holen die uns hier raus", meinte er. „Wenn der See zuzufrieren beginnt, dann ist es hier aus. Dann bleibt nur noch ein tagelanger Fußmarsch durch den Busch. Darauf werden die es nicht ankommen lassen." Die, das waren die Piloten aus White River.

„Paß auf, ich mach' Dir einen Vorschlag", rückte er endlich heraus.

„Ihr beide habt jetzt zwei Elche. Wie Ihr erzählt habt, wollt Ihr ohnehin nicht alle beide zu Eurer Verwandtschaft mit nach Chicago nehmen, würden auch gar nicht in Euer Auto passen. Du überläßt mir Dein Elchfleisch, und wir beide jagen so lange, bis die uns hier heraus-

◀ Oben: Elchland in der Alaska Range
Unten: „Fleischversorgung" – andere Dimensionen

holen, mit meiner Lizenz. Dann bist Du zwar das Fleisch los, was ich so dringend für den Winter brauche, hast aber die Möglichkeit, vielleicht doch noch den ganz großen Bullen zu erlegen. Was meinst Du?" –
„Vic das ist sehr nett von Dir, aber ich muß Dich enttäuschen."
Seine Miene verfinsterte sich.
„Ich hätte Dir das Wildbret ohnehin angeboten."
Seine Miene klarte auf.
Ungeahnte Chancen. Es entsprach zwar nicht ganz der Legalität, was wir hier ausheckten, aber im Ergebnis war dem Gesetz und, was noch viel wichtiger war, dem Wild genüge getan. Wir waren uns einig. Hubertus murmelte etwas von Saudusel und dem dümmsten Bauern, war aber ob seines dicken Waidmannsheil nicht neidisch, sondern konnte dem Ganzen aus seiner Sicht sofort etwas Gutes abgewinnen. Er durfte im Gegensatz zu mir, am nächsten Morgen wieder ausschlafen.
Vic weckte mich leise, um meinen schnarchenden Mitschläfer nicht aus seinen Träumen zu reißen. Als ich vor die Hütte trat, empfing mich ein eiskalter Nordwind, der die tiefhängenden Grauschleier nach Süden trieb. Als der Tag erwachte, waren wir schon eine gute halbe Stunde auf dem Wasser. Vic wollte den südwestlichsten Teil des Brunswik Lake bejagen. Er war vom Camp am weitesten entfernt und aus diesem Grund auch von uns noch nicht beunruhigt. Das Boot schlug infolge der flotten Fahrt hart auf die schäumenden Wellenkämme, und ich verringerte meine Kapuzenöffnung auf einen schmalen Sehschlitz, um Wind und Wasser soweit wie möglich zu trotzen. Hubertus hatte es gut. Der rollte sich sicher zu einer erneuten Schnarchorgie gerade auf die andere Seite.
Die Dämmerung wich dem Tag. Wald, Wasser und Himmel wirkten nicht mehr wie ein blau-gelb-grünes Farbarrangement, sondern verschwammen in einer grauschwarzen Einheit, die durch die Einflüsse des Windes in Bewegung geraten war, ganz anders als die ausgeglichene farbliche Ruhe der Vortage. Wir bogen nach rechts und paddelten mit abgeschaltetem Motor unter tiefhängenden Nadelbäumen in einen kleinen Seitenzufluß stromaufwärts. Nach wenigen Metern öffnete sich das Dickicht zu einer kleinen sumpfigen Tümpellandschaft. Tiefeingebettet in den Busch, gab diese Oase dem Wind keine Angriffsflächen und bot sich in erstaunlicher Ruhe dar. Wir verzurrten das Boot und pirschten ein Stück am Ufer entlang, um uns schließlich an einem

günstig erscheinenden Fleck niederzulassen. Der Wind stand gut. Wir wollten hier eine Weile zubringen. Vic kannte diesen See, sonst hätte er nicht mit dieser traumwandlerischen Sicherheit den wohl windstillsten Platz in ganz Ontario gefunden. Es waren nicht die farbenfrohen, berauschenden Bilder, die sich mir darboten, so, wie ich sie in den letzten Tagen erlebt hatte und wie wir sie alle aus Zeitschriften und Büchern kennen. Aber es war Kanada in seiner einzigen Weite, Wildnis und Einsamkeit, und gerade die empfand ich bei dieser Witterung besonders stark, weil sie die ganze Unwirtlichkeit des kanadischen Busches zum Ausdruck brachte.

Doch so völlig ohne Leben war die Szenerie gar nicht. Durch die Wogen des Windes förmlich geschleudert, fegte ein Fischadler mit seiner weißen Brust über die Baumwipfel, um im gleichen Augenblick scheinbar in der Luft stehen zu bleiben. Sicher hielt er Ausschau nach den Hechten, Forellen und Saiblingen, von denen auch wir am Vortage einige am Camp zur Bereicherung des Speisezettels gefangen hatten. Den König der Lüfte hatte ich aber schnell vergessen, als mir Vic seinen Ellbogen in die Seite rammte.

„Dort drüben ein Blacky!"

Ich sah gerade noch den dunklen Rücken hinter einem auf der anderen Seite des Sees gelegenen Weidenbusch verschwinden. Die Entfernung betrug etwa 120 Meter. Um sitzend zu schießen, kein allzu großes Problem, aber er war schon wieder verschwunden. Mein Puls hatte noch gar nicht richtig zu schlagen begonnen, als der Bär uns nochmals kurz das Hinterteil zeigte, um dann endgültig im Dickicht unterzutauchen. Erst jetzt spürte ich die innere Erregung, doch nun war es zu spät.

Wir warteten noch über eine Stunde. Mein Führer entschied, daß es bei den Wind- und Geländeverhältnissen wohl wenig sinnvoll sei, den Schwarzen anzupirschen. Wahrscheinlich hatte er uns mit seiner feinen Nase ohnehin längst gewittert. Durch sein Auftauchen war die Aussicht auf Elchwild außerdem stark gesunken, so daß wir uns zu einem Standortwechsel entschieden.

Das offene Wasser empfing uns sogleich wieder mit hartem Wetter auf unserer Fahrt an den Südzipfel des Sees. Als wir dessen Ende erkennen konnten, verringerten wir die Geschwindigkeit und versuchten, an der westlichen Seite der Bucht anzulegen. Wir hatten die in den See ragenden Überhälterfichten gerade erreicht, als mir an dessen Ende zwei

dunkle Punkte ins Auge stachen. Vic hatte die Situation ebenfalls sofort erkannt und steuerte in Deckung.
400 Meter mochten es gewesen sein bis zu der kleinen Felswand, die aus dem Wasser fast senkrecht emporragte. Sie erhob sich vielleicht 20 Meter aus dem Wasser. Über diesen kleinen Felskamm zogen zwei Bullen. Sie verhofften lange Zeit, um zu winden, und boten sich auf dem Fels wie zwei Standbilder dar.
„Der Wechsel geht hier am Seeufer entlang. Dort vorne, etwa gut 100 Meter an dem im Wasser liegenden Baumstamm biegt er dann ab in den Busch. Der Wind steht leicht schräg, das könnte reichen. Wenn sie am Baum sind, dann ist es allerhöchste Zeit“, gab Vic seine Instruktionen, die kurz, klar und eindeutig waren. Hinzuzufügen gab es da nichts mehr, außer der Hoffnung, daß sich die Bullen an den Wechsel halten würden.
Es waren keine schweren Schaufler. Der erste war ein Jährling mit einfachen Spießen. Der andere dürfte etwa vom dritten Kopf gewesen sein und zeigte bereits Ansätze zur Schaufelbildung. Ich richtete mich hinter einem kleinen Felsvorsprung ein, der „Schüttelfrost“ begann sich bemerkbar zu machen. Gemächlich, immer wieder sichernd, zogen die beiden Stücke am Ufer entlang in unsere Richtung. An einer leicht zugänglichen Stelle trat der stärkere einige Schritte ins seichte Wasser und begann zu äsen. Es drängte ihn aber gleich darauf wieder, dem Spießer zu folgen. Die Distanz betrug immer noch mindestens 300 Meter; das mußte nicht sein. Mit dem aufgelegten Glas bewunderte ich die majestätischen Bewegungen, die man diesen Riesen gar nicht zutrauen würde. Das dunkle Haar wirkte fast schwarz glänzend, sicherlich auch durch den Nässeschleier hervorgerufen, den der leicht einsetzende Nieselregen auf die Decken gelegt hatte. Ich versuchte, mich mit dem berauschenden Anblick zu beruhigen.
Solche Situationen, in denen man die letzte Entscheidung schon lange auf sich zukommen sieht, sind nicht unbedingt mein Fall. Vielleicht weil sie nervös machen, sicherlich aber auch, weil sie mir zuviel Zeit lassen, über den alten inneren Konflikt des Jägers nachzudenken, jagen zu wollen und töten zu müssen. Schnelle Entscheidungen haben da aus meiner Sicht sehr viel für sich. Da ist alles schon passiert, Alternativen gibt es keine mehr. Das Emotionale hat den Vorrang, Rationales muß zurücktreten.

Längst hatte ich mir eine gute Auflage gesucht. Die beiden Stücke standen ganz nahe beisammen. Sie wechselten spitz auf uns zu. Der stärkere, der hinterher zog, wurde dadurch automatisch immer durch den Spießer verdeckt. Mir schoß mit einem Mal das alte Sprichwort durch den Kopf: „Lad' zum Braten nicht den Gast . . .“. Sollte das alles noch einmal schiefgehen? Jetzt stehen sie etwas versetzt, längst nahe genug. Bis zum im Wasser liegenden Baum sind es keine 20 Meter mehr. Spitz von vorne? Schon zu spät, die Chance vertan . . . wieder Gänsemarsch. Die einzige und letzte Chance bietet sich jetzt beim Abdrehen, falls sie den Wechsel in den Busch nehmen.

Der Spießer verhofft und äugt in unsere Richtung. Ich spür' den Wind im Nacken. Verdammt, jetzt gleich oder nie. Elegant dreht der Jährling zur Seite. Die eine typische Flucht vor dem Abspringen. Dadurch ist der zweite Bulle einen Moment frei . . . leicht schräg von vorne. Die Kugel ist raus. Der Spießer ist verschwunden, kurzes Zeichnen im Stand, und schon verhallt der zweite Schuß im Wind. Als ich das dritte Mal schießen will, legt Vic seinen Arm auf meine Schulter: „Hold it!“. In diesem Moment ist mein Elch auch schon von den niedrigen Weidenbüschen verschluckt.

„Waidmannsheil, mein Freund, ein guter Schuß“, dabei haut mir der Kerl so fest auf die Schulter, daß aus meinem Dank eher eine Schmerzensäußerung wird.

Wir ließen uns erst einmal zu einer Beruhigungszigarette nieder, und sehr schweigsam genoß ich das soeben Erlebte. Mein kanadischer Freund hatte mich durch die vielen Unterhaltungen, die wir gemeinsam geführt hatten, offensichtlich schon sehr gut kennen gelernt. Er wußte, daß ich meine Ruhe für einige Minuten brauchte, um zu mir zu finden. Er unterbrach die Stille nicht.

Erst der pfeifende Wind und der ins Gesicht klatschende Regen erinnerten mich wieder an meine Umwelt und die Herausforderung, die die kanadische Wildnis bei diesem Wetter und einem erlegten Elchbullen so weit ab vom Camp nunmehr an uns stellte. Vorschriftsmäßig überreichte mir Vic den Bruch, vielleicht einer der wertvollsten, den ich in meinem Leben erhalten habe, und es waren bisher nicht wenige. Aber von diesem Mann – ich habe ihn heute noch zu Hause.

Der Nachmittag war bereits angebrochen. Das Wetter gab sich grau und trüb. Jeder Farbfotograf hätte sich geärgert, diese Szene nicht farb-

lich brillant der Nachwelt erhalten zu können. Mir war das egal. Hatte ich ohnedies gestern die letzten Bilder verknipst. Wer hatte gestern schon an einen zweiten Elch gedacht.
Keinen Film zu haben war aber nicht der einzige Wehrmutstropfen. Vic gab mir unmißverständlich zu verstehen, daß es bei dieser Tageszeit und diesen Wetterverhältnissen mit meiner Elchdecke nichts werden würde. „Du mußt nächstes Jahr wieder kommen, das ist Deine einzige Chance."
Der Elch hatte eine Auslage von 81 Zentimetern und zeigte tatsächlich leichte Ansätze zur Schaufelbildung. Für mich war er in jedem Fall der Größte. Dies bestätigte sich zumindest dann, wenn ich an die Arbeit denke, die wir mit dem Zerwirken hatten. Mit jedem Teil, das wir ins Boot legten, bekam der Kahn größeren Tiefgang. Na ja, er würde wenigstens nicht so über die beängstigend an Höhe zunehmenden Wellen hopsen.
Vic trieb zur Eile. Trotz des eisigen Windes wurde uns nicht kalt, der einsetzende Regen durchnäßte uns aber mehr und mehr. Wir gönnten uns keine Pause, und am Arbeitsstil meines Freundes, der sonst ein ruhiger Vertreter war, konnte ich erkennen, was es geschlagen hatte. Er wollte, nein, wir mußten heim. Da kam es nicht auf einen besonders sauberen Schnitt an, jetzt zählte nur noch das Ergebnis. Zerwirken, und ab die Post.
Das Aluboot konnte viel vertragen. Vic holte das Letzte aus seiner Maschine heraus, aber mit dieser Last kam das Boot nur langsam voran. Der Wind blies uns geradewegs aus Norden ins Gesicht. Wir versuchten, in der Nähe des etwas windgeschützten Ufers zu bleiben. Da waren die Wellen nicht so hoch und damit die Fahrt ruhiger. Ich schätzte außerdem die bei jeder Welle über den Bug kommenden Wasserfontänen nicht sonderlich. Der Wind hatte auf meinen Klamotten längst Wildschweiß und Wasser in kleine Eiskristalle verwandelt. Warmzittern half da nicht mehr. Jetzt ging es darum, zu überleben.
Vic hatte bisher kein Wort gesprochen, allein schon das machte mich leicht nervös. Kurz und knapp gab er jetzt Befehl, ich solle mich in den Bug legen und auf die Felsen in Ufernähe achten. Widerrede gab es da keine. Außerdem war ich lieber ein lebender Eiszapfen im Bug, als ein toter Kollege der Unterwasserfelsen. Ich lag auf dem Wildbret, das immer noch eine gewisse Wärme ausstrahlte, fragte sich nur, wie lange

noch. Trotz dieser sehr unangenehmen Situation kam dennoch extreme Besorgnis in mir nicht auf. Hatte ich doch diesen erfahrenen Buschläufer dabei; der wußte ganz sicher einen Ausweg, falls es brenzlig wurde. Ich dachte an das nächtliche Erlebnis mit Whiskey-Jack; da war mir jetzt schon wesentlich wohler.

Unbeirrt saß Vic am Ruder und steuerte seinen Kurs. Da tauchten sie auf, unsere Felsen. Das immer so gefürchtete Wasser kam mir wie eine Erlösung vor. Wir waren auf dem richtigen Weg. In einer halben Stunde mußten wir es geschafft haben. Auch Vics Miene hellte sich zusehens auf. Das war auch bei der zwischenzeitlich einsetzenden Dämmerung unübersehbar.

Natürlich wurden wir schon erwartet. Zuvorderst Kit. Sie war froh, ihren Mann wiederzusehen, zumal „er" ja einen Elch geschossen hatte. Die letzten lukullischen Vorräte wurden mobilisiert, und das offene Feuer vertrieb den draußen aufziehenden Winter. Für morgen waren die Flugzeuge zu erwarten. „Es ist höchste Zeit, in ein paar Tagen ist der See zugefroren. Dann müssen wir monatelang Elchfleisch essen", meinte Vic. „Wir hatten mit dem Wetter einen richtigen Dusel, und das nicht nur mit dem Wetter."

Das Frühstück war kaum bewältigt, als auch schon leises Motorengeräusch an unsere Ohren klang. Die einmotorige Beaver drehte ihre Landeschleife und ließ sich vom Wind an den Steg treiben. Wir begrüßten den jungen Piloten, den wir zuvor noch nicht gesehen hatten und den ich auf allenfalls 19 Lenze schätzte. Er trieb zur Eile. Er hatte heute alle Hände voll zu tun, niemand konnte wissen, wie das Wetter morgen sein würde.

Wir packten unsere Habseligkeiten zusammen und nahmen von Vic und Kit schweren Herzens Abschied. Ich überließ dem treuen Gesellen fast meinen ganzen zweiten Elch, sein Winterproviant war damit gesichert. Wir Jäger und unser Wild sollten zuerst ausgeflogen werden. Als ich die ganze Ladung von Seesäcken, Wildbret, Trophäen, und, nicht zu vergessen, den Aignerkoffer von Gregor am Steg sah, nahm ich an, daß noch ein Jumbo zu erwarten sei. Aber je mehr Zeit verging, desto leerer wurde die Landebrücke, und desto tiefer versanken die Wasserkufen des Flugzeuges im See. Na ja, die werden schon wissen, was sie tun. Über all dem Gepäck wurden letztlich wir Jäger zu sechst, ähnlich Sardinen, in den schmalen Rumpf hineingepreßt. „Anschnallen!"

Dieser Befehl unseres Teenagers war schon fast ein Witz, denn das wäre nur möglich gewesen, wenn jeder von uns noch wenigstens eine Elchkeule mit unter den Gurt geklemmt hätte.

In der Startposition ließ der kleine Dicke am Steuer den Motor aufheulen, und dann ging die Post ab. Von unserem Ausflug wußte ich, daß es eine ganze Weile dauert, bis sich die kleinen Vögel in die Luft erheben. Aber dieser wollte offenbar bis zum Ende des meilenlangen Brunswik Lake, um nur ja nichts von der erdnahen Schönheit der grauen Landschaft zu versäumen. Ich blickte durch ein rechtes Bullauge und hoffte, daß endlich die weiße Gischt unter der Wasserkufe zu zischen aufhörte. Nichts dergleichen, vielmehr kam mir die ohnehin zum Greifen nahe Wasseroberfläche urplötzlich entgegen. Bevor ich jedoch meiner Angst und womöglich noch einigem mehr freien Lauf lassen konnte, hob die Kiste tatsächlich ab. Es war nicht zu glauben, aber sie flog, zumindest vorläufig.

Dem allgemeinen Oh und Ah – mehr Abreaktionen als männliche Selbstsicherheit verkörpernd – folgte die lapidare Erklärung des Dikkerchens, daß bei dieser Überladung die Reibung auf dem Wasser zu groß sei, und deshalb habe er sich auf die Seite gelegt, um wenigstens die eine Kufe schon aus dem Wasser zu bringen. Die beruhigenden Meldungen häuften sich. Teenager, schlechtes Wetter, Überladung, dann bedeutete das rote Lämpchen, das mir im Cockpit schon die ganze Zeit aufgefallen war, sicherlich, daß der Weihnachtsmann nicht mehr weit war. Zumindest mußte der bei seiner Schlittenreise auf die Erde erhebliche Löcher in die Wolkendecke gerissen haben, die auf einmal die Sonne wieder sichtbar werden ließen, durch die aber unsere Blechkiste auch pausenlos für einen fliegerischen Laien förmlich hindurchfiel. Ich habe mich später recht gut an diese kleinen „puddeljumper“ (Pfützenhüpfer) gewöhnt, weil sie das Gefühl vermitteln, hautnah am Geschehen zu sein und aufgrund ihrer geringen Flughöhe das Bewußtsein, jederzeit aussteigen zu können. Man muß sich das nur einbilden, dann klappt das schon.

Das von mir mit Argusaugen beobachtete rote Lämpchen versah, ohne zu flackern, seinen Dienst, als ich plötzlich den Eindruck hatte, in einem Segelflugzeug zu sitzen, nur der Wind, aber kein Motorengeräusch war zu hören. Diese akustische Entwarnung versetzte aber offensichtlich auch unseren Piloten in Aufregung, machte er doch sofort

einen energischen Rechtsschwenk in Richtung des vor uns liegenden, wahrscheinlich namenlosen Sees. Gleichzeitig ruderte er mit allen verfügbaren Händen und Füßen an sämtlichen Hebeln und Knöpfen, was unserem fliegenden Sarg für Sekunden, vielleicht Minuten – mir kamen sie jedenfalls wie Stunden vor – nur ein verächtliches Blubb . . . Blubbblubb . . . Blubb . . . Blubb . . . Blubb abnötigte. Doch dann endlich hatte ich das Gefühl, daß diese Blechkiste doch lieber auf einem standesgemäßen Flugzeugfriedhof enden wollte und nicht im kanadischen Busch, und sie besann sich auf ihre Einmotorqualitäten und nahm wieder Kurs nach Süden. Auf unser Raunen und die zusammengekniffenen Hinterteile hatte der Pilot auch sofort die sicherlich wahrheitsgetreue Begründung parat, der Ersatztank habe kurzfristig seinen Dienst verweigert. Ich wurde schon wieder an Whiskey-Jack erinnert.
Wir erreichten tatsächlich heil White River und bepackten unsere Blechkarosse. Da erwiesen sich die Dimensionen eines Straßenkreuzers als sehr vorteilhaft. Eineinhalb zerlegte Elche ließen sich bequem im Kofferraum unterbringen. Die Cousine von Hubertus würde ihre helle Freude haben, falls sie Wild überhaupt mochte.
Den Papierkram erledigten wir unter anderem beim örtlichen Fish and Game Department. Er bestand hauptsächlich darin, einen der vorderen Schneidezähne aus dem Unterkiefer unseres Elchbullen zur Altersbestimmung abzuliefern. Im Labor wird der Zahn in der Längsachse geteilt, so läßt sich das Alter des Tieres exakt feststellen. Diese Methode ist wesentlich genauer als die bei uns bekannten Zahnbestimmungsformeln, die leider ja immer wieder zu Meinungsverschiedenheiten bei den Trophäenschauen führen. Ein Beispiel dafür, daß die Nordamerikaner, wenn sie etwas in Sachen Jagd unternehmen, dies dann gründlich tun.
Das Wetter klarte gegen Abend wieder auf. Übernachtungsmöglichkeiten in White River, diesem Ende der Welt mit imponierendem Namen, gab es nicht. Und so entschlossen wir uns, nach dem Abschied von unseren Jagdpartnern im Camp, den Highway Number One anzunehmen und, solange die Kräfte reichten, gen Süden zu fahren. Hatten wir doch den Kofferraum voll Wildbret, das es zu retten galt. Abgesehen davon, bedrängte uns noch ein viel wichtigeres Problem. Über vier Tage war das nun schon her. Die Decke hing im Regen und kein Salz!
Es mag lange nach Mitternacht gewesen sein, als wir durch eine dieser

kleinen Ortschaften fuhren. Man kann ja dagegen sagen, was man will, aber dieser Minisupermarkt hatte noch Licht. Als ich den verschlafenen Besitzer nach Salz fragte, bejahte er diese Frage zwar, schaute jedoch völlig konsterniert, als mich die vorhandenen Mengen interessierten. „Wollen Sie ein ganzes Rindvieh grillen?“ – „Nein, aber eine Elchdecke salzen!“ Dafür hatte er Verständnis.
Wir fanden auch noch ein Motel mit einem Bad. Das war zwar nicht groß genug zum Ausbreiten der riesigen Elchdecke, aber wir wußten uns zu helfen. Der Portier mag sich vielleicht gewundert haben, warum wir mit dem Wagenheck so nahe zur Eingangstüre zurücksetzten und wieviele „Pelzmäntel“ wir offensichtlich aus Sicherheitsgründen mit aufs Zimmer nahmen.
Am nächsten Tag war es für diese Jahreszeit sehr warm. Wir forderten dem Mercury das Letzte ab und erreichten irgendwann das Kühlhaus in Chicago. Gerade noch zur rechten Zeit.
Hubertus flog zurück in die Heimat, ich nach Westen in die Rocky Mountains; da begann jetzt die Deer-Saison.

Blue Mesa

Colorado, das heißt, die Rocky Mountains hatten mich wieder. Neun Jahre waren inzwischen vergangen, seit ich hier das erste Mal jagen durfte und bei der Familie meiner Schwester zu Besuch war. Die Kinder waren größer geworden, Teenager begrüßten dieses Mal den Onkel aus Deutschland. An ihnen konnte man am ehesten den Gang der Zeit messen, zu gerne sah man über die ersten eigenen Faltenansätze hinweg.

Aber sonst war für mich doch fast alles beim alten geblieben. Die wilde bezaubernde Landschaft des Felsengebirges, das gar nicht so felsig ist, und dann der sprichwörtlich blaue Himmel. Mein Schwesterherz verwöhnte mich ausgiebig, und sie hatte sich auch schon seit langem für meine jagdlichen Interessen betätigt.

Im Laufe der Jahre hatte die Familie Freundschaft mit einem schon in den fünfziger Jahren ausgewanderten Ehepaar aus der Frankfurter Gegend geschlossen. Heiner und Irene sind nicht nur eine geglückte Mischung aus deutschen Einwanderern und amerikanischer Lebensauffassung, sondern Heiner ist außerdem begeisterter Jäger und – wie eingangs schon ausführlich beschrieben – ein echter outdoorsman. Da mich mit beiden viel Gemeinsames verband, hatten wir schnell Kontakt und bald auch Freundschaft geschlossen. Heiner meinte zur Begrüßung in unverfälschtem Hessisch:

„Du bist also de Andy, der mit mer uf die Jachd will, um die große Böck zu schieße?"

Es mußten ja nicht gleich die ganz großen sein, aber vielleicht klappte es dieses Mal besser als bei meinem ersten Versuch vor langen Jahren.

Heiner ist Miteigentümer eines mehrere hundert Hektar großen Gebietes mitten in den Bergen. Da es sich dabei um privates Land handelt, ist die Jagd damit nicht für jedermann ungehindert möglich. Längst hatte ich ja gelernt, daß dieser Umstand von erheblichem Vorteil für die Jagdausübung sein kann.

Heiner meinte, wir würden dort zwar nicht alleine jagen, aber wir wä-

ren zumindest davor gefeit, daß am Morgen des ersten Jagdtages hinter jedem Baum eine von diesen Rotkappen oder einer der Strohhüte stehen würde. Wir waren dieses Mal zu viert. Zunächst Heiner und mein Schwager Dick, der es als eingefleischter Niederwildjäger nun das erste Mal auf Schalenwild versuchen wollte; mit von der Partie waren außerdem noch Kurt, ebenfalls ein Eingewanderter aus der alten Heimat und Geschäftsfreund Heiners, und meine Wenigkeit.
Der Kalender zeigte bereits Ende Oktober. Obwohl die Sonne den ganzen Tag vom Himmel schien, vermochte sie doch nur noch sehr wenig Wärme zu spenden. Unser Ausgangspunkt lag immerhin 1800 Meter hoch, und es hatte längst geschneit. Die weiße Pracht hatte sich zwar noch nicht ganz durchgesetzt, die Quecksilbersäule sank jedoch bereits weit unter den Gefrierpunkt.
Sorgfältig bepackten wir unseren Camper. Der Wohnteil, auf einen Kleintransporter montiert, hatte vier Schlafmöglichkeiten. Der Innenraum war so klein, daß wir später das morgendliche Aufstehen und Anziehen nur bewerkstelligen konnten, indem nur einer von uns in Aktion war, während die anderen in den Schlafsäcken bleiben mußten. Der Angezogene wurde dann anschließend ins Freie geschickt, um für den nächsten Platz zu machen. Um vor Ort im Gelände beweglich zu sein, nahm Kurt außerdem seinen Toyota Landcruiser mit.
Mit vielen Segens-, Glück- und Waidmannsheilwünschen verabschiedete uns die Frauen- und Kinderschar, und dann ging es Richtung Südwesten der Sonne, dem Schnee, den Rockies – und hoffentlich den „Böcken" entgegen.
Das Ganze ließ sich zu Anfang recht lustig an, kein Wunder bei einer solchen Viermännerpartie.
Die Bergwelt, in die wir hineinfuhren, beeindruckte mich ein um das andere Mal mehr, und die Erwartung stieg mit jedem Kilometer. Über den Red Hill Paß durchquerten wir den South Park und erreichten über Buena Vista und Salida schließlich den nahezu 4000 Meter hohen Monarch Paß. Der höchste Berg in unserer Heimat ist gerade einen Kilometer niedriger. Abwärts ging es dann nach Gunnison, das mich in seiner vorsichtigen Betriebsamkeit ganz an das früher beschriebene Granby am Tage vor Aufgang meiner letzten Jagd in diesem Lande erinnerte. Das Prickeln, die Hoffnungen und Erwartungen in die bevorstehenden Jagdtage waren unübersehbar. Vor uns lag jedoch dieses Mal

die reine deer season, Wapities waren nicht frei. Kilometerlang fuhren wir an den hochgelegenen Stauseen des Blue Mesa Reservoirs entlang. Von hier deckte die Großregion Denver über Hunderte von Kilometern hinweg einen erheblichen Teil ihres Wasserbedarfs. Schließlich zweigten wir nach Süden ab, und die Feld- und Schotterwege schüttelten nicht nur uns, sondern vor allem unsere gesamten Habseligkeiten mit beängstigender Geräuschkulisse gehörig durch. Die Töpfe, Teller und Flaschen vollführten einen solchen Spektakel, daß wir das Schlimmste befürchten mußten. Nach spätestens einer halben Stunde gewöhnt man sich aber so an das Konzert, daß einem richtig etwas fehlt, wenn es bei einem kleinen Halt ausfällt.

Über eine Stunde mochten wir auf diese Weise wieder Höhe gewonnen haben. Über hochgelegene Prärieebenen, auf denen hin und wieder anscheinend sich völlig selbst überlassene Rinder weideten, führte unser Weg an einem Indianerreservat vorbei. Die zum Teil bewaldete Hügellandschaft erreichte eine Höhe, die nach Heiners Schätzung zwischen 2500 und 3000 Metern über Normal Null lag. Jetzt kam auch das berühmte Schild, das am ersten Baum darauf hinwies, wer hier jagen durfte und wer nicht. Wir durften. Im Schrittempo wackelte unser Wohnzimmer auf Rädern über die Löcher, Mulden und Felsbrocken, bis sich vor uns ein kleines idyllisches Hochtal auftat. Hier hatte Heiner den Rastplatz ausgewählt, einen Ort, wie man ihn von den berühmten Postkarten her kennt: Blick auf schneebedeckte Gipfel, blaue Wälder, mit einem Hauch von Schnee überzogene Bodengewächse und die untergehende Sonne im Westen. Wer wollte da widersprechen.

Einen ganzen Tag waren wir nun unterwegs und unsere Knochen entsprechend steif und durchgeschüttelt. Dick und Kurt erklärten sich bereit, für Ordnung und das leibliche Wohl zu sorgen, während Heiner und ich mit dem Allrad das Umfeld sondieren wollten. Das Gewehr konnte im Camper bleiben, „opening day“ war erst morgen bei Tagesgrauen. Wir kletterten mit unserem Gefährt noch einige hundert Meter über einen kaum erkennbaren Pfad hangauf, um einen besseren Überblick zu bekommen. Als wir um die Waldspitze bogen standen sie auch schon keine 300 Meter vor uns. Ein ganzes Rudel, vielleicht 15, 20 Stück. Mit den Gläsern war zu erkennen, daß es sich nur um Tiere und Kälber handelte, aber was für ein Anblick in dieser gottverlassenen und deshalb so traumhaften Gegend. Wir sogen den Eindruck in uns auf

und bemühten uns um einen möglichst geräuschlosen Rückzug. Wo soviel weibliches Wild war, mußten auch Böcke sein.
Das Wort Bock mag den Betrachter, der die Trophäe des männlichen deer nicht kennt, möglicherweise zu falschen Schlüssen veranlassen. Das englische „buck“ ist aber im Deutschen wohl am besten mit dem Wort Bock zu übersetzen. Dabei handelt es sich jedoch eigentlich weniger um einen Bock, als vielmehr um einen Hirsch, wenn man europäische Vorstellungen zugrundelegt.
An dieser Stelle sind einige grundlegende Erklärungen für den Unkundigen über das Deer, die bedeutendste Schalenwildart Nordamerikas, notwendig, da sie der alten Welt doch weitgehend unbekannt ist.
Die zu der Familie der Cerviden gehörende Hirschart ist in drei Hauptgruppen zu unterteilen. Der Weißwedelhirsch (engl.: Whitetaildeer, lat.: *Odocoileus virginianus)* ist die weitest verbreitete Spielart, die je nach Gegebenheit vom Osten bis zum Westen des Kontinents anzutreffen ist.
Daneben spielt in den etwas mehr abgelegenen Bergregionen des Westens und Nordens bis hinauf in die kanadische Provinz Britisch Kolumbien, der Maultierhirsch (engl.: Muledeer, lat.: *Odocoileus hemionus*) die entscheidende Rolle.
Der Schwarzwedelhirsch (engl.: Blacktaildeer, lat.: *Odocoileus columbianus*) hingegen hat nur ein sehr beschränktes Verbreitungsgebiet an der Westküste, vom Norden Californiens bis an den Südzipfel Alaskas, abgesehen von kleinen isolierten Beständen in anderen Gegenden.
Das im Herbst fahlbeigefarbene Wild ist gekennzeichnet durch einen auffallend großen, weißen Kehlfleck, durch einen relativ großen Wedel, der beim Flüchten nach oben gestellt wird, und vor allem durch die besondere Geweihform. Beim Hirsch drehen die in der Regel auf jeder Seite vier Enden erreichenden Stangen bei einer Auslage nach hinten gegen das Stangenende wieder nach vorne, so daß die obere Gabel nicht wie beim Rothirsch nach oben, sondern manchmal sogar wieder in Blickrichtung des männlichen Tieres zeigt. Dazu fällt noch auf, daß flüchtiges Wild mit einer Art von Bocksprüngen das Weite sucht und so ein von unseren Cerviden völlig abweichendes Bild abgibt.
Der größte Vertreter, der Maultierhirsch, der mit dem Maultier allenfalls die überdimensionalen Lauscher gemeinsam hat, dürfte in der Größe den deutschen Rothirsch erreichen, der Weißwedelhirsch unser

Damwild, während der Schwarzwedelhirsch als die kleinste Deerart gilt. Der Maultierhirsch wird in den Statistiken mit maximalem Aufbruchgewichten von 175 Kilogramm, der Weißwedelhirsch mit 150 Kilogramm angegeben. Wer mehr über dieses so bedeutsame Wild wissen möchte, dem sei das bereits erwähnte Buch von STEVEN JAN BLAUPOT TEN CATE empfohlen. Diese Hinweise erscheinen zur Aufklärung häufiger Mißverständnisse wichtig.

Was wir hier in den Bergregionen bejagen wollten, war das muledeer. Dick und Kurt hatten das Nachtmahl bereitet. Wenn auch das Aufwärmen des Eintopfes keinerlei lukullische Vorkenntnisse erforderte, so ließen wir es uns doch kräftig schmecken. Zur „Spülung" dienten einige „Augsburger", ein den Produkten unserer deutschen Bierbraukunst sehr nahe kommendes Getränk. Müde von dem langen Tag des Nichtstuns krochen wir schließlich in die Schlafsäcke. Weil die eingebaute Heizung nicht funktionierte, wurde es selbst um die einzig aus dem Sack herausschauende Stirn bald kalt. Ich beschloß, meine Wollmütze überzuziehen und begann von den „Böcken" zu träumen.

Der kleine Wecker vollführte den bekannt gehaßten Lärm. Heiner kroch in unsere „Umkleidekabine" und verschwand, nachdem er Kaffeewasser auf den Kocher gestellt hatte, ins Freie. Der Rest vollzog sich nach dem oben geschilderten Rhythmus. Beim von den amerikanischen Gepflogenheiten eines ausgiebigen Frühstücks nicht abweichenden Ritual der deftigen Stärkungen wurde der Schlachtplan entwickelt. Da wir außer Heiner alle ortsunkundig waren, wollten wir relativ nahe beieinander jagen. Dazu war der südlich in das nächste Tal abfallende, zum Teil bewaldete Hang auserkoren. Mit dessen Gegebenheiten wollte uns Hank, wie Heiner auf gut amerikanisch inzwischen hieß, bei Tagesgrauen bekannt machen, sobald wir, erst aus unserem Tal aufsteigend, den Kamm des Höhenzugs erreicht haben würden.

Gegen die eisige Kälte fest eingemummt, mit dem nötigsten Proviant versehen, stapften wir im Schein einer kleinen Taschenlampe in die sternklare Nacht hangaufwärts. Eine Weile stolperten wir durch den berühmten sage brush im offenen Gelände, bis uns ein Nadelholzwald aufnahm. Die Bäume standen nicht sehr dicht, so daß wir keine große Mühe hatten, uns einen Weg nach oben zu suchen ohne allzu großen Lärm zu verursachen.

Das Tiefschwarz des Himmels wurde gleich den Sternen blasser, und am östlichen Horizont erwachte ein heller Schein. Die riesige, mit ihren Gipfeln sicherlich -zig Kilometer entfernt liegende Bergkette, die wir, am Grat angekommen, vor uns liegen sahen, ist ein Teil der Continental Divide, der Wasserscheide zwischen Ost und West. Sie verläuft in einer Zick-Zack-Linie durch den gesamten Nordamerikanischen Gebirgszug von Alaska bis zur Grenze Mexikos.

Ab jetzt galt es, sehr leise und vorsichtig zu sein. Der Wind stand sehr günstig, er hauchte von den noch wärmeren Tälern auf die Gipfel herauf. Wir hielten einige Minuten inne, bis das schwache Morgenlicht die Konturen des weitläufig vor uns liegenden Hangs freigab. Hier hatte Heiner im Vorjahr den „großen Bock“ ausgemacht, der ihm aber letztlich durch die Lappen gegangen war. Ob der den strengen Winter überlebt hatte, war fraglich, wir konnten es nur hoffen. Wenn nicht, so war sicherlich sein erstgeborener Sohn bereits ein stattlicher Recke.

Direkt vor uns hangabwärts war das Gelände auf mindestens 400 bis 500 Meter offen. Von dort zog sich eine enge, bewaldete Schlucht weiter talabwärts. Von hier oben rechts anschließend, reichte ein etwa ein Kilometer breiter Waldgürtel aus Aspen und Tannen von unserem Bergkamm bis dort hinunter. Heiner erwartete das Wild in dieser Dekkung oder unterhalb auf den offenen Flächen.

Mich schickte er mit einem Vorsprung von einer guten halben Stunde den steilen Hang abwärts bis zum Beginn der Schlucht. Dort sollte ich keine 300 Meter von ihm entfernt Stellung beziehen. Er selbst wollte am Grat Kurt und Dick abstellen und auf der anderen Seite der Bewaldung hangabwärts pirschen. Bei gutem Büchsenlicht sollten sich dann Kurt und Dick talwärts orientieren. Treffpunkt war nach einigen Stunden die Öffnung der Schlucht.

„Good luck und Waidmannsheil“, lautete der flüsternde Abschied, und ich begann meinen Abstieg so leise wie möglich, was bei diesem Gelände nicht gerade einfach war. Es ging so steil hinunter, daß ich froh war, das zähe sage brush als Anker nutzen zu können. Zudem zwang mich immer wieder der Blick auf die Uhr zur Eile. Mein Vorsprung zu Dick und Kurt war, zumal ich mich in der Dämmerung immer wieder orientieren mußte, sehr knapp bemessen. Außerdem trieb mich das aufkommende Morgenlicht vorwärts, da ich praktisch ohne Deckung war und mich tiefer im Hang stehendes Wild leicht wahrnehmen konnte.

Langsam erreichte ich die Stelle, die mir Heiner zuvor beschrieben hatte, aber, ob er den Platz gemeint hatte, ob da der Wechsel vorbeikam?
Nein, vielleicht dort? Hier sieht es ganz gut aus, aber das Schußfeld ist arg begrenzt. – Da drüben werde ich mich einrichten. An dieser kleinen bis zum Boden verästelten Tanne kann man aber nicht anstreichen.
Endlich hatte ich den idealen Platz gefunden oder zumindest, was ich dafür hielt.
Ich ließ mich häuslich nieder. Der Tag war längst gegraut, und tief unter mir lag ein für mich namenloses Tal, in das der teils bewaldete, teils offene kilometerlange Hang hineinfloß. Mit dem Glas glaubte ich, Meilen entfernt eine kleine Blockhütte zu erkennen. Ein Trapper? Oder vielleicht „nur" ein Aussteiger? Wer immer dort „residierte", er war in meinen Augen König. Der weitläufige Gegenhang zog Meile um Meile hinauf zur Wasserscheide und ließ ein nahezu nicht endenwollendes Tal zurück. Ein Tal, in dem sich ein durch Fels und Wald schlingendes Gewässer seinen Weg suchte. Über allem zeigte sich nun die rote Sichel der Sonne, die zum Halbkreis und binnen kürzester Zeit zur roten Kugel wurde, um sich sofort in ein gleißendes Grell zu verwandeln. Sonnenaufgang über der Wasserscheide der Rocky Mountains, ein Erlebnis, das allein den Tag schon wert war. Nur, dieser hatte ja erst begonnen. Was würde er uns bringen?
Nach diesem alten und immer wieder neuen Naturereignis, übrigens eines der wenigen, das mit seinen Folgephasen täglich bestimmbar, physikalisch vorhersehbar immer wiederkehrt, begann ich, mich nun auf meine unmittelbare Umgebung zu konzentrieren. Dort lief die von oben kommende Bewaldung spitz aus, öffnete sich und führte über in die gedeckte Schlucht.
Dies mußte der Platz sein, von dem Heiner berichtet hatte. Ein bißchen weit war ich schon entfernt, aber immerhin, es war der Zwangswechsel von einer Deckung zur anderen. Dort drüben irgendwo mußte mein Freund ja sein. Seine phosphorfarbene Jagdkappe, so wie sie nach den Gesetzen Colorados neben dem gleichfarbenen, in seiner Größe auf den Quadratinch genau festgelegten Bolero vorgeschrieben war, vermochte ich jedoch trotz intensiven Bemühens nicht zu erkennen. Höchste Vorsicht war also geboten.
Über eine Stunde mochte ich wohl so vor mich hinsinniert und hin-

◀ Oben: Zauber einer Flußlandschaft in Alaska
Unten: Die sperrige Trophäe befestigt Reinhold außen am Flugzeug

gefiebert haben, glücklich über meine Umwelt, schwankend zwischen erhebenden Naturbetrachtungen und aufkommendem Jagdfieber. Unzweideutige Geräusche, die sich in den Aspen von oben näherten, ließen mich zur Salzsäule erstarren. Das konnten allein von der Zeit her nicht Dick und Kurt sein. Jetzt ging es los. Es dauerte auch nur noch wenige Sekunden. Da standen sie schon. Keine 80 Schritte entfernt, drei, nein vier Stück. Sie äugten hangauf, was die Möglichkeit zum Griff nach dem Glas gab: Tiere und Kälber. Da waren keine Enden zu sehen. Irgendwie war ich froh. Das Wild stand ruhig, sich seiner guten Deckung bewußt, und sicherte. Der Wind von unten konnte ohnehin nicht der Grund ihrer Vorsicht sein.
Waidmannsheil gleich in der ersten Stunde und bei der ersten sich bietenden Gelegenheit ist wohl keines Waidmanns innerstes Anliegen. Erst einige Tage Spannung, so am dritten, vierten Tag, um dann in Ruhe noch einige Tage auszuspannen und die Geschehnisse Revue passieren zu lassen. So stellt man sich das doch vor. Ehrlich, sind Sie anderer Meinung? Nur war da, jedenfalls bei meinen Jagdreisen, meist der Wunsch Vater des Gedankens. Die Natur, Hubertus, Diana, oder wer immer dafür verantwortlich zeichnet, zwangen mich zu oft in einen ganz anderen Zeitplan. Unerfahren trat ich des öfteren die Heimreise als Schneider an, weil ich der Dirigent sein wollte, und haderte dann mit dem Schicksal über die vertanen Chancen. Ich lernte, die Gelegenheit beim Schopf zu packen, sie kam vielleicht nie wieder. Auf manche warte ich immer noch, weil mir damals diese Erkenntnis fehlte.
Die beiden Tiere mit ihren Kälbern zogen nun im Troll hangabwärts an mir vorbei. Wenn da jetzt deren Onkel oder Großvater nachfolgte!
Meine Augen ließen selbstverständlich nicht mehr von dem Auswechsel aus der Deckung ab, aber es kehrte schier nicht endenwollende, absolute Ruhe ein.
Die Sonne hatte sich längst ihren ewigen Weg am Firmament gebahnt. Sie tauchte die Erde in ihre wärmenden Strahlen und die Blätter der über mir liegenden Aspen in ein leuchtendes Gelb. Immer wieder suchte das Auge den vor und über mir liegenden Waldgürtel ab, als ich in beachtlicher Distanz am Waldrand eine Bewegung zu erkennen glaubte. Es dauerte auch nicht lange. Da stand ein Stück – 300 Meter bestimmt. Hat der nicht auf? Ein Spießer. Au weia, ist das weit; er beginnt, sich in Troll zu setzen.

Das Fadenkreuz findet nur mühsam den Wildkörper. Das Risiko ist zu groß. Gewehr weg, Glas hoch, was kommt da noch?
Ansprechen nicht mehr möglich! Um Gottes Willen, was hat der alles auf! Erneuter Gerätewechsel, aber das Ziel ist trotz der imposanten Trophäe nicht größer geworden, zumal der kapitale Bock, nun dem jüngeren folgend, in die erwähnten Fluchten verfällt.
Bevor ich noch in Entscheidungsnot gerate, bricht der Hall eines Schusses zu mir herüber. Der Kapitale verschwindet in der Dickung der kleinen Schlucht unter mir, der Spuk ist vorbei.
Bei einer Zigarette versuche ich, die Situation immer wieder nachzuvollziehen. Dabei finde ich zum wiederholten Male keine vertane Gelegenheit für mich. Der Konzertmeister hatte mich eben nur zum Statisten bestimmt, so gerne ich auch die erste Geige gespielt hätte.
Es verging auch nur wenig Zeit, bis die orangefarbene Mütze Hanks auftauchte. Ich verließ meinen Unterstand, und wir begaben uns zum Anschuß. Lange suchten wir das Gelände ab. Ich hatte mir eine kleine Fichte eingeprägt, an der der Hirsch seinen Wechsel vorbei talabwärts genommen hatte. Ich konnte kein Schußzeichen erkennen, wir fanden keinen Schweiß. Gottlob, muß man sagen, denn einen Hund hatten wir nicht dabei, durften wir auch nicht haben. Die Gesetze hatten sich nicht geändert, konnten sie auch nicht: amerikanisches Lizenzsystem.
Heiner war vom Erscheinen der Hirsche nicht nur überrascht, sondern auch reichlich weit entfernt. Er hatte sich gerade ausgiebig mit dem abgelegenen Hang beschäftigt, wo er auf große Distanz auch weitere Stücke ausmachen konnte. Deshalb konnte er die Sekunde, als der Starke verhoffte, nicht ausnutzen. Und damit war der Erfolg doch reine Glückssache.
Wir beschlossen, ein zweites Frühstück einzulegen und auf die anderen zu warten. Es dauerte eine Weile, aber Heiners Ortsbeschreibung auf dem Bergkamm war so gut, daß wir uns zur Morgensiesta problemlos am Treffpunkt einfanden. Die anderen hatten das Wild hochgemacht und hätten auf „mein“ Kahlwild auch zu Schuß kommen können. Auch die Geweihten waren offensichtlich vor ihnen locker geworden.
Nach einer ausgiebigen Rast und einem kleinen Sonnenbad, was uns immerhin ermöglichte, unsere Parkas und Hemden zu öffnen, wollten wir nachmittags in Richtung Camp weiterjagen. Das Wild hier war zwar durch uns jetzt vergrämt, aber nach einstimmigem Beschluß be-

absichtigten wir, es beim nächsten Morgengrauen dennoch wieder zu versuchen. Koste es, was es wolle, der „Bock“ war einfach zu stark. Wir kannten jetzt seinen Wechsel, vielleicht würde er uns nochmals den Gefallen tun.
Nicht gerade leise brachen wir auf. Im Blickfeld zum Tal ragte ein zwei mal drei Meter großer Felsen aus dem Gelände. Und jetzt trauten wir unseren Augen nicht, was sich da keine 150 Schritte vor uns abspielte. Hinter diesem Stein, einsam in der offenen Landschaft liegend, schob sich ein hochkapitaler „buck" hervor, äugte uns an, um im selben Moment die keine 30 Meter entfernte Deckung anzunehmen. Wir hatten keine Chance, die noch im sage brush hängenden Gewehre zu erreichen.
Aber der war in jedem Fall noch stärker als der, den wir zuvor gesehen hatten. Doch Vater und Großvater? Vertane Möglichkeit? Auf jeden Fall Bestätigung unseres soeben gefaßten Beschlusses, hier mußten wir wieder her. Was aber, wenn der Alte unsere Pläne erlauscht hatte. Wir sprachen Deutsch, das konnte er sicherlich nicht verstehen.
Die Nachmittagsjagd bescherte uns außer dem Anblick von Kahlwild keinen Erfolg. Gegen Abend erkundeten wir die Nordostflanke unseres Tales. Auf große Distanz war auch genug Wild zu bestätigen. Wir konstatierten dies zwar, unsere Gedanken aber waren auf der anderen Seite des südwestlichen Berghanges. Um die zwei Starken, und es waren zwei verschiedene, darüber gab es bei Heiner und mir keine Diskussion, drehten sich unsere Gedanken und unsere Unterhaltung.
An diesem Abend half uns ein gehöriger Schluck Bourbon, nicht nur um Freundschaft, Gedankenaustausch und Illustrierung der kapitalen Trophäen anzuregen, sondern auch um todmüde in den Sack zu kriechen.
Der Morgenanstieg zum Grat, das Wetter und nicht zuletzt der Schlachtplan glichen dem des Vortages. Heiner wollte mit mir lediglich die Position tauschen, um mich zu Schuß zu bringen. Schließlich hätte ich den weitesten Weg hier her in die Berge der Blue Mesa gehabt. Ohne mich vorzudrängen, ließ ich mich doch gerne überreden. Garantien gab es ohnehin nicht. Den genauen Weg und markante Geländemerkmale waren mir bereits am Tag zuvor erklärt worden, ich war sicher, den gestrigen Auswechsel der Hirsche zu finden.
So stiefelte ich als erster los, da ich den weitesten Anmarsch hatte. Auf

dem Grat entlang und nach dem großen Waldkomplex wieder talwärts führte mein Weg. Viel Beachtung konnte ich dem Schauspiel des Sonnenaufgangs diesmal nicht widmen. Es war auch noch nicht ganz so weit, und ich wollte noch vor Ort sein, bevor die Sonne die Szenerie richtig erhellte. Ja, dort ungefähr mußte es sein, da war auch der Anfang der talwärts ziehenden Schlucht zu erkennen. Ich war gerüstet. Die Situation schien mir sehr aussichtsreich, und das „buck fever" begann sich zu regen. Nur mühsam konnte ich es unterdrücken.
Über eine Stunde hatte ich seitlich an einem größeren Busch in guter Deckung und Schußposition zugebracht. Es rührte sich nichts, außer dem Zirpen eines Bergfinken, der mich ab und an neugierig umkreiste. Schon lange lag alles im gleißenden Sonnenlicht. Hatten wir das Wild, vor allem die beiden starken Hirsche, doch vergrämt? Ein Wunder wäre es nicht nach der Unruhe, die wir gestern hier gestiftet hatten. Hatten sie sich bereits verstellt, oder war die zurückliegende Brunftzeit noch nicht ganz vorbei, so daß das zweifellos hier ziehende Kahlwild immer noch seine Anziehungskraft ausübte?
Meine Gedanken und Befürchtungen zerplatzten auf einmal wie eine Seifenblase, als über mir im Hang des Dickichts Steine locker wurden. Das unverkennbare Geräusch setzte sich zwar nach unten, aber nicht unbedingt in meine Richtung fort, sondern entfernte sich vielmehr in Richtung meines gestrigen Standes. Jetzt mußten sie Heiner kommen! Sehen konnte ich noch nichts, aber hören – das waren mehrere.
Jetzt, dort unten auf gut 300 Meter zieht das erste Stück im Troll zur Schlucht. Keine Zeit vertun mit dem Glas, gleich durch das Zielfernrohr ansprechen. Keine Enden, ein Kalb, noch eins. Wo sind die Hirsche?
Der peitschende Donner von Heiners Büchse durchbricht die Stille, und jetzt geht die Post ab. Zwei, drei, vier Wildkörper versuchen, in hoher Flucht die schützende Schlucht zu erreichen, kein Geweihter dabei – halt doch, der Spießer, aber bis ich reagiere, ist auch er meinen Blicken entschwunden.
Die Totenstille, die auf einmal wieder herrschte, ließ meine Ohren singen. Heiner mußte Waidmannsheil gehabt haben. Ein passabler Hirsch hatte die Lichtung talabwärts nicht überquert. Auf den Spießer hatte er sicherlich nicht Dampf gemacht. Da mußte was liegen. Fünf Minuten konnte ich meine Ungeduld noch zähmen, dann machte ich mich auf

den Weg hangabwärts, um das Dickicht zu umschlagen. Dort stand die rote Mütze. Sie stand ruhig, im Glas war kein nervöses Suchen nach Schweiß oder Eingriffen erkennbar. Das Wild mußte direkt vor dem Schützen im hohen Bewuchs liegen. Heiner hatte mich bereits entdeckt, und sein ruhiges Winken schien meine Hoffnung zu bestätigen.
„Waidmannsheil!“ rief ich schon von weitem.
„Tut mir leid Andy, aber das war eigentlich Deiner“, brachte er entschuldigend hervor.
„Keine Sorge, Du hast ja hoffentlich nicht beide erlegt“, gab ich zurück.
Was da vor uns lag, war ein kapitaler Maultierhirsch. Jede Stange zeigte nicht nur die typischen zwei Gabeln, sondern hatte auch noch die direkt an den Rosen ansetzende kleine, nur wenige Zentimeter lange Augsprosse, also ein „five point“, wie die Amerikaner sagen. Es werden nur die Enden einer, der besseren, Stange gezählt.
Stark war das Schulterklopfen. Dick und Kurt hatten sich inzwischen auch eingefunden, und bevor Heiner nun die ganze Geschichte nochmals zum Besten geben mußte, wurden erst nach gut deutscher Waidmannsart Schützenbruch und letzter Bissen gereicht, die ich mir schon auf dem Weg von einer kleinen Tanne gebrochen hatte.
Heiner schilderte den Ablauf gerade so, wie es sich gestern schon abgespielt hatte. Nur dieses Mal standen die beiden Hirsche, der Starke und der Spießer wieder beim Kahlwild. Das verhoffte, wie gehabt, kurz am Dickungsrand, und dann kamen die Hirsche. Ohne erkennbares Zögern folgten sie im leichten Troll den Tieren und Kälbern. Auf höchstens 100 Schritt konnte Heiner die Aufgabe brillant lösen. Der Schuß aus der 30-06 saß mitten auf der Kammer, der Geweihte brach im Feuer zusammen. Nachdem die Kamera ausgiebig in Aktion war, begannen wir sofort mit der roten Arbeit.
Dies war mit vier Mann an sich kein Hexenwerk, auch wenn wir den Hirsch aufgebrochen auf mindestens 130 Kilogramm schätzten. Aber jetzt begann erst das Problem. Talwärts in das uns unbekannte Gebiet konnten wir das Wildbret nicht transportieren. Wer wußte, wie und ob man da mit dem Allrad überhaupt beikommen würde? Das Risiko war zu groß. Gab’s also nur eines: aus der Decke schlagen, zerwirken und schleppen – selbstverständlich bergauf.
Ich darf versichern, daß ein solches Stück Wild auch bei vier Jägern mit

entsprechender Jagdausrüstung einen permanenten Schweißausbruch erzeugt, und sei es noch so kalt, wenn es steil hangauf, mindestens 800 Meter zu tragen ist. Da wir weder Behältnisse, noch die berühmten Gazesäcke, die ich aus Kanada kannte, mit uns hatten, ließen wir die Decke an den einzelnen Teilen, um das Wildbret zu schützen, was auch nicht gerade einen Gewichtsvorteil verschaffte.
Am frühen Nachmittag hatten wir es geschafft. Alles lag oben auf dem Grat des Bergrückens. Für mich hatte der Hirsch jetzt mindestens 500 Kilogramm, jedenfalls sah ich so aus, als hätte ich diese Last bewältigt. Zum Glück konnten wir mit dem letzten Schnee immer wieder die Kehle anfeuchten, auch wenn das wohl das unsinnigste Verhalten gegen den Durst ist. Der aber kennt keine Vernunft, wie auch oft am Biertisch nicht.
Abwärts war alles nun fast ein Kinderspiel, und sobald wir einen Platz gefunden hatten, der uns für den Geländewagen erreichbar erschien, hatte für uns das Schuften ein Ende. Den Rest mochte Kurts Toyota erledigen.
Als wir das Camp erreichten, war bereits Essenszeit, jedenfalls für uns. Unser Magen bestimmte die Uhrzeit, nicht die Zeiger der Uhr. Und jetzt kamen auch sämtliche Vorräte zu Ehren, auch die, die wir für ganz besondere Fälle aufgespart hatten, Fälle wie diesen. Und wenn das kein besonderer Anlaß war, auf was sollten wir dann warten?
Die Wildbretteile hieften wir in eine große, überhängende Fichte, um sie vor den Schwarzbären zu schützen, deren Pirschzeichen hier unübersehbar standen. Sie hatten sich offensichtlich noch nicht zum Winterschlaf eingeschoben. Braunbären sollte es in Colorado schon seit geraumer Zeit nicht mehr geben. Einige Jahre später mußte ich mich an fast der gleichen Stelle eines besseren belehren lassen.
Unser Wohn- und Schlafzimmer wurde umgeräumt und bot so drei glücklichen Jägern und einem überglücklichen Schützen genügend Raum, um Heiners ersten guten „Bock“ gebührend totzutrinken.
Verständlich, daß das Weckerrasseln am nächsten Morgen noch unangenehmer empfunden wurde als sonst.
Bourbon ist halt nicht jedermanns Sache, zumindest nicht die meines Schädels am anderen Tage.
Das in den vergangenen Tagen bejagte Gelände war nun doch so sehr beunruhigt, daß weitere Versuche in dieser Gegend sinnlos erschienen,

auch wenn dort noch ein Kapitaler seine Fährte ziehen mußte. Südwestlich setzten wir uns in Bewegung, um einen langen erfolgversprechenden Waldsaum auf dem Hochplateau abzugehen. Dieser Tag kam uns besonders kalt vor. Vielleicht plagten uns aber auch nur die Nachwehen des Bourbon-Gelages vom Vortag. Wie heißt doch das alte Sprichwort? „Der Säufer . . .“. Auch wenn für Heiner die Jagd vorbei war – seine Wildmarke hing längst an der Stange des Hirsches im Camp –, so ließ er es sich doch nicht nehmen, uns zu begleiten. Das erforderte schon viel Gemeinschaftssinn und Kameradschaft. Wie warm wäre doch der Schlafsack gewesen.

Außer einem weiteren bezaubernden Tagesbeginn hatten wir heute keinen Anblick, obwohl Gelände, Pirschzeichen, Wind und was sonst noch so dazugehört, gepaßt hätten. Es ist eben nicht jeder Jagdtag Beutetag. Abends bekam wenigstens Kurt auf der gegenüberliegenden Seite des Hanges ein Rudel Kahlwild zu sehen. Hirsch war auch hier keiner dabei.

Wir hatten nur noch einen Tag. Der darauffolgende war Montag, und am Mittwoch mußten die Jagdfreunde wieder an die Arbeit. Wir beschlossen daher, das nördlich gelegene, bewaldete Hochplateau zu bejagen. Der Geländewagen hatte keine Probleme, dort hinzukommen. Es war die letzte Chance, unseren Wildbretvorrat zu erhöhen. Vor allem Kurt meinte, für drei Familien würde das wohl nicht über den Winter reichen. Wenn in diesem Gebiet nur das weibliche Wild zum Abschuß frei wäre, auf eine starke Trophäe habe er es gar nicht so sehr abgesehen, aber seine Familie äße so gerne Wild.

Dazu ist zu erwähnen, daß das jeweilige Staatsgebiet eines Bundesstaates in verschiedene, mehrere tausend Hektar große Gebiete eingeteilt ist, deren Grenzen sich meist an geographisch markanten Punkten orientieren. Das Fish and Game Department legt nun für jede Jagdsaison fest, für welche dieser „units“ welches Wild zu welcher Zeit erlegt werden darf. Für unser Gebiet war nur der Abschuß von männlichem Wild erlaubt. Warum, war uns zwar bei der großen Anzahl von Kahlwild, das wir im Laufe der Tage gesehen hatten, unklar. Die Herren vom grünen Tisch sollten eben auch hier öfter in die Natur gehen. Keine fünf Meilen weiter hätten wir Tiere erlegen dürfen. Nur, der direkte Weg dahin war durch ein Felsmassiv mit dem Offroad nicht erreichbar, und über das nächste Tal hätten wir durch einen National

Forest Zugang suchen müssen. Wie es da heute aussah, na, das wollten wir nicht erleben. Wir vier waren uns genug, es mußten keine 40 oder noch mehr Jäger sein, die wir dort zu Recht vermuteten.
Die Jagdgöttin war uns während der letzten drei Tage wenigstens einmal, der Wettergott dagegen ohne Unterbrechung gewogen. In der Dunkelheit bahnte sich unser Geländewagen im Schneckentempo seinen Weg, der eigentlich gar keiner war, hinauf zur Hochebene. Aber besser schlecht gefahren, als gut gelaufen. So ersparten wir uns wenigstens ein doch recht mühsames Stück des Weges. Bevor wir noch oben angelangten, stiegen wir aus und marschierten immer noch in tiefer Finsternis unseren Ständen entgegen, in die uns der ortskundige Heiner einwies.
Der morgendliche Ausblick nach Norden auf die schneebedeckten Gebirgszüge und die bezaubernde Berglandschaft war von diesem riesigen Plateau aus nicht minder eindrucksvoll als die Tage zuvor. Bei gutem Wind kauerten wir in gehörigem Abstand an Latschenbüschen, einige hundert Meter vor einem Wald- und Dickungskomplex. Die Zeit vertrieb mir bei Tagesgrauen ein Tier mit seinen zwei Kälbern. Auch Dick und Heiner hatten Kahlwild im Anblick. Die Geweihten benötigten anscheinend nun doch mehr Ruhe nach der Brunft.
Zur verabredeten Zeit trafen wir uns, um zu beratschlagen. Die vor uns liegende Deckung war nach Heiners Angaben fast bretteben und etwa drei Meilen lang. Wir beschlossen, eine Tagespirsch durch das zum Teil recht lichte Unterholz zu unternehmen. Die Zeit drängte, was gab es zu verlieren? Mit Hilfe des Kompasses, den wir alle mit uns führten, einigten wir uns auf die entsprechende Himmelsrichtung. Wir wollten parallel zueinander das andere Ende des Waldes erreichen und uns dort wieder treffen. Das Timing war jedermanns Sache, der jeweilige Abstand betrug etwa 500 Meter. Bei entsprechender Vorsicht mußte das für die Sicherheit genügen.
Es wurde ein wunderbarer Jagdtag. Irgendwie war man ganz auf sich gestellt, in einem völlig fremden Gelände. Nur dem Kompaß, der inneren Uhr und dem Jagdinstinkt gehorchend, machten wir uns auf den Weg. An einem idyllischen Fleck mitten im lichten Nadelwald, der damit so gerade ausreichendes Sicht- und Schußfeld bot, ließ ich mich sehr bald nieder, um zu warten. Möglicherweise machte einer der Freunde Wild locker. Diese Taktik hatten wir verabredet, solange wir nur nicht

vom Kurs abwichen. Die kleinen Erd- oder Baumhörnchen, auch „squirl" oder „chipmonk" genannt, die man am ehesten mit unseren Eichhörnchen vergleichen kann, verschafften mir Kurzweil. Diese lustigen Gesellen tauchen im ganzen Nordamerikanischen Kontinent in den verschiedensten Größen und Farbvarianten auf. Es gibt sie nur zeigefingerlang bis zur Größe unseres Iltis. Nur eines haben sie in der Regel gemeinsam. Sie sind nahezu furchtlos; wenn man sie im Camp mit einigen Brotresten anfüttert, fressen ganz vorwitzige manchmal nach einigen Tagen aus der Hand.
Meine beschaulichen Betrachtungen wurden jäh unterbrochen, als sich von hinten ein Geräusch näherte, das nur von Schalenwild herrühren konnte. Zunächst verharrte ich regungslos in meiner Haltung, wenn das auch immer wieder jedem Jäger schwer fallen wird. Wann ist der Zeitpunkt zur Bewegung, wenn man möglicherweise schon bemerkt wurde? Ist es zu früh oder schon zu spät? Auf keine 20 Meter rechts von mir tauchten schon die Läufe im Unterholz auf. Ob sie wohl auch ein Geweih am anderen Ende trugen? Sie trugen zwar keines, was den Griff zur Büchse ersparte, mir aber bei gutem Wind den herrlichen Genuß bescherte, ein Tier mit Kalb ausgiebig für einige Minuten auf kürzeste Distanz betrachten zu können.
Die Decke zeigte dieses Fahlbeige. Eine gute Anpassung an den Lebensraum, der ja hier in den Bergen, soweit es das offene Gelände betrifft, weitgehend aus sage brush besteht, der im Herbst die gleiche Färbung aufweist. Auf größere Distanz verschwindet dieses Wild für das bloße Auge tatsächlich fast völlig in der Tarnung. Auf meiner weiteren Pirsch machte ich noch zweimal Wild hoch, aber leider keinen Hirsch.
Früh am Nachmittag fanden wir uns tatsächlich in kurzen Abständen am anderen Ende des Waldes wieder zusammen. Die Strategie hatte geklappt, wenn auch der jagdliche Erfolg ausgeblieben war. Nachdem wir uns in gerader Linie vom Camp entfernt hatten, blieb uns auch nicht viel Auswahl, dorthin wieder zurückzukehren. Heiner und Kurt wollten am westlichen, Dick und ich am östlichen Waldrand zurückpirschen. Wir hatten uns noch nicht allzu lange getrennt, als ein Schuß fiel. Es mußten unsere Freunde sein. Sollten wir Ihnen zu Hilfe kommen? Abgemacht war ein anderer Treffpunkt. Außerdem waren sie zu zweit und Heiner ortskundig. Wir hielten unseren Wechsel. Am morgendlichen Ausgangspunkt, der jetzt zugleich wieder Treffpunkt sein sollte,

warteten wir geraume Zeit. Von der anderen Seite war nichts zu sehen. Dick wollte warten, ich machte mich auf in Richtung Fahrzeug, um den Spätnachmittag auszunutzen.
So gut wie möglich versuchte ich, das bis zum Bauch reichende Bodengewächs auszunutzen, und pirschte in das offene Gelände hinaus. Wiederholt hatten wir festgestellt, daß dem Wild selbst diese Deckung genügte und es oft tagsüber nicht in die Wälder zurückkehrte. Ich bewegte mich auf einen Waldstreifen in größerer Entfernung zu. Durch die gebückte Haltung tat mir längst das Kreuz weh. Aber, was half's. Immer wieder suchte ich vergebens den gegenüberliegenden Waldsaum ab.
Dort ein Stück, das Glas, es äugte zu mir herüber. Sofort hatte ich mich hingekniet und versuchte nun, in dieser Position auszumachen, um was es sich handelte. Ein Tier, unnötige Aufregung. Dennoch verharrte ich, vielleicht, ja vielleicht . . ., es ist alles schon vorgekommen. Das Tier ließ mich nicht aus den Augen, mir wurde das Glas schwer, ich setzte ab.
Da, ein zweites Stück stand auf einmal daneben, wie aus dem Nichts. Glas, ein „Bock", kein starker, aber zwei Enden auf jeder Seite hatte er allemal. Knieend freihändig auf diese Distanz? Es waren mindestens 250 Gänge! Zeit war nicht mehr zu verlieren, sie hatten mich längst bemerkt, und schon setzten sie sich in Troll. Verdammt. Da, nochmals verhofften sie, jetzt stehend freihändig, es war für diese Jagd nicht fünf vor, sondern es war bereits zwölf. Ohne erkennbares Schußzeichen flüchten die beiden auf den nahegelegenen Wald zu. Den hatte ich gefehlt, ich war mir ganz sicher. Zu anderer Erkenntnis konnte ich auch nicht gelangen, nachdem ich den Anschuß einer eingehender Untersuchung unterzogen hatte.
Mit dem „großen Bock", wie Heiner ihn zu nennen pflegte, wollte es einfach nicht klappen. Auch der zweite Anlauf war vergebens. Aber nicht nur mir war ein Waidmannsheil an diesem Nachmittag versagt geblieben. Auch Kurt hatte in einer ähnlichen Situation auf einen Spießer eine Fahrkarte gelöst. Wo er doch so scharf auf das Wildbret war.
Die Stimmung schäumte an diesem Vorabend der Rückreise zwar nicht über, aber hatte Heiner nicht tatsächlich einen Kapitalen erlegt? Soweit mir bekannt, ist es noch bis heute sein stärkster geblieben.
Ich lernte wieder einmal die Vorteile des amerikanischen Jagdsystems

kennen. Nennenswerte Jagdkosten sind uns nicht entstanden, und wäre mir der Rekordverdächtige auch in Wirklichkeit und nicht nur im Traum erschienen, ich hätte nicht geistig die Preistabelle überfliegen müssen, wie dies im Osten unseres Kontinents unerläßlich ist. Alles hat eben seine zwei Seiten, wie mein Vater immer zu sagen pflegte.
Der Aufbruch am nächsten Morgen war kurz, für mich jedoch nicht ganz schmerzlos. Gern wäre ich noch geblieben, ich hatte Urlaub, aber für meine Freunde begann morgen leider wieder der Ernst des Lebens.
„Andy, denk der nix, mer komme wieder!" Heiner bekräftigte seine Einladung für eine ferne Zukunft mit einem kräftigen Schulterschlag. Er hielt Wort. In der Blue Mesa sollte ich noch manches Jagderlebnis mit ihm teilen.

Rocky Mountain High

Die Sonne hauchte gerade Farbe in den Morgen, als das achtköpfige Wapitirudel sich nun doch widerwillig unter Führung des Leittieres entschlossen hatte, die ins gleißende Licht getauchte Fläche am Bachrand zu verlassen und der Deckung zuzustreben. Welchen Wechsel sie wohl nehmen würden? Noch standen sie unschlüssig am Rande der Lichtung. Der gewaltige Bulle war nur bestrebt, seine Wachsamkeit gegenüber anderen Rivalen nicht zu vernachlässigen. Weitere Gefahren schien er, der König der Bergwälder in den Rocky Mountains, nicht fürchten zu müssen. Auch auf die große Distanz von mehr als einer Meile war der kantige Schädel des Alttieres zu erkennen, der sich prüfend im Morgenwind drehte. Das Leittier schien unzufrieden, die wärmere Luft strömte vom Tal zum Berg die Hänge hinauf und verbreitete bei dem Wapitirudel offensichtliches Unbehagen.
Jetzt entschloß sich das Tier für den halben Wind und nahm quer zum Hang den Wechsel herauf zu unserem Bergsattel. Lange würden wir es nicht mehr beobachten können, dann würde es in einem breiten Gürtel von Aspen und Tannen verschwinden. Und ob es dann auf der anderen Seite bei uns über die offenen Flächen zöge, das wußte im Moment allenfalls Hubertus. Uns blieb die Hoffnung. Wie lange würde es dauern, bis wir Gewißheit hatten?
Heiner und unser guide suchten sich eine bequeme und zugleich aussichtsreiche Position unter einer riesigen Überhälterfichte und genossen die vollen Strahlen der morgendlichen Sonne. Noch stand sie flach am wolkenlosen Himmel und spendete um diese Jahreszeit, Ende Oktober, zumal zu dieser frühen Stunde, kein sehr warmes, dafür aber ein besonders gleißendes Licht. Die gelbgrünen Wiesenflächen vermittelten den Eindruck eines überbelichteten Farbdias. Daß wir hier direkt auf der Grenze zwischen den US-Bundesstaaten Colorado und Wyoming saßen, störte die Natur und hoffentlich auch das Rudel nicht. Anderer Meinung wären hier sicherlich die Forest Rangers gewesen, da wir nur eine Lizenz für Colorado hatten; hier nimmt man die Dinge mit Recht sehr genau. Wir mußten uns somit auch nicht den Kopf zerbrechen, ob wir durch einen Positionswechsel unsere Chancen verbessern konnten. Der Bulle mußte hoch zu uns ziehen und nicht umgekehrt.

Wapiti- und Deerwild zieht hier aus den Bergwäldern nachts in die offenen Flächen Wyomings zur Äsung, um am Tage wieder im langen Tal des Big Creek Schutz zu suchen. Dabei kann es leicht vorkommen, daß ein Rudel deer es vorzieht, auch am Tage in den Weiten der Steppe zu bleiben. Kleines Buschwerk und das oft hüfthohe sage brush bieten genügend Deckung. Den Wapitis ist dies jedoch zuwenig, sie machen sich bei Tagesanbruch auf den Marsch in das schützende Schwarz der Wälder.

Wir hatten zwar ab heute combined season, aber unser Trachten galt doch mehr den Wapitis. Sehr oft wird von den bundesstaatlichen Behörden die Jagdzeit in der Weise geregelt, daß jeweils eine Woche abwechselnd auf deer und elk (Wapiti) gejagt werden kann und anschließend eine kombinierte zehntägige Jagdperiode für beide Wildarten folgt. Während dann zwar in den beiden vorhergegangenen Wochen mancher Recke seinen Meister gefunden haben mag, besteht in der dritten Periode eben die Möglichkeit, auf beides Wild gleichzeitig zu waidwerken, was den Reiz nicht unwesentlich erhöht.

Unten am Big Creek stand ein uriges Blockhaus, in dem für meinen Geschmack zu viele Jäger, selbstverständlich gegen Bares untergebracht waren. Die Wälder erstrecken sich zwar unendlich in dieser Gegend, doch konnten sich so viele Grün-, besser gesagt, Rotröcke nicht so weiträumig verteilen, ohne sich gegenseitig in die Quere zu kommen. Dennoch schienen wir zumindest bisher Glück zu haben. Unser Stand hier oben versprach doch einiges. In Colorado mußte das Wetter offensichtlich immer schön sein. Ich war ja heute nicht gerade das erste Mal in dieser wunderschönen Bergwelt der Rockies, hatte aber anscheinend doch den blauen Himmel und die Sonne gepachtet.

Im übrigen wurde es nun höchste Zeit, wenn aus unserer morgendlichen Pirsch noch etwas werden sollte. Ein Blick zur Uhr bestätigte, daß nunmehr ausreichend Zeit verstrichen war, damit das Rudel die Deckung queren konnte, um bei uns zu erscheinen. Mit jeder verrinnenden Minute sanken die Spannung und der Blutdruck. Ob das noch was werden sollte?

„Hey, dort oben, verdammt", zischte Heiner. Die Wapitis hatten den Braten, respektive den „Kraut", gerochen und fühlten sich in Wyoming sicherer. Sie strebten über der Aspendickung dem Bergrücken zu und boten in ihren majestätischen Bewegungen ein unvergleichliches Bild.

Wir machten uns auf den Weg zu unserem Blockhaus, dort erhofften wir ein zweites Frühstück. Der lange Marsch hierher in der Dunkelheit hatte uns hungrig gemacht, schließlich hatte uns das Rasseln des Weckers bereits heute morgen um zwei Uhr aus den Federn geworfen.
Das gewaltige headmount des Elkbullen über dem offenen Kamin war in leichten Nebel aus Essensdunst und Tabakqualm gehüllt, als wir in der Türe des einzigen Raumes des Blockhauses standen. Außerdem schwoll uns ein Gemurmel rauchiger Männerstimmen entgegen, die hier gerade das Mittelding zwischen breakfast und lunch, nämlich den brunch, in sich hineindrückten. Hier fehlte es an nichts. Die Küche hatte für die vielen Mäuler ausgiebig vorgesorgt, und das mag es gerade gewesen sein, was mich schon am gestrigen Begrüßungsabend so skeptisch gemacht hatte. Wo wollten die nur mit den vielen Jägern hin, deren harte Dollar sie sofort nach Ankunft kassierten? Sollte mit einer opulenten Verpflegung der jagdliche Mangel ausgeglichen werden? 16 Gewehre zählte ich, und der opening day brachte nur einen schwachen buck zur Strecke? Ob das ein Zeichen der Überbejagung in diesem Gebiet war? Ich wußte nicht, was hier sonst gegen eine erfolgreiche Jagd sprechen sollte. Gelände, Biotop und Wetter erschienen mir jedenfalls ideal.
Der „Big Creek Outpost", wie das Schild vor der Türe versprach, war ein kleines Stück Privatland mit einigen Hütten und einem Blockhaus, das mindestens 20 Jägern Platz bieten konnte. Es lag weit ab von jeglicher Besiedelung, inmitten der unbeschreiblich schönen und einsamen Bergwelt eines National Forest. Das hatten sich die findigen Initiatoren wohl zunutze gemacht, für meinen Geschmack aber den Bogen des Kommerziellen etwas überspannt. Gleich, was half's, jetzt waren wir hier, wir genossen erst einmal ein saftiges Steak.
Die abendliche Pirsch bescherte keinerlei Anblick. Unsere Befürchtungen schienen sich zu bestätigen. Bei dem großen Haufen wollte auch keine so rechte Stimmung aufkommen, ließ doch der Jagderfolg bisher mehr als zu wünschen übrig.
Den nächsten Sonnenaufgang wollten wir noch abwarten. Unsere Blue Mesa war von hier nur etwa acht bis zehn Autostunden entfernt, und da wußten wir, was uns erwartete. Keine saftigen Steaks, dafür aber ein ausgezeichnetes Jagdgebiet, in dem wir uns auskannten und wo immer noch ein starker buck seine Fährte ziehen mußte. Und was waren

schon zehn Autostunden? Für amerikanische Verhältnisse ein Klacks! Der Bilderbuchmorgen machte es uns schwer, von dieser traumhaften Landschaft Abschied zu nehmen. Aber ich hatte ja den weiten Weg hierher gemacht, um Wapitis zu bejagen, nur, die schienen mir hier wirklich gründlich vergrämt zu sein bei dieser Jägerinvasion.
Beim Abschied vom zuständigen Boss konnte ich mir natürlich nicht verkneifen, meine Meinung zwar in ruhigem, aber bestimmten Ton kundzutun. Man könne das auch nicht verstehen, daß der Erfolg so gering sei. Wenn dies so schwer war, so war ich gern bereit, dies in einigen Sätzen für die armen Unwissenden zu erläutern. Sie sollten zumindest nicht das Gefühl haben, dem dummen Fremden einen Bären aufbinden zu können, wenn sie ihm schon seine sauerverdienten Dollars in Wildwestmanier abgejagt hatten. Man lernt eben nie aus. Ich war um eine Erfahrung reicher und bereits auf der Straße in die Blue Mesa.
Unterwegs beglückten wir einen Supermarkt. Im übrigen hatten wir zu Hause im Vorbeigehen den Camper angehängt und waren, aus Norden kommend, sogleich in südwestlicher Richtung weitergefahren; vor Nacht mußten wir das Hochplateau erreicht haben, schließlich galt es, bereits morgen vor Sonnenaufgang vor Ort zu sein. Unsere einstimmige, spontane Entscheidung hatte uns förmlich befreit, die Stimmung stieg sofort, und schon im Auto wurden Pläne für den folgenden Jagdtag geschmiedet.
Reichlich müde, aber zufrieden erreichten wir den vertrauten Lagerplatz. Der Faltcamper war mit einigen Griffen einsatzklar. Dies galt leider nicht für die Heizung! Bei nächtlichen Temperaturen unter dem Gefrierpunkt würde das eine eiskalte Angelegenheit werden. Ein Faltcamper hat kein festes Dach, sondern nur eine Plane. Wir zogen sämtliche Kleidungsstücke hervor, besser gesagt, an und streiften uns schließlich noch unsere Pudelmützen über. Das würde sicher notwendig sein, auch wenn wir entgegen allen Sicherheitsvorschriften vor dem Schlafengehen den Propankocher auf Volldampf laufen ließen, um wenigstens für kurze Zeit etwas aufzuheizen. Die Müdigkeit forderte ihren Tribut, und wir schliefen ein.
Auf der Zeltplane hatte sich durch meinen Atem eine Eisschicht gebildet, als der Wecker rasselte. Stocksteif und klamm entfachten wir wieder unseren Gasbrenner, der sofort wohlige Wärme verbreitete. Kein Wunder, wir brannten auch sämtliche verfügbaren Kochstellen an, die

 Jagen im Bast ist oft üblich. Eine gewaltige Cariboutrophäe ▶

wie eine Festbeleuchtung an Weihnachten wirkten. Das Frühstück entsprach zwar nicht diesen im allgemeinen opulenten Tagen, war aber wie immer deftig. Es mußte schließlich auch für den ganzen Tag vorhalten.
Ein wenig müde und deshalb wortkarg lief das Zeremoniell zur Vorbereitung auf den noch in tiefer Dunkelheit schlummernden Jagdtag ab. Heiner und ich waren bereits ein eingespieltes Team, da bedurfte es nicht mehr vieler Worte. Der Morgenstern leuchtete funkelnd vom schwarzblauen Firmament, als wir aufbrachen.
Den Weg zu unserem Osthang früherer Tage kannten wir bestens. Selbstverständlich zog es uns dort wieder hin. Ich hatte das Gefühl, erst gestern hier herauf zum Kamm gestiegen zu sein und nicht, als wären seitdem bereits wieder einige Jahre ins Land gegangen. An die schönen Erlebnisse erinnert man sich eben besonders gut. Ein Glück, vieles im Leben wäre sonst trauriger.
Unser Plan wies gegenüber früher dieses Mal einige Varianten auf. Wir jagten heute nur zu zweit und konnten den großen, talwärts spitz in die Schlucht zulaufenden, bewaldeten Hang strategisch deshalb nur schwer in den Griff bekommen. Aus diesem Grunde wollten wir den Spieß umdrehen. Nach dem Ansitz am südlichen Teil des Dickungskomplexes sollte Heiner in großem Bogen bis fast ins Tal – das waren immerhin etwa zwei bis drei Meilen Luftlinie – hinunterpirschen, um sich dann langsam durch die weiter unten geteilte Schlucht nach oben zu arbeiten. Falls dort Wild stünde, mußte es über diesen Zwangswechsel bergauf in die Dickung ziehen und von meinem Standort einzusehen sein. Viele andere Möglichkeiten gab es nicht. So leise, wie eben möglich, nahmen wir noch in der Dunkelheit unsere Stände in der Nähe des Dickungsrandes ein. Heiner orientierte sich gleich einige hundert Meter talwärts, da mußte er nachher ohnedies hin.
Der Morgen war so, wie ich ihn schon mehrfach beschrieben habe. Mir kam auch gar nicht in den Sinn, daß er hier anders sein könnte, zu sehr hatte sich mir schon dieses Bild eingeprägt. Das Gelände blieb ruhig. Auf dem schier nicht endenwollenden bewachsenen Hang zeigte sich nichts. Unter mir die beiden auf mich zulaufenden tiefen Gräben, links von mir der mit Aspen und Tannen bewachsene Dickungshang und im Süden, einige hundert Meter entfernt, eine kleine Anhöhe. Und zwischen all dem dieses zu dieser Jahreszeit völlig vertrocknete, beige sage brush, das aber den Wildtieren immer noch genügend Äsung bot. Für

die Feinschmecker unter ihnen offensichtlich jedoch nicht genug. Ich habe Jäger kennengelernt, die mir glaubhaft versicherten, daß Wildbret vom deer, wenn es sich, wie hier oben, bevorzugt von diesen Pflanzen ernährt, besonders streng schmecken soll, weil dieses Gewächs selbst ein starkes Aroma habe. Anders sei dies bei Wild, das in tieferen Lagen von milderen Früchten oder beispielsweise auch vom Anbau der Farmer und Rancher lebe. Eine Argumentation die mir einleuchtete, denke man nur daran, daß unsere Masthähnchen, diese armseligen Kreaturen, kurz vor der Schlachtung auch nicht mehr mit mit dem billigen Fischmehl gemästet werden, sondern wegen des Geschmacks mit teuerem Körnerfutter. Profane Gedanken, die mich bei meinen Hoffnungen auf den bevorstehenden Jagdtag nur sehr am Rande berührten. Es war Sache der Küche, wie sie das Wildbret einem entsprechenden Genuß zuführte, wir hatten dafür zu sorgen, daß es dorthin gelangte.

Doch davon konnte bis jetzt noch keine Rede sein. Heiner hatte sich längst nach unten verdrückt. Für mich wurde es nun Zeit, eine Position zwischen den von unten heraufreichenden Schluchten und der über mir liegenden Deckung zu finden, die mir ein ausreichendes Schußfeld ermöglichte. Ich wählte sie nach Gefühl, setzte mich an einen Baumstamm und überließ mich den angenehm wärmenden Sonnenstrahlen. Mit keinem Menschen der Welt hätte ich jetzt meinen idyllischen Flekken in dieser herrlichen, einsamen Natur getauscht.

Die Zeit verrann langsam, und ich war wohl an dem kleinen Aspenstämmchen zwischendurch eingedöst. Auch mit geschlossenen Augen, sind das Gehör und auf jeden Fall der berühmte sechste Sinn, immer auf dem Posten, die kleinste Veränderung zu registrieren .

Zwei Stunden waren nun schon vergangen. Heiner mußte nach meiner Schätzung schon wieder auf dem Weg nach oben sein. Noch rührte sich nichts. Kein Geräusch drang an das Ohr, nicht einmal die Stimme eines Vogels. Ich genoß diese friedliche Stille. Sie erleichterte auch meinen angespannten Sinnen die frühe Wahrnehmung anwechselnden Wildes.

Da, klang das nicht wie ein Steinschlag, dort unten aus der Schlucht?

Stille, Grabesstille. Da mußte sich doch irgendetwas bewegt haben!

Dort drüben, etwa 400 Meter rechts unter mir, treten die mächtigen, dunklen Tiere aus der Deckung. Das müssen Wapitis sein, so groß, wie sie wirken. Das Glas bestätigt sofort Alttier mit Kalb und Schmaltier.

Das Leittier sichert am Dickungsrand nach oben. Vorsichtig dreht es sein Haupt in den Wind. Dann setzen sie zum scharfen Troll hangaufwärts an. Und wie federnd sie diesen steilen Hang, jede Buschgruppe als Deckung ausnutzend, emportrollen. Unglaublich, was diese doch sehr viel größeren Tiere als unser heimisches Rotwild für eine Grazie entwickeln können. Irgendwie befällt mich so etwas wie „buck fever", wie die Amerikaner unser Bockfieber wörtlich übersetzen, und das völlig ohne Grund. Denn hier in dieser Gegend dürfen nur männliche Stücke erlegt werden, und ein solches ist nicht dabei. Dennoch tanzt der Zielstachel probeweise auf dem schweren Wildkörper, ein Glück, daß das kein Bulle war! Aber der konnte ja noch kommen.
Er kam jedenfalls vorerst nicht. Ruhe kehrte wieder auf der Fläche ein, es verging viel Zeit, bis eine Bewegung an der gleichen Stelle, wo zuvor die Wapitis erschienen, meine Aufmerksamkeit erregte. Stand dort nicht ein deer! Was heißt hier eines? Dort tauchte ein ganzes Rudel auf, das sich nunmehr langsam quer zum Hang bergauf in Trab setzte. Mensch, da muß doch ein Bock dabei sein. Fieberhaft versuchte ich, im Glas einen Geweihträger auszumachen. Es ist immer noch sehr weit, aber da ist eindeutig nicht einmal ein Spießer dabei. Verdammt, wo bleiben hier nur die männlichen Tiere. Die stehen sicher nach der Brunft alleine oder in kleinen Hirschrudeln beieinander. Warum sollte es hier anders sein als bei uns zu Hause?
Inzwischen hätte es auch zu einem leidlichen Schuß auf gut 200 Meter gereicht, als das Rudel kurz vor Annehmen der Dickung links von mir nochmals verhoffte. Neun Stücke konnte ich zählen, sämtliche Tiere mit Kälbern, doch denen galt wie gesagt heute zwar unsere Aufmerksamkeit, nicht aber unser jagdliches Tun.
In jedem Fall stand für für mich jetzt schon fest, daß sich unsere Strategie bewährte. Das Wild kam den Hang herauf. Wir hatten lediglich erwartet, daß das mehr nördlich geschähe, und so lag meine Position für ordentliche Schüsse etwas zu weit ab. Meine Befürchtungen sollten sich als berechtigt erweisen.
Es ging schon auf die letzte Stunde vor Mittag zu, als am gleichen Fleck wie schon zweimal zuvor, völlig überraschend wieder ein dunkler Wildkörper auftauchte, der sich durch keinerlei Geräusche angemeldet hatte. Meine Güte, ein Elkbulle. Das Glas zeigte zwar keine mächtige Trophäe, es war ein jähriger Spießer, aber es war ein Hirsch.

Blitzschnell zuckten sämtliche Gedanken des Für und Wider durch die Sinne. Auf einen Größeren warten? Wieder als Schneider nach Hause fahren? War das eigentlich entscheidend, wieviel Kilogramm Geweihgewicht er auf die Waage brachte?
Sicher, irgendwo sind wir alle Trophäenjäger. Wir sollten da ruhig etwas ehrlicher sein und nicht immer nur vom Jäger als Ersatzregulator für unser ausgerottetes Großraubwild erzählen. Ich sehe auch absolut nichts Sündiges darin, nach vielen Jahren der Hege und Enthaltsamkeit das vielgepriesene Hegeziel als Erinnerung an die Wand zu nageln. Und, ob kapital oder gering, die eigene Beziehung zur Trophäe ist entscheidend, auch wenn es nur ein Knopfer ist.
Diese Beziehung wird mir bewußt, als ich die vielen Stunden und Tage der Jägerei in den Rocky Mountains alle auf einmal im Kopf habe. Schon versuche ich, mich an dem kleinen Aspenstämmchen, an dem ich für Stunden gedöst hatte, einzurichten.
Der Hirsch tritt immer noch an der gleichen Stelle unruhig hin und her. Er wägt offensichtlich ab zwischen den Wechseln, die das Kahlwild zuvor genommen hat, und dem Weg der Maultierhirsche.
Ich will dem Schicksal keine Chance lassen, und schon reiße ich Funken, die der Hirsch jedoch nicht einmal zur Kenntnis nimmt.
Ganz ruhig, schießt es mir durch den Kopf, sauber anhalten. Nur wie? Ich beginne plötzlich an Leib und Seele zu beben. Mensch, das hat gerade noch gefehlt. Da hatte ich doch schon ganz andere Situationen gemeistert. Nochmals tief durchgeatmet, und der zweite Schuß ist raus. – Wieder das Gleiche, das gibt es doch nicht! Ob das Gewehr vielleicht . . ., aber das konnte eigentlich nicht sein. Nochmals? Nein, ich bin doch hier nicht auf dem Schießstand. Irgend etwas an Mensch oder Gerät scheint mir nicht in Ordnung.
Der Bulle setzt sich in Bewegung. Er nimmt in etwa den Wechsel des Deerrudels an. Da müßte sich doch eine Chance ergeben. Jetzt ist er schon etwas näher. Rums – Na ja, 250 Meter sind auch auf einen trollenden Wapiti kein Pappenstiel, aber die Kugel hat dieses Mal ihr Ziel nicht verfehlt. Wie vom Blitz getroffen fällt der Recke. Starkes Schlegeln, jetzt geht das Haupt nochmals hoch, ich bin urplötzlich die Ruhe selbst. Ein Trägerschuß setzt allem ein Ende.
Nur langsam entspanne ich mich. Tief sitzt die Verärgerung über die beiden Patzer. Warum eigentlich? Der Bulle stand doch wie ein Denk-

mal. Wieder und wieder mache ich Zielübungen nach unten. Es muß irgendetwas anderes dahinterstecken. Vielleicht doch buckfever? Kaum vorstellbar, ich war gut abgekommen!
Durch das Glas betrachtete ich den Bullen, der im kniehohen sage brush fast versunken war. Ich benötigte erst noch einige Minuten der Beruhigung hier oben auf meinem Aussichtsgipfel.
Ich ließ das Geschehen, das sich da in kurzer Zeit abgespielt hatte, nocheinmal Revue passieren. Wem hatte ich das eigentlich alles zu verdanken? Sicher nicht nur der vielzitierten Diana. Da war auch noch ein Heiner Boeff, ohne dessen geschickten Plan dieser Erfolg wohl gar nicht möglich gewesen wäre.
Langsam stieg ich hinab zum König der Bergwälder. Er war es für mich, auch wenn ungleich stärkere Trophäen dieser Gattung zu finden sind. Über 250 Schritte hatte ich nun hangabwärts gezählt und zwischen hier und der Stelle, an der ich den Hirsch das erste Mal befunkte, lag noch ein gehöriges Stück. Das also war der Fehler! Hangabwärts hatte ich mich in der Schußdistanz doch ganz schön verhauen.
Über eine Stunde dauerte meine Totenwache, bis Heiner erschien. Sein oranges Käppchen wuchs über die vor mir liegende Hügelnase, und aus meinem nicht gerade verhaltenen Winken konnte er sicher längst auf Erfolg schließen.
„Mensch Andy, des is aber nit der große Bock vom letzte Mal, der is aber a nit schlecht!"
Sein nach Bismarck-Art gedrehter Schnautzer schob sich bei seinem verschmitzten Lächeln fast bis an die listigen Augen, aus denen ein aufrichtiges Waidmannsheil sprach. Bevor die rote Arbeit begann, wurde natürlich das Ereignis mit der Kamera auch für die Nachwelt festgehalten.
Nun mußte aber über unser im Moment brennendstes Problem diskutiert werden. Wie wollten wir diesen mächtigen Hirsch, der nach meinen Schätzungen aufgebrochen etwa 300 bis 350 Pfund wog – wie heißt es so schön –, der „Verwertung" zuführen.
Unser Camp lag hinter uns über dem Bergrücken. Hangauf war dieser riesige Wildkörper nur in kleineren Portionen zu bewegen. Weit unter uns dieses Tal. Wir meinten, dort einige kleine Privatgrundstücke zu erkennen. Ob da ein Weg hinunterführt? Wahrscheinlich nicht. Unser Allrad schaffte ja einiges, aber ein Minimum von Pfad war schon not-

wendig, zumal auch Heiner das Gelände nicht kannte. Also doch aufwärts. Es blieb uns keine andere Wahl.
Das Stück mußte zunächst so schnell wie möglich aufgebrochen werden. Die Sonne heizte gewaltig ein. Heiner traf fast der Schlag, als ich ihm eröffnete, die herrlich gezeichnete Decke mitnehmen zu wollen. Auch zu zweit bedeutete das eine Heidenarbeit.
Die Zeit verrann. Am Nachmittag lag das Stück, in transportable Teile zerlegt, endlich vor uns. Ein Vergnügen war das wahrscheinlich keines gewesen. Seit dieser Zeit nehme ich zu solchen Jagden einen kleinen Schleifstein mit. Mit stumpfem Messer wird das stundenlange Säbeln sonst zur bösen Schinderei. Jeder von uns schulterte eine Keule und – ja dann lag nur noch der Hang vor uns. Abwärts verlangte der schon einiges ab, wie sollte das erst umgekehrt und mit dieser Last werden. 25 bis 30 Kilogramm wog so ein Fleischbrocken in jedem Fall. Nach nur 100 Metern Weg hatten wir das Gefühl, bereits das Doppelte zu schleppen. Dazu sorgten die warmen Parkas auf unserem Leib, die wir am Morgen natürlich brauchten, für ein unangenehmes Saunagefühl. Alles, aber auch wirklich alles hätte man talwärts werfen mögen. Diese ernsthaften Gedanken beschäftigten uns alle zehn Meter, weiter schaffte man den Weg, ohne Pausen einzulegen, nicht. Ich hatte kein Gefühl dafür, wie lange wir für dieses unselige Stück gebraucht hatten, als ich auf dem Bergkamm angekommen, das Fleisch und mich selbst unter eine Fichte warf. Kein Zwölfender auf Schußdistanz hätte mich bewegen können, auch nur noch einen Muskel zu aktivieren. Welch ein Glück, daß wir von der anderen Talseite, in dem unser Camp lag, mit dem Allrad hier herauffahren konnten. Es würde zwar nicht gerade eine Spazierfahrt werden, aber immerhin möglich sein. Wir ließen alles vor Ort und machten uns auf den Weg nach unten. Die Zeit wurde knapp. Auf der anderen Talseite lag noch unser Wapiti.
In einem waren wir uns sofort einig. Bevor wir nicht alle anderen Möglichkeiten ausgelotet hatten, von der anderen Talseite an unser Wild heranzukommen, würden wir diese Plackerei, das schwere Wildbret erst hangaufwärts zu schleppen, nicht mehr auf uns nehmen.
Nach einer Kleinigkeit für den Magen und einem Schluck für die Kehle hasteten wir, inzwischen gegen die Uhr kämpfend, hangauf zu unseren Siebensachen, um zunächst wenigstens die zwei Keulen sicherzustellen, denn Bären gab es auch hier genug.

Dann fuhren wir einen weiten Weg durch verschiedenste Täler um die Bergkette herum, um in das Tal am Fuße unseres Jagdgebietes zu gelangen. In einem Blockhaus, vor dem einige Pferde angebunden waren, bekamen wir nicht nur einen freundlichen Drink, sondern auch die Auskunft, daß hier mit dem Allrad nichts gehe. Die steilen Felswände gleich unten im Tal seien nicht zu überwinden. Heiner hatte sich bei seiner morgendlichen Pirsch schon so etwas gedacht. Da gäbe es aber talabwärts eine kleine Jagdranch, über deren Privatgelände ein schmaler Pfad nach oben führe. Die Leute würden aber normalerweise keinen Fremden durch ihr Land lassen. Wir wollten es wenigstens versuchen.
Der „Unterlefti" dort erklärte sich denn auch für nicht zuständig, doch hatten wir Glück, der Boss war gerade in der Nähe, und wir wurden „angemeldet".
Heiner zog während der Konversation alle Register seines hessischen Charmes, ich hielt mich selbstverständlich zurück.
„Dort lassen wir keinen durch, dadurch kontrollieren wir das gesamte Gelände bis hinauf zur Blue Mesa. Da können wir auch bei Euch keine Ausnahme machen."
So ein Kerl, aber irgendwie konnte ich ihn ja verstehen. Er wollte den Eintritt durch die Hintertür nicht freigeben. Heiner ging nun aus der Reserve. Daß er mehr oder weniger mit seinen Freunden Nachbar sei, und ich schaltete mich dann mit der rührseligen Geschichte eines dummen deutschen Jägers ein, der das erste Mal hier in der neuen Welt sei und doch so einen tollen Hirsch erlegt habe und „bitte, lassen Sie doch Ihr Herz erweichen". Er ließ – ausnahmsweise, aber nie wieder – sagte er jedenfalls.
Die Nacht brach schon herein. Der heutige Tag war ohnehin gelaufen. Hoffentlich würden die Bären noch etwas übriglassen. Über uns im Baum hingen nur die zwei Keulen.
Der kommende Tag fand uns längst vor Tageslicht auf den Beinen. Noch in der frischen Dämmerung machte sich Heiner mit dem Allrad auf den Weg.
Wir hatten vereinbart, daß ich zu Fuß zu unserem Hirsch marschieren würde. Heiner wollte über die Privatranch, wenn möglich, die südlich unseres Jagdgebietes gelegene Anhöhe erreichen. Dorthin sollte ich das Wildbret transportieren. Die Sonne stand schon über der Wasserscheide, als Heiner das Tor öffnete, durch das hier normalerweise

keiner Zugang hatte. Er sollte immer dem Pfad folgen, solange er noch zu erkennen sei. Anschließend mußte er sich auf seinen Orientierungssinn verlassen. Dann begann nämlich tatsächlich die „off-road"-Strecke, auf der auch kein Steig mehr zu erkennen war.
Ich machte mich auf den nunmehr altbekannten Weg und erreichte hinter unserem Camp den Bergrücken. Vor mir lag schon im Schein der aufgehenden Sonne unser Hang. Friedlich erstreckte sich der Aspenwald talabwärts. Sein leuchtendes Gelb war unterbrochen vom Schwarzblau der Tannen. Irgendwie friedlich wirkte die herrliche Natur heute auf mich. Die Spannung, mit der ich sonst immer den Abstieg durch die sage-brush-Felder begonnen hatte, war einer entspannten inneren Zufriedenheit gewichen. Ich hatte zwar mein Gewehr über der Schulter, aber eigentlich nicht wegen der Jagd, sondern einfach, weil man hier nicht ohne eine Waffe spazieren gehen sollte.
Die Sonne strahlte bereits mit spürbarer Wärme vom wolkenlosen Firmament, als ich den Wapiti erreichte, das heißt die zerwirkten Einzelteile. Ein Glück, größere Räuber hatten sich nicht an unser Wildbret herangemacht. Ob das hinterlassene Taschentuch die Ursache gewesen sein mag. Wer weiß? In jedem Fall war ich beruhigt. Der Weg zur südlichen Anhöhe verlief nicht allzu steil. Ich speckte ab, ließ auch den Karabiner zurück und warf mir das lange schwere Rückgrat über die Schulter. Es dauerte nur wenige Minuten, bis ich mir des kolossalen Gewichtes bewußt wurde, aber es half ja ohnehin kein Jammern und Klagen; ich mußte die Sache einfach hinter mich bringen.
Den Blick auf den Boden gerichtet, versuchte ich, Meter für Meter an Höhe zu gewinnen. Bald erreichte ich auch den Rand der Deckung, an dem tags zuvor das Alttier mit Gefolge hangaufwärts trollte. Nachdem mein Blick wegen der zu schleppenden Last nur auf den Boden gerichtet war, wäre ich beinahe über einen anderen Jäger gestolpert. Die Rotkappe saß hinter einem Busch, hier in unserem ureigensten Jagdgebiet! So eine Frechheit! Ich murmelte einen Gruß, er etwas von good luck. Ich stapfte voran.
Keine zehn Meter weiter, vernahm ich hinter meinem Rücken Geräusche, die da nicht hingehörten. Ich drehte mich um und sah den gerade Gegrüßten in hektischer Betriebsamkeit mit seiner Rifle eine solide Schußposition am nächsten Strauch ausfindig machen. Was war denn hier los! Mein Blick huschte talwärts, . . . nein! – ein Bär, und welch

kapitaler Bursche, keine 50 Meter quer zum Hang! Der andere wurde nicht fertig. Immerhin hatte er aber eine Waffe, um sich zu verteidigen. Mit meinem Messer wollte ich das nicht versuchen, wenn der Blacky seinen Tribut fordern sollte.
Etwas verstört, aber so rasch wie möglich, versuchte ich, die kleine Anhöhe zu erreichen. Dort deponierte ich meine Last und hastete zurück. Mir schwante, der Bär könnte hinter meinem Wildbret her sein. Sicher lauerte er keine 30 Meter neben dem Hirsch, als ich mich vorhin auf den Weg machte. Bei den folgenden Gängen schleppte ich meine Waffe mit. Das bedeutete zwar zusätzliche Kilos, aber das Gefühl der Sicherheit glich das bei weitem aus. Es sollte mir eine Lehre sein, dort, wo es Bären gibt, nie ohne Waffe zu gehen.
Um es kurz zu machen, ich konnte nach zähen Stunden mein Transportproblem unbehelligt lösen, wenn mich auch ständig der Gedanke beschäftigte, was wohl passieren würde, wenn der Petz doch nochmal auftauchte. Ich war immerhin noch im Besitz einer Lizenz.
Die Sonne hatte den Zenit schon längst überschritten, als ich ein Motorengeräusch näher kommen hörte. Das konnte nur von unserem Allrad stammen. Ein Glück, Heiner mußte es offensichtlich geschafft haben. Eine nicht ganz einfache und vor allem gefährliche Angelegenheit, alleine in völlig unbekanntes Gebiet einzudringen. Aber Heiner war eben ein echter erfahrener outdoorsman, der sich mit Säge, Beil, Mut und vor allem Vorsicht einen Weg bis ganz hier nach oben gebahnt hatte.
Wir legten erst einmal eine ausgiebige Rast ein, bevor wir den Allrad beluden und uns langsam talwärts orientierten. Abwärts sehen diese Steilhänge noch gefährlicher aus als auf der Fahrt nach oben, und sie sind es auch. Schritt für Schritt schaukelten wir nach unten. Unterhalb der Baumgrenze passierten wir eine alte Trapperhütte. Hier hatte schon lange niemand mehr gehaust. Die morschen Balken verfielen. Ein einzigartiger, silberbeschlagener Ofen zeugte von besseren Tagen. Was mag der Bewohner hier alles erlebt haben? War er glücklicher und zufriedener als wir? Sicherlich, wir glaubten das zumindest. Aber auch er wird sich diese Frage gestellt haben, wie die meisten Menschen. Dabei wurde mir wieder einmal bewußt, daß Zufriedenheit wohl eines der höchsten Güter des Menschen ist.
Dieses Gefühl trübte der Gedanke an die Heimreise, die ich morgen

antreten mußte, wäre ich doch viel lieber noch hier geblieben. Das Gebiet der Blue Mesa und die Jagd hier wurden für mich ein weiteres Mal zum beeindruckenden Erlebnis, dieses Mal sogar gekrönt mit der ersehnten Beute, dem König der Bergwälder der Rocky Mountains. Ich dachte, daß ich wohl ganz zufrieden sein könnte.

Barren Ground Caribous in der Tundra

Dem aufmerksamen Leser wird wohl kaum verborgen geblieben sein, daß mich die nordamerikanischen Jagdgründe in all den Jahren gefesselt hatten. Wann immer eine Reise sich ihrem Ende zuneigt und noch Wochen danach, wenn mit Hilfe der Fotos und Filme all das Positive – und meist nur das bleibt wirklich im Gedächtnis – in der Erinnerung Revue passiert, taucht automatisch die Frage auf: Wird man dieses Land wiedersehen? Welche Gegend und welche Wildart würde man gerne bejagen? Aber die entscheidende Frage lautet dann immer: „Wann" wird das wieder möglich sein, wie sieht es mit der Zeit und den Finanzen aus?

Es muß dann einfach manches Vorhaben in der nächsten Zeit gestrichen werden. Das alte Auto tut es noch eine Weile. Außerdem sind Einsparungen hier und dort möglich. Nur bei seiner besseren Hälfte sollte man nicht zu knipsig sein. Großzügigkeit zahlt sich da manchmal besonders aus.

Geradezu in mich eingesogen hatte ich alle mündlichen sowie schriftlichen Informationen und Geschichten über das angebliche Traumland aller Nimrode, über das Ende der Welt, über Alaska. Was es da zu lesen gab, das kannte ich. Nicht nur das für jeden Alaskajäger unverzichtbare Buch von OTTOKAR J. SKAL „Jagdparadies Alaska", erschienen im Leopold Stocker Verlag, und einige wenige andere Veröffentlichungen. Da gibt es vor allem noch die Schilderungen von SIGMUND SZECHENYI „Alaska, eine abenteuerliche Jagdreise durchs weite Land", 1959 erschienen in der BLV Verlagsgesellschaft. Dieses faszinierendste aller Jagdbücher, die ich kenne, geht auf Erlebnisse vor dem Jahr 1935 zurück und schildert Zeiten, in denen es tatsächlich noch eine Weltreise bedeutete, nach Alsaka zu fahren. Per Schiff und Eisenbahn war man Monate unterwegs, um das gelobte Land zu erreichen.

Anchorage, die Metropole des 49. Bundesstaates, beherbergte weniger als 2000 Einwohner; heute sind es über hundertmal so viele. Das Jagen zu jener Zeit ist trotz des immer noch riesigen Wildreichtums, den man noch vorfindet, natürlich nicht mit der Jagd heute zu vergleichen. Und dennoch läßt SZECHENYI seinen Führer schon damals wehmütig bemerken, daß das etwa 50köpfige Dallschafrudel mit vielen starken Widdern (!), das sie gerade vor sich hätten, nichts sei im Vergleich zu dem, das man hier noch vor wenigen Jahren hätte sehen können. Übertreibung eines stolzen guide oder Tatsache? Wer mag den Beweis antreten. Sichere Erkenntnis dürfte lediglich sein, daß der Mensch viel, zuviel dazu beiträgt, die Bestände schrumpfen zu lassen.

Sinn und Zweck dieses Buches wären sicher verfehlt, wenn ich mich anschicken wollte, all die Superlative dieses Landes irgendwo abzuschreiben und aufzulisten. Auf einer für Touristen aufgestellten Tafel im einzigen Skigebiet Alaskas, dem eineinhalb Autostunden von Anchorage entfernten Aliaska, sind ein paar wesentliche Fakten über dieses Land nachzulesen. Aber ich will doch gerne wenigstens einige Besonderheiten, die mir für den europäischen Jäger wichtig erscheinen, kurz erwähnen.

Da ist einmal die ungeheure Größe dieser riesigen Halbinsel. Sie ist größer als die Länder Polen, Ungarn, Jugoslawien, Rumänien und Österreich zusammen. Alaska ist keineswegs die „Eisbox", für die man in Washington im Jahr 1867 das Land hielt, als der damalige Außenminister der Vereinigten Staaten, William H. Seward, mit dem russischen Zaren den Kaufpreis aushandelte. Alaska kennt vielmehr fast nur Extreme.

Es hat eiskalte Winter und kurze, aber heiße Sommer, die auch Weltrekordfrüchte hervorbringen können; die Kohlköpfe erreichen ungeahnte Ausmaße. Es hat die höchsten Berge, breitesten Flüsse und größten Gletscher. Man findet die stärksten Bären, mächtigsten Elche und kapitalsten Caribous, ohne all die anderen Großwildtiere vernachlässigen zu wollen. Lediglich in der Mongolei kommen noch stärkere Bergschafe vor.

Aber es gibt wohl auch eine der größten Stechmückenplagen in den Sümpfen und im Busch dieses Landes. Übrigens die einzige Behauptung, der ich bei meinem Literaturstudium über Alaska nicht den notwendigen Glauben schenkte. Mir schien es damals dort einfach zu kalt für solche Ammenmärchen. Ich sollte diese Fehleinschätzung eines Tages noch bitter bereuen.

Zu all den Maxima in diesem Land kommt ein weiteres hinzu, was

uns Jäger direkt betrifft. Alaska hat extreme Preise, nicht nur für sämtliche Güter des täglichen Lebens, die zumeist aus dem Süden importiert werden müssen. Die staatlichen Gebühren und die Jagdführungskosten haben sich ebenfalls dem allgemeinen Preisniveau, das unaufhaltsam im Steigen begriffen ist, überproportional angepaßt. Dies, obwohl die Preissteigerungsraten in den gesamten übrigen Vereinigten Staaten, von den Alaskanern auch verächtlich die „lowerfourtynine", die unteren (südlichen) 49, genannt, erheblich niedriger sind.
Ich glaube, dieses Land hat diese Situation nicht selbst heraufbeschworen. Wie so oft, dürften die Einwanderer, wer auch immer dazugehört, einen erheblichen Teil der Schuld an diesen Verhältnissen tragen.
Mögen es im vorigen Jahrhundert die Pelzhändler gewesen sein, die den Eingeborenen den „Wert" des Geldes beigebracht haben, so waren es zu Beginn unseres Jahrhunderts die Goldsucher. Das Museum von Dawson City im benachbarten kanadischen Staat Yukon gibt beredtes Beispiel davon, wie knappe Ware den Preis trieb. Da gab es Eier für zehn Dollar das Stück, und der Whiskey am Tresen war nur mit Gold zu bezahlen, man hatte ja genug davon.
Und es gab genug Clevere, die es den Glücklichen wieder abjagten. Die Mentalität hat sich in bezug auf die Wertschätzung des Geldes auch nach dem Abflauen des Goldrush nur wenig geändert, wenn auch einige Auswüchse wieder ins rechte Gleis gerückt wurden.
Einige Jahrzehnte hat diese trügerische Stille wohl angehalten, dann begann erst der richtige Boom. Kein lokaler oder nationaler, nein der internationale, unersättliche Energiebedarf, vor allem der westlichen Welt, trieb immer neue Blüten. Man mußte diesen schwarzen Schlamm nun an den entlegensten Stellen unserer Mutter Erde suchen. Der Preis wurde auf dem Weltmarkt zum Teil künstlich in die Höhe getrieben, und jetzt hieß es: „Packen wir's an . . ." und man wurde fündig. Und zu allem Unglück noch am entlegensten Zipfel dieses Naturparadieses, ganz im Norden, am Eismeer in der Beaufort Sea. Gelte es, was es wolle, der Rohstoff mußte zum Verbraucher; also wurde nach anfänglichen Schwierigkeiten die Nord-Süd-Pipeline gebaut. Und mit ihr kam der Kommerz in nur 70 Jahren – nur einem Menschenalter – das dritte Mal in dieses Land. Wen wundern da noch die Preise!
Wer sich ein wenig mit Volkswirtschaft befaßt hat und die notwendigen Zusammenhänge unserer Zivilisation kennt, weiß, daß es daraus kaum

ein Zurück gibt. Hand aufs Herz, wer wäre denn tatsächlich bereit, erhebliche Abstriche zu machen! Aber als Jäger und Naturliebhaber kämpft man zwischen Pflicht und Neigung.
Über viele Jahre der Beschäftigung mit der Jagd in Nordamerika bin ich jedoch zu der Auffassung gekommen, daß die zuständigen Behörden und damit das ganze Land sich sehr wohl ihres Natur- und Wildreichtums bewußt sind. Deshalb lassen sie ihm auch alle erdenkliche Sorge angedeihen. Das kostet natürlich Geld, wenn es auch die guides sicherlich etwas billiger tun könnten.
Trotz allem Für und Wider, mein Entschluß stand fest: nach Alaska, da mußte ich einmal hin! Da es alleine bekanntlich im Himmel nicht schön sein soll, galt es, den richtigen Partner zu finden. Nicht jeder schien mir da geeignet. Ich hatte so meine Erfahrungen. Preis, Sprache, Zeit und sicherlich auch eine Portion Respekt, ließen einige Kumpels zwar die Ohren stellen, aber vorläufig blieb nur einer übrig. Wer sollte es anders sein als der alte Haudegen Hubertus. Die Reise war für 1977 ins Auge gefaßt.
Ich begann zu eruieren, sondieren, vergleichen, kontakten und welche schönen deutschen Wörter man noch dafür finden mag. Unversehens traf der guide eines Bekannten, der im Vorjahr duseliges Waidmannsheil gehabt hatte, urplötzlich in unserer Nähe ein – was soll ich lange erzählen, wir machten die Sache perfekt. Denn eines hatte ich längst gelernt, die Erfahrungen eines zuverlässigen deutschen Jagdfreundes sind unbezahlbar.
Es wurde Frühjahr, die Flüge waren längst für Ende August gebucht, als mich der jagdliche Donner in Form der Absage meines alten Jagdfreundes traf. Berufliche Umstände, für die ich volles Verständnis hatte, wenn sie mich auch bitter stimmten, waren vorrangig.
Was tun? sprach Zeus. Ersatz war trotz aller Anstrengungen in so kurzer Zeit nicht zu finden. Egal, dann fahre ich eben alleine. Aber das alte Sprichwort? Ich hatte zwar durch die vielen Aufenthalte in den Staaten mit der Sprache keine Schwierigkeiten mehr, aber es gab dort eben doch nicht die Jagdgefährten, die das gleiche Verständnis für die waidgerechte Jägerei aufbrachten.
Auf der Fahrt zum Tontaubenstand begleitete mich mein Neffe Claus-Henning, mittelloser Unterprimaner, mit seinen 19 Jahren aber bereits nicht nur auf langjährige Hochsitzbau- und Treibererfahrung zurück-

blickend, sondern seit drei Jahren mit staatlich anerkannter Urkunde bereits ins Lager der Jäger übergetreten. Ein ernstzunehmender junger Mann, wie konnte es auch anders sein, war er doch, was die Jägerei betraf, auch mein Schüler.
Ich erzählte ihm von meinen Schwierigkeiten und bedauerte, daß ihm noch einige Jährchen fehlen würden, ihn würde ich mitnehmen. Aber was soll's, die Jagd ist zu teuer, wenn auch der Flug erschwinglich wäre, na ja, die Schule und der Familienrat, alles sprach sicherlich dagegen.
Das Gespräch ließ uns auf der langen Autofahrt zum Schießstand nach Wiesbaden nicht mehr los, vor allem meinen Neffen nicht. Wir vertieften. Wir wollten wenigstens einmal die Möglichkeit testen, wenn auch das Gewehr daheim bleiben mußte.
Alaska für einen Pennäler, egal zu welchen Bedingungen: „Und wenn ich im Stehen schlafen muß", war sein einziger Kommentar. „Gehen wir's an!"
Nach reiflicher Überlegung war unser Entschluß, unter Einbeziehung sämtlicher verfügbaren, kärglichen Sparbuchreste – Erziehung mußte sein – innerhalb einer Stunde gefaßt, aber damit ging der Zirkus erst los.
Großeltern und Eltern wollten gegen hartnäckigsten Widerstand erst überzeugt, die Schule wegen des relativ späten Termins erst ausmanövriert sein. Andere Jäger in der Familie begannen zu rebellieren.
Aber warum sollte ich nicht ihm, der auf absehbare Zeit in dieser Richtung nicht aktiv werden konnte, etwas Gutes tun? Und außerdem, fand ich, hatte er es durch seine schulischen und privaten Leistungen verdient.
Aber, das große Aber . . . der Flug von Hubertus war längst storniert, und wer jemals versucht hat, kurzfristig, ich meine in zwei Wochen, einen Flug nach Anchorage zu buchen, der weiß, wo unser größtes Hindernis lag.
Zum Flughafen Frankfurt jedenfalls fuhren wir mit einer ellenlangen Aufstellung von Warteplätzen, die laut Fluggesellschaften „ganz" sicher waren, aber was heißt schon sicher für einen Primaner, der unbedingt nach Alaska will!
Der Junge ließ sich nichts vormachen. Alle verlockenden Angebote, doch mit einer, wenn auch nur 99 %igen Chance mit mir im Flieger zu

sitzen, schlug er aus. „Ich flieg lieber über Paris, dann bin ich zwar alleine, noch dazu in Paris, aber ich komme dafür sicher mit einigen Stunden Verspätung in Anchorage an. Pfeif auf den gemeinsamen Flug."
Das waren seine Worte. Recht so, ich hatte mich nicht in ihm getäuscht. Ein Abschied für nur wenige Stunden, die vor uns liegenden Tage sollten uns mehr als entschädigen.
Bei strahlendem Sonnenschein überflogen wir die Eiswüsten Grönlands, die mir schon von meiner ersten Kanadareise bekannt waren. Das schroffe und kantige, manchmal auch brettebene Weiß bedeutete dennoch immer aufs neue ein schier unbeschreibliches Naturerlebnis, zumindest aus sicherer und klimatisierter Höhe. Die Polrute führte von Norden über die wegen ihrer Öllager berühmte Beaufort Sea nach Alaska. Trotz leichten Dunstes war die grau-braune Brooks Rrange zu erkennen. Jahre später sollte ich herausfinden, daß sie gar nicht überall so trist ist, wie sie aus 10.000 Meter Höhe aussieht.
Dann betrat ich den „geheiligten" Boden, und schon kurz darauf begrüßte mich das verschmitzte Lächeln meines Jagdführers. Reinhold Thiele, untersetzter Mitfünfziger, mit einem deutschen Vater und einer Eskimomutter, hatte ich ja bereits zu Hause kennengelernt. Wir waren uns also nicht mehr fremd, und die Begrüßung fiel entsprechend herzlich aus. Sein Haus stand nur wenige Minuten vom Flughafen entfernt, und ich lernte seine große Familie kennen, wenn auch nicht alle der sechs Kinder anwesend waren.
Da war vor allem Sonny, sein Ältester, wie er im Hauptberuf Pilot bei der inneralaskanischen Fluggesellschaft Wien-Airlines. Sie bestreikten zu dieser Zeit gerade ihren Arbeitgeber, so daß ausreichend Zeit für die Jagd blieb. Natürlich wirkte es auf mich und meine sehr dünnen „Flugnerven" äußerst beruhigend, daß die beiden ausreichend Erfahrung im Fliegen haben mußten. Denn ohne Flugzeug geht in Alaska rein gar nichts. Hinter Anchorage beginnt der Busch.
Ich wurde fürstlich bewirtet, und wir kamen schnell, wie sollte es auch anders sein, auf die Jagd zu sprechen. Es interessierte mich natürlich, über meinen guide möglichst viel zu erfahren. Dafür hatte Reinhold wohl Verständnis, wenn er auch nicht allzuviel darüber sprach; wir hatten ja in den kommenden Tagen noch ausreichend Zeit für solche Unterhaltungen. Statt dessen kramte er eine Schachtel von doppelter Schuhkartongröße hervor, die randvoll mit Bildern war. Und was für

Oben: Schwarzbärenhütte in der Alaska Range ▶
Unten: Als Flugzeuglandepiste muß das genügen!

Fotos! Eine Dokumentation der letzten 30 Jahre. Einen Großteil seiner Jagderfolge präsentierte mir dieser Mann ohne großen Kommentar. Vom Flugwild über alle erdenklichen Wildarten des Nordens, bis hin zu einer unglaublichen Zahl von Eisbären konnte ich bewundern. Über 50 Polarbären hatte Reinhold nach seinen Angaben als Führer erjagt, dazu etwa 80 Braun- oder Grizzlybären. Andere Zahlen hatte er nicht parat, es war auch nicht notwendig. Ich hatte genug gesehen, weitere Fragen erübrigten sich, das war mein Mann.
Inzwischen wurde es Zeit, Claus vom Flughafen abzuholen. Wir nahmen den ersten Begrüßungsschluck in einer Bar unweit des Flughafens, über dessen Eingang das Schild „Trophy Room“ prangte. Was wir da zu Gesicht bekamen, verschlug uns völlig Alaska-Unerfahrenen fast den Atem. Alle dort vorkommenden Cerviden und Boviden als Kopfpräparate, sogenannte „headmounts”, waren da neben einer Vielzahl anderer Pelz- und auch Seetiere zu bewundern. Ein beeindruckendes Willkommen für uns, die wir Elchtrophäen dieses Ausmaßes nur aus Büchern kannten.
Wir quartierten uns im Captain Cook für die Nacht ein. Ein toller Schuppen, mit eben so tollen Preisen; so bekamen wir den ersten Geschmack von dieser Kehrseite Alaskas.
Am nächsten Tag wurde alles vorbereitet. Wir erwarben die Jagdlizenzen und die letzten kleinen Utensilien. Und dann ging es zum größten Wasserflughafen der Welt, dem Lake Hood.
Unmittelbar neben dem International Airport, der aufgrund der beachtlichen Zahl von Zwischenlandungen großer Fluglinien seinen Namen zurecht trägt, liegt ein respektabler See. Er ist der Heimathafen für hunderte dieser kleinen puddeljumper (Pfützenhüpfer). Und es geht dort wirklich zu wie auf einem großen Parkplatz. Ein ununterbrochenes Landen und Starten dieser wichtigsten Fortbewegungsmittel in dem riesigen Land des Nordens mit seinen wenigen herkömmlichen Verkehrswegen. Das Fliegen gehört hier einfach dazu, es ist für die Menschen hier eine Selbstverständlichkeit und kein elitärer Sport einer oberen Klasse. Pilotenscheine kann man hier schon mit 16 erwerben, Alleinflüge sind ab 18 erlaubt.
Reinhold hatte eine alte Supercub mit zwei und eine Cessna 185 mit vier Sitzen. Sein Sohn Sonny hatte genügend Zeit – das Ein- und Ausfliegen inklusive Gepäck hätte sowieso mehrerer Flüge bedurft –, und so

wollten wir beide Flugzeuge mitnehmen. Sorgfältig überprüfte Reinhold alle lebensnotwendigen technischen Details an Maschine und Leitwerk.
„Das ist mein Leben, ich muß immer wieder gesund nach Hause kommen, das ist das Wichtigste bei der Jagd." Eine beruhigende Einstellung, die ich zufrieden zur Kenntnis nahm.
Unsere innere Unruhe hatte uns längst aus den Federn getrieben, bevor der Wecker noch rasselte. Reinhold holte uns ab, und dann begann die Beladungsaktion dieser fliegenden Konservendosen. Jede andere Bezeichnung wäre zumindest bei der Supercub eine Übertreibung gewesen. Deshalb wußte unser guide auch sehr die Tatsache zu schätzen, daß wir zwar groß, aber keine Übergewichte waren. Jeder Zentimeter wurde ausgenutzt. Ich legte mein langes Gestell in Falten und verkrümelte mich auf dem Rücksitz. Die erheblich größere 185 entwickelte beim Aufwärmen unangenehme Qualmwolken. Reinhold hatte sie erst kürzlich gebraucht erworben, und heute sollte der Jungfernflug stattfinden, Sonny würde das übernehmen. Aus diesem Grund wurde auch vorsorglich noch schnell nach dem Feuerlöscher gefahndet. Meinem Neffen Claus-Henning stand das mulmige Gefühl deutlich im Gesicht geschrieben, als er sich endlich neben Sonny zum Start anschnallte. Starterlaubnis vom Tower, jetzt konnte es endlich losgehen. Hubertus, schütze uns!
Leicht vorstellbar, daß diese Berge und ihre Ausläufer ideale Lebensbedingungen für die gesamte Fauna und Flora bieten. Der Mount McKinley Nationalpark ist neben dem Yellow Stone Nationalpark das Eindrucksvollste, was ich in dieser Hinsicht erleben durfte.
Nördlich davon wollten wir auf Elch jagen. Reinhold erschien trotz der recht guten Wetterbedingungen der Flug durch diese Bergkette zu riskant. Der nahegelegene Mount McKinley ragte immerhin 6194 Meter in den Himmel und das nahezu in direktem Anstieg von der Normalhöhe Null. Diese optisch beeindruckende und auch klimatisch bedeutsame Differenz ist weit größer als bei den höchsten Gipfeln des Himalaya, bei denen die Basis im Landesinneren ja bereits bei etwa 3000 Metern liegt. Sicher dürfte dies einer der Gründe sein, warum der Berg gerade wegen seiner verschiedenen Klimazonen und der damit verbundenen Turbulenzen bei allen Piloten so gefürchtet ist.
Wir jedenfalls ließen uns, trotz vorheriger Wetterinformationen durch

den Tower in Anchorage, auf Sichtflugbedingungen durch die Schluchten nicht ein und wählten den südlichen Umweg. Am kleinen Mount Susitna vorbei überflogen wir die Sümpfe nahe des Beluga Lake. Die Flughöhe mag keine 300 Meter betragen haben, wenn wir einen Sattel zwischen zwei Tälern durchflogen, sogar manchmal nur wenige -zig Meter. Zunächst war mir dabei verständlicherweise etwas mulmig, aber sehr schnell gewann ich Vertrauen zu der offenbaren Ortskenntnis und traumwandlerischen Bedienungssicherheit meines Piloten und auch zu den technischen Leistungsfähigkeiten unserer Konservenbüchse. Das Ding war tatsächlich sehr wendig. Dies alles zu konstatieren blieb mir nur wenig Zeit, ich klebte an der gebogenen Plexiglasscheibe und drückte mir die Nase platt, nicht umsonst. Mit Reinholds Hilfe entdeckte ich die paradiesische Fauna unter mir, und sehr bald war ich zwar kein ebenbürtiger Partner meines Piloten, nötigte ihm aber zumindest ein anerkennendes Nicken ab, als ich so manches Stück Wild auch schon mal vor ihm ausmachen konnte.
Vor allem Elche und Schwarzbären fesselten meine Blicke. Die riesigen schwarzen Leiber waren im Grün der niedrigen Bodengewächse gut zu erkennen, und Reinhold flog manche kleine Schleife, um mir die Möglichkeit zu geben, sie noch besser bewundern zu können.
„Sicher nicht schwer zu jagen“, gab ich greenhorn zum besten. Reinhold schmunzelte.
„Es dauert Tage, bis Du dorthin zu Fuß gelangst, und Wochen bis Du das Fleisch herausgetragen hast. Hier gibt es keine Landeplätze, weder für Wasserkufen, noch für Ballonräder. Die dort sind nur zum Anschauen. Hubschrauber sind prinzipiell nicht erlaubt, Gott sei Dank, sonst würdest Du hier auch nicht so viele Elche sehen. Von hier stammen die stärksten Trophäen der Welt – wenn mal eine herauskommt.“
Die Berge zu unserer Rechten verloren etwas an Höhe. Es war bereits Nachmittag, und vor uns tauchte ein großer langgezogener See auf, der Lake Clark. Er liegt mit seinem Südende nur einen Katzensprung vom Illiamna Lake entfernt, jenem Gewässer, das eine so wichtige Rolle bei der Ortsbestimmung vieler Jagdschilderungen spielt. Der Lake Clark selbst ist ungefähr 100 Kilometer lang, und doch ist er für Alaska keineswegs etwas Besonderes. Ich erwähnte es bereits, Alaska besteht nahezu nur aus Superlativen.
Der See verbreiterte sich nach einiger Zeit, und am Ufer tauchte eine

kleine Bucht auf, an der so etwas wie ein Landestreifen zu erkennen war, und das mitten im Busch, der bis an das Ufer heranreichte. Unsere Landepiste jedoch war natürlich viel größer und auch nicht abgesteckt; fast unmerklich setzten wir auf der spiegelglatten Fläche der Bucht auf. Reinhold beherrschte sein Fach.
Sonny tuckerte an Land, als wir unser Fluggerät gerade verzurrten. Während des Fluges hatte er einige zusätzliche Schleifen geflogen, kam ab und zu näher, wir winkten uns, und er drehte wieder ab. Die 185 konnte die langsame Gangart der kleinen Supercub nicht mitgehen. 70 bis 80 Meilen pro Stunde, unsere Höchstgeschwindigkeit, war da zu wenig, er wäre vom Himmel gefallen, 100 bis 120 Meilen pro Stunde mußten es für ihn schon sein.
Zwei Jungen beobachteten sachverständig unsere Anlegemanöver. Sie machten sich an einigen respektablen Caribougeweihen zu schaffen, die im seichten Ufer des Sees lagen, vermutlich damit Würmer und Fische die Fleischreste an den Schädeldecken entfernten. Eine praktischere Art der Säuberung als unser gewohntes Auskochen. Der eine war gerade zehn Jahre alt und hatte den stärkeren Bullen mit einem Schuß zwischen die Lichter erlegt, wie uns ein Mann mittleren Alters, der uns zwischenzeitlich knapp, aber höflich begrüßt hatte, später erzählte. Er kannte Reinhold offensichtlich. Im Laufe der Zeit erfuhr ich dann, daß Reinhold anscheinend mit jedem hier im abgelegenen Busch bekannt war.
Wir bauten höflich unseren Diener, und der Boss gab uns zu verstehen, wir sollten uns nützlich machen, während er mit unserem Begrüßungskomitee in der nahegelegenen Hütte verschwand. Sonny, der Unterboss, wußte auch nicht so recht, was jetzt eigentlich zu tun war. Sollten wir nun angesichts der nahen Blockhütte unser Zelt aufschlagen oder ging die Gastfreundschaft so weit, daß wir dort mit unseren Säcken einschliefen konnten? Das Licht ließ langsam nach, wir holten das Notwendigste von Bord und begannen wenigstens mit dem Auftanken, denn das mußte in jedem Fall für den nächsten Tag erledigt werden.
Reinhold kam mit bedächtiger Miene zurück.
„Hört zu, ich kenne die Leute flüchtig, es sind Quäker, wir können auf dem Boden schlafen, dürfen aber in der Hütte weder unser mitgebrachtes Bier trinken, noch rauchen, das geht gegen ihre Sitten. Außerdem müssen wir pro Person 40 Dollar bezahlen. Was meinst Du, Andy?“

„Tut mir leid, aber ich bezahle lieber 50 Dollar, wenn ich hier im Zelt schlafen kann“, faßte ich die einhellige Meinung unter zustimmendem Gelächter zusammen.
Nichts gegen die Quäker, aber wir waren immerhin drei Raucher und Kautabakkauer, außerdem hatte ich gewaltige Lust auf mindestens zwei Bier und eine kräftige Mahlzeit, über offenem Feuer bereitet.
Der moosbedeckte Untergrund würde außerdem ein guter Ersatz für harte Bretter sein. Schon machten wir uns ans Werk, das letzte Tageslicht zum Bau unserer Notunterkunft noch ausnutzend. Allzu sorgsam mußten wir nicht sein, das Wetter war ruhig, der Himmel sternklar.
Auf Zeltgestänge wurde verzichtet, sondern die Plane einfach zwischen zwei Bäume gebunden und verspannt, und schon bruzzelte auf der offenen Flamme etwas Genießbares. Wie gesagt, nichts gegen die Quäker, aber wir sind eben keine Kostverächter. Das waren die im Grunde wohl auch nicht, wenn man an die Übernachtungspreise dachte. Im Captain Cook hätte man dafür schon eine halbe Nacht verbringen können.
Mit uns, der Umwelt und unserer Entscheidung zufrieden, rollten wir uns in den Sack. Claus und ich hatten den ersten, wunderbaren Tag in Alaska verbracht. Zwar nicht unbedingt auf der Jagd, aber was hatten wir alles an Eindrücken in der Luft und auf der Erde erlebt. War das nicht wunderbar? Der Auftakt gefiel mir jedenfalls.
Beim Morgengrauen war Reinhold als erster auf den Beinen. Ein zwar wärmender Hauch, aber auch stinkender Qualm zogen in das Zeltinnere, als unser Senior die Glocke bimmelte.
Das Feuer brannte bereits. Es war kalt, sogar bitter kalt, aber wenn ich morgens Wasser sehe und meine Zahnbürste nicht weit ist, dann liegt es mir auch nicht, meine Zivilisation zu verleugnen; auf alles, fast alles andere kann ich verzichten.
Das wärmende Feuer tat gut in der eisigen Kälte. Reinhold wußte, was wir für den heutigen Tag brauchten. Essen gab es vielleicht erst wieder in zwölf Stunden – wenn wir Glück hatten. Ein weiterer Tag, an dem ich im Flieger Sardine spielen mußte, lag vor uns, und da galt es vorzusorgen. Schinken mit Eiern – und davon reichlich – erweckten unsere Lebensgeister, was man von dem Kaffee nicht gerade behaupten konnte, aber diese Brühe kannte ich ja seit Jahren.
Sorgfältig wurde wieder alles verstaut, und Reinhold verschwand im Busch. Nein, nicht was Sie jetzt denken, das hatte er schon vorher er-

ledigt, er kam zurück mit zwei Benzinkanistern. Vor Monaten schon hatte er hier einen Vorrat angelegt; ein schlauer Fuchs, aber vor allem ein Pilot. Wie hatte er doch gesagt? „Das Wichtigste ist, sicher nach Hause zu kommen", und damit gab er offensichtlich nicht nur eine Redensart von sich.

Der Start war ein fliegerischer Genuß, und in westlicher Richtung gewannen wir Höhe. „Unit 17" lag vor uns, ein zweites offenes Tal, dessen bewachsene Hänge nur noch bis etwa 2500 Meter hoch liegen. Die Talebene, von kleinen Bächen und Tümpeln durchzogen, wurde überstrahlt von der intensiven Sonne Alaskas. Sie setzte die unterschiedlichen Schattierungen von Grün, Gelb, Rot und Grau ins rechte Licht und zeichnete Kontraste, wie keine Farbkamera mit noch so brillianter Optik es vermocht hätte. Wer selbst fotografiert, weiß, daß es bei ganz bestimmten Konstellationen gewisse Momente gibt, die trotz aller technischen Finessen in der Konserve einfach nicht zu erfassen sind. Wenn ich meine Bilder und Filme vom Entwickeln zurückerhalte, bin ich deshalb manchmal enttäuscht, nach einer Weile aber auch wieder zufrieden darüber. Man sollte der Natur nicht jedes ihrer Geheimnisse entreißen wollen. Vielleicht bin ich aber auch ein zu schlechter Fotograf.

Das unter uns leicht ansteigende Tal schien mir das Paradies zu sein. Dort war ein Elchbulle mit seinen soeben verfegten leuchtenden Schaufeln auszumachen. Die Hänge waren Weidegründe für vielköpfige Caribouherden und über die weitläufigen Beerenflächen zogen hin und wieder die Blackies; Herz was willst du mehr!

„Hey, Reinhold, warum bleiben wir nicht hier?"

„Erstens gibt es da keinen Landeplatz, und zweitens ist in Unit 17 die Jagd für unsere Zwecke nicht erlaubt", sagte er und behielt seine Fluggeschwindigkeit bei.

Meine Nase wurde immer platter, weil ich mir wenigstens den Anblick dieser beeindruckenden Vielfalt nicht entgehen lassen wollte. Obwohl meine Ohren bei dem Geräuschpegel der Maschine langsam zu schmerzen begannen, konnte ich mich nicht sattsehen. Reinhold setzte immer wieder sein Mikrophon in Gang, mit dem er zu der um uns Schlagenflüge vollführenden 185 Kontakt hielt. Die konnte wegen ihrer größeren Geschwindigkeit sowohl die linken als auch die rechten Hänge abfliegen und wartete immer wieder mit neuen Erfolgsmeldungen über grandiose Anblicke aus unmittelbarer Nähe auf. Grizzly hier, Bulle dort usw. usw. Haben Sie schon einmal versucht, das mit dem Fernglas auf hunderte von Metern nachzuvollziehen? Probieren Sie es nicht, es ist zwecklos und zugleich frustrierend. Aber ich gönnte es Claus! Er gehörte im Moment ja zu den Privilegierten.

Drei Stunden mag ich dieses Naturereignis genossen haben, als der Abstand zwischen uns und Mutter Erde beängstigend zusammenschmolz. Aber da vorne flog ein Sattel auf uns zu, den würden wir bestimmt packen. Der Pilot kannte Strecke und Höhenangaben der Flugkarte genau. Bei dieser Flughöhe wäre es mir ein leichtes gewesen, einen Elch bei den Schaufeln zu packen, wenn sie Weltrekordauslage gehabt hätten, bevor sich plötzlich vor uns ein Abgrund und das weite Tal zum White Fish Lake auftaten. Am liebsten hätte ich in einem fort den Kameraauslöser betätigt, aber ich erinnerte mich an meine Erfahrungen in Kanada. Haushalten war die Devise, wenn auch die Motive mehr als lohnend erschienen. Die erheblich tiefer liegende Ebene zeigte auf einmal wieder Nadelholzbewaldung, wobei ausufernde Flußläufe und blau glänzende Seen das Dunkelgrün des Waldes unterbrachen. Herrlich, da gefiel es mir, da mußte doch unser Fleckchen Erde sein, hier waren wir bestimmt allein, jetzt wollte ich den wirklichen Boden Alaskas betreten!

Wenn Sie glauben, in Alaska etwas ganz nahe zu sehen und dann noch von einem schnellen Flugzeug aus, dann haben sie sich meist gehörig getäuscht. Ist bei uns zu Hause die Sicht klar, dann richtet man für den nächsten Tag besser das Regenzeug. Nicht so in Alaska. Hier bedeutet das nicht nur beste Wetterbedingungen, sondern läßt weit entfernte Punkte nah wie eine Fata Morgana erscheinen. Dennoch dauert es noch ewig, bis man sein Ziel erreicht, zumindest mit einem Puddeljumper.

Aber dieser White Fish Lake war auch wieder ein kleines Meer. Das erfüllte mich mit der Hoffnung, daß dort unser kleines Zelt sicherlich Platz haben müßte.

Reinhold drosselte die Höhe und kreiste ein. Welche Enttäuschung, dort wurde ein roter Punkt sichtbar, nicht groß, aber zu rot zum Landen. Ein anderes Flugzeug. Wir wollten jedoch ganz alleine sein, und da mußte sich doch noch ein anderer Fleck finden lassen, Alaska war doch wohl groß genug.

Wir drehten in nördliche Richtung zum Stromgebiet des Stony River. Der fließt aus der Alaska Range nach Westen, vereinigt sich bei dem kleinen Ort gleichen Namens mit mehreren Zuflüssen, um sich schließlich in den Kuskokwim River hin zum Nordmeer zu ergießen. Aber soweit mußten wir sicher nicht suchen, um fündig zu werden. Wir brauchten auch nicht viel Platz, nur einige Quadratmeter für unsere notwendigsten Bedürfnisse, aber viele Quadratkilometer ohne andere Jäger.

Reinhold erklärte mir auch später das Dilemma. Er war alt eingesessener alaskanischer guide. Und diese haben ihr eigenes Gebiet, in dem nur sie Jagdgäste führen dürfen. Selbstverständlich können dort die Einheimischen jagen, die bevorzugen meist aber die nicht so abgelegenen Gegenden. In diesem Jahr hatte das Fish and Game Department leider sehr kurzfristig, viel zu spät zum Umdisponieren, die Zeiten und Gebiete durcheinandergebracht, wie sich Reinhold auszudrücken pflegte. Er fand dann schließlich bei einem seiner Freunde jagdlichen Unterschlupf. Dieses Gebiet kannte er allerdings nicht wie seine Westentasche. Später fand ich heraus, daß das keine Ausrede war, es hätte auch nicht zu ihm gepaßt. Er war aber eigentlich ortsunkundig, und so mußten wir uns eben durchbeißen.

Die sandigen Ufer des Stony tauchten vor uns auf, der seine Meander durch die spärlich bewaldeten Ebenen zog. Reinhold schraubte den Flieger sehr hoch, um Überblick zu bekommen. Sobald das Gelände aussichtsreich erschien, setzte er zum Tiefflug an. Wir sahen ein Rudel weiblicher Elche, ein Schwarzbär sonnte sich auf einem kahlen Hügel; das Biotop war hervorragend. Zu allem Überfluß tauchte dort unweit des Hauptstroms ein einladender See auf. Ohne rote Punkte. Es waren auch in der umliegenden Gegend keine auszumachen.

Wir schickten Sonny auf eine Warteschleife und testeten die Landefläche. Kreisend kam die kleine Rote nieder und versuchte aufzusetzen, für mich inzwischen ein ganz und gar normaler Vorgang, nicht aber für meinen gelernten Jetpiloten. Die Kufen hatten kaum Kontakt, als mich das aufheulende Geräusch stutzig machte und ein Druck in der Magengegend anzeigte, daß da neue Dinge im Gang waren, die ich bisher noch nicht kannte. Wir starteten durch. Reinhold hatte zwar zuvor einen Kontrollflug knapp über der Wasseroberfläche absolviert, die unter der Wasseroberfläche schlummernden Felsen jedoch offensichtlich

falsch eingeschätzt. Unsere Supercub war aber Gott sei Dank so beweglich, daß Reinhold, der alte Fuchs, das gerade noch ausmanövrieren konnte. Für die behäbigere 185 wäre diese Landung wohl zum Verhängnis geworden. Ein Glück, sie drehte lustige Schleifen über uns.
Die Sonne beleuchtete soviele bezaubernde Flecken dieses Landes, ich wäre am liebsten überall gelandet. Wir überflogen das Flußbett mehrmals, und Reinhold zeigte mir die Tundralandschaft aus nächster Nähe. In den Seen konnten wir sogar die Forellen erkennen, leider aber auch die hochliegenden Felsriffe, ein Fiasko für dünnwandige Aluminiumflouts.
Nach dem soundsovielsten Anflug, Testflug und Daumenhalten gab Reinhold Wasser unter die Kufen, nicht ohne den See bis zum Ende abzutuckern. Dabei öffnete er das Klappfenster und bohrte seinen Blick unter die dunkle, glasklare Wasseroberfläche. Sonny brauchte einen wesentlich längeren Landeweg und vor allem eine lange, felsfreie Startbahn. Die Landung ist kurz, nach dem Motto, herunter kommen sie alle, den beladenen Kübel aber wieder in die Luft zu heben, ist weit schwieriger. Und wir hatten vor, beladen zu sein, wenn wir zurückflogen.
Als der liebe Gott die Mutter Erde erschuf, hatte er sicherlich geahnt, nein gewußt, daß ein sehnsüchtiger kleiner Jäger irgendwann einmal im Jahr eintausendneunhundertsiebenundsiebzig das Paradies suchen würde, und dafür mußte er dieses Fleckchen Erde erschaffen haben. Es gab keinen Zweifel, hier konnte kein Zufall am Werke gewesen sein. Die Sonne hatte noch gut zwei Stunden bis sie hinter den Cairn Mountains verschwand und uns die Frische des alaskanischen Sommerabends zurückließ. Unser namenloser Spiegelsee gab uns die gewünschte Heimat, und die mußten wir meilenweit mit niemandem teilen, das hatten wir vorher aus der Luft geklärt. Können Sie sich vorstellen, welchen Spaß die harte Arbeit des Campschlagens bereitete?
Reinhold verteilte die Aufgaben. Sonny begann, mit der Axt Bäume zu fällen; dabei half Claus-Henning. Reinhold selbst und ich entluden die Flugzeuge, wobei das eigentlich mehr meine Aufgabe war. Er kümmerte sich sofort um Feuer und Abendessen.
Wir wollten hier zwar nicht gerade überwintern, aber Sorgfalt war oberstes Gebot, und da gab es schon allerhand zu bedenken. Trotz bestem Wetter wurden kleine Gräben um unsere Behausung angelegt.

Die Witterung in Alaska ist unberechenbar. Der Proviant mußte weggepackt werden, was bedeutete, entweder in einen entfernt gelegenen hohen Baum hängen oder möglichst luftdicht verpackt eingraben. „This is bear country“, war die knappe, aber bedeutsame Bemerkung. Aber dann gab es endlich etwas Warmes zwischen die Zähne, es war höchste Zeit, weil 13 Stunden her, seit wir am Lake Clark gefrühstückt hatten. Rechtschaffen müde rollten wir uns unter unser Dach, das gerade für uns vier Platz bot. Reinhold gab zuvor noch Anweisung, daß sich keiner ohne sein Gewehr mehr als 20 Meter vom Lagerplatz zu entfernen habe. Das galt auch für Claus. Wir hatten genügend Gewehre dabei. Sicherlich hoffte er in diesem Moment auf einen „unlizenzierten Notfall". Wer wollte es ihm verdenken?
Als sich die drei Freunde gerade zurechtrückten und darüber diskutierten, daß für mich wohl auch noch eine Lücke freibleiben müsse, genoß ich zwischen glimmendem Feuer und Zelteingang die alaskanische Nacht. Was gibt es Schöneres, als gefangen vom Zauber der Fremde dieses tiefe Schweigen in sich aufzunehmen, zweifelnd, ob Traum oder Wirklichkeit? Für meine alaskanischen Freunde war es Alltag, wir jedoch waren Tausende von Kilometern gereist, um das „Weisgesagte“ selbst zu erleben.
Und da war es wieder, das Nordlicht. Ganz anders als früher, gleich einer überdimensionalen Milchstraße oder einer sich durch reichliche Beute von oben her vergrößernden und wieder schlanker werdenden Anakonda bewegte sich das Lichtband über das sternklare Firmament. Dabei hatte ich den Eindruck, daß das lichte Reptil fortwährend versuchte, neues Leben abzustoßen, das sich jedoch sogleich in der Unendlichkeit des dunklen Firmaments verlor. Wie oft habe ich mir überlegt, wie man diese Lichtbewegungen schildern könnte, für jemanden, der es noch nie gesehen hat. Ich werde es immer wieder versuchen, und immer wird es Stückwerk bleiben. Das unablässige Bemühen des Menschen ist jedoch auch Einsicht in seine Fehlbarkeit; das Nordlicht wird mich immer wieder daran erinnern.
Der eiskalte neue Tag hatte sich gerade über den Horizont geschoben, als Reinhold längst wärmendes Feuer entfacht hatte und uns aus den Säcken jagte. Steif krochen wir aus unserer Behausung, und es umfing uns sogleich der Duft bruzzelnden Fleisches. In der Pfanne jagte unser Koch saftige Elchsteaks herum, nicht ohne immer wieder darauf hin-

zuweisen, daß das Fett das Beste sei, was wir bei diesem penetranten Geruch allerdings nur schwerlich akzeptieren konnten.
Wenn auch widerwillig, so langten wir doch kräftig zu. Soviel hatten wir längst gelernt. In der Wildnis muß man essen, wenn sich die Gelegenheit dazu bietet. Man weiß nie, wann das nächste Mal ist.
Reinhold entwickelte uns seinen Plan. Er und ich wollten mit dem notwendigsten Proviant, den Schlafsäcken und einem kleinen Zweimannzelt einen guten Ausgangspunkt für unser Vorhaben suchen. Da mein guide die Gegend hier nicht sonderlich gut kannte, wollten wir das Gelände mit dem kleinen Flieger weiträumig erkunden, um uns dann auf ein erfolgversprechendes Gebiet zu konzentrieren.
Es dauerte nicht lange, und wir waren in der Luft. Wir hielten nur geringe Höhe, um möglichst viel erkennen zu können. Die Wechsel des schweren Wildes waren leicht auszumachen. Dort unten lagen zwei gewaltige Schaufelpaare direkt nebeneinander. Die ausgebleichten Knochen leuchteten aus dem tiefen Grün der Bodengewächse zu uns herauf. Die Brunft ließ hier wohl zwei Bullen aneinander geraten. Die lachenden Dritten waren sicherlich Wölfe und Bären. Welches Tierdrama sich da wohl abgespielt haben mochte? Die Phantasie hatte freien Lauf. Tiere und Kälber erfreuten öfters unseren Anblick. Dort standen wieder welche in einem siebenköpfigen Rudel beieinander. Ein Bulle war nicht dabei, aber die nahende Brunft warf ihre Schatten voraus.
Wir überflogen kleine Tümpel und auch zum Landen geeignete Seen. Wir sahen Schwarzbären und ein kleines Rudel Caribous, es war einfach traumhaft. Dieser Flug, der die ganze Wildnis Alaskas zum Anfassen vor meinen Augen präsentierte, hätte ewig dauern können, zumal die Sonne vom wolkenlosen Himmel das ihrige dazu tat.
Wir näherten uns einem kleinen Wassertümpel mit einem wunderschönen sandigen Strand. Unweit äste ein Rudel Caribous im Weidengestrüpp. Dies war jedoch nicht hoch genug, um das gewaltige Geweih eines Bullen zu verbergen. Der mußte wahrlich gigantische Ausmaße aufweisen. Kaum hatte Reinhold die Situation erkannt, drehte er sofort ab. Er beugte sich zu mir zurück und betrieb die notwendige Aufklärung.
Nach alaskanischen Jagdgesetzen ist es nicht erlaubt, mit Hilfe des Flugzeugs zu jagen. Das bedeutet im Klartext, daß an dem Tage, an dem man sich in der Luft befunden hat, nicht geschossen werden darf.

Diese Regelung soll einem Schindludertreiben vorbeugen und dem Wild damit die sogenannte „fair chase" gewähren. Eine sicherlich berechtigte Vorschrift, wenn man sich die Möglichkeiten des Mißbrauchs vor Augen führt. Dabei zog ich den geistigen Vergleich zu unseren Bestimmungen. Man überlege sich, man dürfe an dem Tag, an dem man mit dem Auto ins Revier fährt und dabei einen Rehbock ausmacht, darauf keinen Ansitz mehr ausüben. Sicherlich schwer vorstellbar. Aber ein Auto ist kein Flugzeug, und hier herrscht das Lizenzsystem. Da gibt es zwar etwas weniger Reglementierungen als bei uns, sie müssen aber dafür zwangsläufig auch schärfer sein.

Reinhold wollte das Rudel nicht stören und schlug vor, auf dem nächsten See zu landen, um am nächsten Morgen die Pirsch zu versuchen. Einen besseren Vorschlag hatte ich nicht zu unterbreiten.

Es gibt in Alaska Zigtausende von Seen, wenn man jedoch einen braucht, ist keiner da. Jede so bequeme Flugminute würde am Boden harte körperliche Arbeit von einer Stunde und mehr bedeuten.

Wir flogen nach meinem Dafürhalten eine Ewigkeit, wenn sie auch allenfalls fünf Minuten währte, dann lag vor uns ein großer See, da würden wir heute Nacht campieren.

Beim Einschwenken erkannten wir große Wechsel zum Wasser. Hier waren die Elche zu Hause. Wer konnte wissen, was uns der morgige Tag alles bescheren würde. Für heute war ohnehin nichts mehr zu machen, da wir ja in der Luft gewesen waren.

Wir verzurrten unser Flugzeug am Ufer und befestigten Seile an den Tragflächen. Reinhold hantierte sehr gewissenhaft. Trotz strahlendem Himmel war dem Wetter nie zu trauen. Unsere kleine Behausung leuchtete bald grellrot durch die Gegend. Das Wild ist ohnehin farbenblind, und die Signalfarbe war für Notfälle, an die wir natürlich nicht denken wollten, bestens geeignet.

Reinhold schulterte sein Gewehr, und wir begannen, die nähere Umgebung unseres Lagerplatzes zu erkunden. Vor allem die Bären, die wollte Reinhold lieber zuerst bemerken, bevor sie unerwartet im Camp auftauchten. Eine Vorsichtsmaßnahme, die mir gefiel.

Und jetzt machte ich das erste Mal Bekanntschaft mit den berühmt-berüchtigten „niggerheads". Es sind kopfgroße Grasbüschel, die aus dem sumpfigen Untergrund hervorragen, und vergleichbar mit aus einem Bach herausragenden Steinen als Tritte dienen können. Das Pro-

blem ist nur, daß man von jedem zweiten abrutscht und dann in die danebenliegende Schlammpfütze stolpert, so daß der Gang mehr einem kräftezehrenden Hindernislauf gleicht als einem vorsichtigen Pirschen. Der morgige Tag sollte sie mir erst richtig vertraut machen!
Abgeäste Weidenbüsche, riesige Trittsiegel und die dazugehörige Losung ließen das Herz höher schlagen; hier war das Paradies der Elche, zumindest, was ich dafür hielt. Hoffentlich stand der Traumschaufler nicht hinter dem nächsten Busch, erst morgen begann die Jagdzeit.
Im Halbkreis hatten wir das Camp umschlagen. Reinhold zeigte sich mit der Wahl des Platzes offensichtlich zufrieden und kramte das Angelzeug hervor. Es war Nachmittag geworden, die Sonne hatte längst ihren Zenit überschritten, und wir versuchten, unseren Speisezettel zu bereichern.
Wir tippten auf Forelle und Hecht und setzten entsprechende Blinker. Das Wasser wies zwar keine allzu große Tiefe auf, dafür wuchsen an dieser Stelle kaum Wasserpflanzen. Mit unseren Hüftstiefeln wateten wir ein Stück in den See, und zum ersten Mal begann die alaskanische Fischwelt vor mir zu „zittern". Damit muß es jedoch nicht allzu schlimm gewesen sein, denn außer einigen Hängern war nichts zu verzeichnen.
Reinhold beherrschte das Metier anscheinend wesentlich besser, denn er hatte mit seinem kleinen Blinker nach einer halben Stunde immerhin eine Vorspeise für uns am Haken. Aber die Hechte hatten nicht mit meiner Ausdauer gerechnet. Die Arme wurden längst schwer, und Reinhold aalte sich in der sinkenden Sonne, als ein Ruck durch meine Rutenspitze ging. Das war meine Chance, jetzt hieß es aufpassen.
Nach dem Anhieb gab ich zunächst reichlich Schnur. Es konnte zwar kein Riese sein, der da am anderen Ende hängen mußte, aber ich vermutete zumindest, daß das Abendessen gesichert war, wenn ich keinen Fehler machte. Zehn Minuten ging das Spielchen hin und her, und ich wurde zunehmend sicherer, gewiß nicht nur ob Reinholds weisen Ratschlägen, mit denen er vom Ufer aus nicht geizte. Der Hecht war schon einige Male gesprungen, der Widerstand des Räubers ließ langsam nach.
Erstaunlich, welche Kraft und Ausdauer dieser Fisch, wenn er auch gerade nur zehn Pfund wog, entwickelte. Reinhold stieg ins flache Wasser, um den Gegenstand meines Petriheils zu sichern, und ich

freute mich über das erste Erfolgserlebnis in dieser Wildnis. Nun hätte mein guide nicht gerade die Position eines Chefkochs in einem Nobelrestaurant bekleiden können, aber hier in der Natur wurde vieles verziehen und fehlende Gewürze und Geschmack durch Lagerfeuerromantik ersetzt.

Zur vollen Stunde begab sich Reinhold nochmals an sein Flugzeug und setzte das Funkgerät in Betrieb. Mit wem er auch immer Kontakt aufnahm, ich war zumindest sehr überrascht. Des Rätsels Lösung lag auf der Hand. Sonny saß am anderen Ende der „Welle". Die beiden tauschten Position und Lagebericht aus, denn wie hatte der Boß immer betont: „Safety first".

Die anderen hatten auf der dem Camp gegenüberliegenden Seeseite, keine 300 Meter Luftlinie, schon längere Zeit einen kapitalen Schwarzbären entdeckt. Ob der auf unsere Rückkehr warten würde? Bei diesen Streunern war damit nicht unbedingt zu rechnen. Im Laufe der Zeit habe ich gelernt, sie mit unserem Schwarzwild zu vergleichen, nicht nur wegen ihrer Unstetigkeit, sondern auch wegen ihrer hervorragend ausgeprägten Sinne.

Wir jedenfalls legten uns schlafen, um zumindest körperlich für den nächsten Morgen gewappnet zu sein.

Auf den wartete mein Führer nicht, er war schon lange vorher auf den Läufen, machte Feuer und sorgte für das leibliche Wohl. Es war drei Uhr morgens, als der Tag graute und wir losmarschierten. Drei bis vier Stunden schätzten wir, würde es dauern, bis wir den kleinen See mit den Caribous erreichten. Wir hofften, daß sich das Wild auf seinem Zug nach Süden nicht bereits allzu weit von der Stelle des Vortages entfernt haben würde.

„Um diese Jahreszeit legen die Caribous oft eine Rast an guten Äsungsplätzen ein. Sie sind hier noch nicht auf dem großen Zug nach Süden, vielleicht haben wir Glück", meinte mein Begleiter. Hoffentlich behielt er recht!

Wetterzeug und Proviant hatten wir auf die Traggestelle, die „packboards", geschnallt. Sie dienen nicht nur als Rucksackersatz, sondern im Bedarfsfall gleichzeitig als ideale Gestelle zum Festbinden von Wildbretteilen. Mit dem Allrad oder gar dem Auto zur Aufbrechstelle zu fahren, wie zu Hause, geht hier nicht. Es muß alles getragen werden. Gerne wollte ich diese Schufterei in Kauf nehmen, wenn Diana mir lächeln sollte. Trotz leichtem Gepäck wird bekanntlich mit der Zeit jeder Schritt beschwerlicher, wenn das Gewehr an der Schulter zieht und vor allem ein so miserabler Untergrund aus Sumpf und niggerheads zu überwinden ist. Von einem normalen Marsch kann da nicht mehr die Rede sein.

Zwei Stunden waren wir schon unterwegs, dürften aber allenfalls die Hälfte des Weges zu unserem See bewältigt haben. Nur vereinzelte Nadelbäume säumten unseren Pfad, so daß auch eine Schätzung der Entfernung schwierig war. Gleich wie, wir hatten unser Ziel, und das galt es zu erreichen.

Das Gelände stieg langsam an, und der erste Weidenbewuchs ließ die Nähe unseres „Caribou Lake" erahnen. Reinhold bedeutete mir, mich fertig zu machen, da nun jederzeit damit gerechnet werden mußte, auf Wild zu treffen. Wir umschlugen die Weidenbüsche und vermieden jedes Geräusch. Unser Sichtfeld wurde immer begrenzter, das Gelände merklich steiler; dahinter mußte nach unserer Schätzung der See liegen. Bei gutem Wind krochen wir in gebückter Haltung die kleine Böschung hoch. Nebeneinander, gespannt bis zum äußersten, robbten wir die letzten Meter.

Reinhold, etwas voran, hatte kaum Sicht auf das vor uns liegende Gelände, als er blitzartig zurückzuckte. Er legte den Zeigefinger an die Lippen, und seine Augen glühten.

Jetzt habe auch ich die letzten Zentimeter hinter mir. Der Puls beginnt, schlagartig zu rasen. Was dort, keine 150 Meter vor uns, am Sandstrand der anderen Seeseite in der Morgensonne Siesta hält, ist nicht unbedingt ein Weltrekordbulle, aber auch nach Reinholds Meinung einer der stärksten, den er je gesehen hat. Das mächtige Geweih mit seinen ebenmäßigen drei Schaufeln auf jeder Seite ist leicht nach vorne geneigt, als ob sein Gewicht gerade über das müde Haupt gesiegt hätte. Der schneeweiße Träger blendet im Sonnenlicht. Andere Stücke sind nicht auszumachen. Vorsichtig bringe ich mein Tragegestell als Unterlage in Stellung und richte mich ein.

„Schieß solange er liegt", meint Reinhold; ein sicherlich guter Ratschlag.

Der Caribou liegt jedoch leicht spitz von hinten. Das gibt keinen sauberen Schuß, jagt es mir durch den Sinn. Der Träger ist die einzige Chance – und schon ist der Schuß heraus.

Der Bulle wird hoch, und erst jetzt erkenne ich das ganze Ausmaß des gewaltigen Geweihs. Ich bin von meinem offensichtlichen Fehlschuß so überrascht – war ich meiner Sache doch so sicher –, daß ich einen zweiten Schuß nicht sofort loswerde. Mein Mitfahren, inzwischen auf eine Distanz von mehr als 250 Meter, unterbricht Reinhold, indem er seine Hand auf meinen Gewehrlauf legt.
„Hold it, der flüchtet am Ufer entlang, der weiß nicht, woher der Schuß kam, vielleicht tut er uns nochmals den Gefallen!"
Und tatsächlich am äußersten Ende des Sees auf eine Entfernung von mindestens 350 bis 400 Metern verhofft er spitz von vorn.
„Wenn er jetzt nach links dreht, kommt er um den See herum auf uns zu, dann warte mit dem Schuß!" Reinhold schien ein Abdrehen nach rechts, woher der Bulle gekommen war, nahezu auszuschließen.
Er sollte auch sogleich recht behalten. Flüchtig geht der Hirsch nach links ab und entschwindet unseren Blicken hinter einer kleinen Landzunge, die in den langgezogenen See hinausragt.
„Warte, sei fertig, er wird bestimmt hinter dieser Landzunge wieder auftauchen, dann hast Du aber wenig Zeit, der Wind steht schlecht!"
Bange Sekunden, die mir wie die berühmte Ewigkeit vorkommen; ich liege längst wieder mit eingestochenem Gewehr zwischen den niggerheads. Da hinter der Tanne, eine Bewegung, der Vorderschlag ist frei. Dieses kurze Verhoffen auf 100 Meter genügt. Durch das Zielfernrohr erkenne ich, daß ein Nachrepetieren nicht mehr nötig ist, auch wenn der Bulle noch mindestens 50 Meter auf uns zu flüchtet, bevor seine Schalen Moos- und Grasbüschel in die Luft schlagen.
Ein rauher, aber herzlicher Schlag auf die Schulter holte mich in die Wirklichkeit zurück. Ich hatte mein erstes Stück Wild in Alaska erlegt.
In der Aufregung hatte ich beim ersten Schuß das schmale Stück des weißen Trägers, auf das ich praktisch von hinten abkommen mußte, wohl verfehlt, aber Diana hatte trotzdem noch ein Einsehen mit mir.
Was mir jedoch am meisten Bewunderung abnötigte, war der Jagdinstinkt meines guide. Er wußte genau, wie sich der Hirsch nach dem ersten Schuß verhalten würde. Ich erinnerte mich an die Kiste mit Bildern, die er mir in seinem Haus gezeigt hatte. Jetzt hatte ich auch den persönlichen Beweis, daß dieser Halbaleute ein hervorragender Kenner der alaskanischen Wildnis war.
Auf dem Weg zum gestreckten Wild stellte ich verärgert fest, daß ich

wieder einmal meine Kamera im Zelt gelassen hatte, die Aufregung heute morgen war wohl zu groß und der Weg zurück natürlich zu weit.
Da lag er nun vor uns. Selbst Reinhold, den nichts so schnell aus der Fassung bringen konnte, kratzte sich in seinen wenigen verbliebenen Haaren und meinte, allenfalls einer, den er in seinem Leben bisher erjagt habe, könne stärker geewesen sein. Die Auslage und die Stangenstärke seien das einzige, was er schon besser gesehen hätte. Dafür zeigte das Geweih an beiden Seiten je über 20 Enden, und die in einer Gleichmäßigkeit, wie man sie bei einem Caribou ganz selten findet. Die Schaufeln an den Stangenenden waren nicht nur angedeutet, wie man es gemeinhin kennt, vielmehr hatte das Geweih richtige Schaufelblätter, die das Ende der Stangen zierten.
Sichtlich enttäuschte Reinhold jedoch das Wildbretgewicht. Der Bulle war stark abgekommen. Den nächsten Winter hätte er wohl kaum überlebt. Nach einem Blick in den Kiefer schätzte Reinhold sein Alter auf über 15 Jahre. „Der hat hier wohl seine letzte Ruhestätte suchen wollen. Ich habe nach dem Schuß aufgepaßt. Er stand offensichtlich schon wieder alleine, das Rudel ist ohne ihn weitergezogen. Sowieso merkwürdig, denn hier ist normalerweise kein „Caribou Country", kommentierte mein Begleiter die Situation.
Er zog sein Messer und den dazugehörigen Schleifstein und während er den Stahl auf Vordermann brachte, fragte er, wie ich die Trophäe haben wollte, „european style" oder „headmount".
Das erste entspricht unseren ausgekochten Schädeln, während das zweite die Präparation des ganzen Hauptes bedeutet. Für mich war klar, daß das so auszusehen hatte wie bei uns zu Hause. Damit wurde auf das wunderschöne weiße „cape", die Decke von Kopf bis Brustbein, beim Zerwirken keine Rücksicht genommen, ein großer Fehler, wie ich schon sehr bald einsehen mußte.
Uns ist völlig klar, wie der Hirsch zum Geweih oder der Bock zum Gehörn in der Natur aussieht, auch wenn wir nur den weißen Schädelknochen an die Wand hängen. Ein Caribou, ein Elch oder ein Schaf hat aber eine völlig andere Physiognomie, vor allem aber eine für uns ungewohnte. Das Typische dieser Wildart kommt dem Betrachter einer Trophäe erst dann zum Bewußtsein, wenn sie nicht nur am nackten Schädelknochen hängt, sondern eine natürliche Einheit mit dem ganzen Kopf bildet. Jahre später merzte ich meinen soeben begangenen Fehler

◂ Oben: Die Barren Grounds sind oft gar nicht so hoch
Unten: X-ray Lake mit unserem kleinen Camp – Aufstieg

aus, indem ich dieses immense Geweih „nacharbeiten" ließ; für viel Geld, das ich hätte sparen können. Kaufen Sie einmal ein solches cape, und Sie werden wissen, was ich meine.

Die rote Arbeit machte bei diesem geringen Wildbretgewicht keine übermäßige Mühe. Reinhold war mit dem „Wegschneiden" auch sehr großzügig, wußte er doch besser als ich, was es bedeutete, auch das Verbleibende jetzt auf dem Rücken zurück zum Zelt zu tragen. Wir packten denn auch alles auf unsere Tragegestelle, so daß wir den Weg nur einmal zu gehen hatten. Ich ließ es mir natürlich nicht nehmen, das Geweih oben aufzuschnallen, was meine Last nicht gerade handlicher machte.

Wir wollten so früh wie möglich am Zelt sein und, falls das Licht noch reichte, ins Hauptlager zurückfliegen, um das Fleisch und die Trophäe zu versorgen. Der Rückmarsch erlaubte keinen Vergleich mit dem morgendlichen „Spaziergang". Aber was erträgt man nicht alles mit solch einem Erlebnis im Sinn dieser angenehmen Last auf dem Rücken?

Mühsam quälte vor allem ich mich über Stock und Stein, besser über niggerheads und durch Schlammlöcher. Die langen Geweihstangen blieben dabei jedesmal hinter mir an den Zweigen und Moosbüscheln hängen, wenn ich in eines dieser Sumpflöcher rumpelte. Die Sonne schien warm und trieb den Schweiß zwischen Hemd und Packriemen. Die Last scheuerte auf der Haut. Die Striemen und Scheuerstellen konnte ich nur erahnen. Immer kürzer wurden die Strecken, die ich ohne Verschnaufpause bewältigen konnte.

Doch auch der Meister brauchte jetzt seine Ruhepausen, auch seine Last war nicht ohne. Er trug das meiste Wildbret, das wir wegen des ohnehin niedrigen Gewichts erst gar nicht ausgebeint hatten. Dies war sicher ein schwerwiegender Fehler, den wir jetzt aber angesichts der nunmehr kurzen Strecke zu unserem Zelt nicht mehr korrigieren wollten.

Wir bewältigten die Strecke, auch wenn wir nahezu drei Stunden länger marschierten, krochen, stolperten oder welche Worte man sich auch immer für die zutreffende Beschreibung der Fortbewegung in solchem Gelände erdenken mag. Die niggerheads waren für mich nun kein Fremdwort mehr, ich hatte sie in vollen Zügen „genossen". Ich sollte mich viel später einmal an diese Tortur erinnern.

Als wir endlich bei unserem Camp anlangten, neigte sich die Sonne schon stark gegen den westlichen Horizont. Die Schatten der schwarzblauen Helmlockstannen wanderten über das Wasser auf unser Zelt zu, und die spiegelgleiche Wasseroberfläche warf das Goldgelb der Sonne im flachen Winkel zurück. Einzig eine über uns hinwegziehende Krähe erinnerte uns akustisch an die Wirklichkeit, und die bedeutete in erster Linie Hunger und Durst.

Unsere Vorräte bestanden nun vor allem aus dem erbeuteten Wildbret, wobei die Zutaten nicht gerade ein fürstliches, dem Anlaß entsprechendes Menue verhießen. Wir wußten außerdem, daß die Vorräte unserer Freunde, sollten sie nicht sehr erfolgreiche Petrijünger gewesen sein, sich nahezu dem Nichts genähert haben mußten. Im übrigen sollte so ein Tag auch gebührend gefeiert werden, meinte ich, und Reinhold war wegen der nicht zu verabscheuenden Getränke im Hauptcamp hiervon nicht schwer zu überzeugen.

Wir rafften uns auf und verstauten unsere Habseligkeiten in unserem Fluggefährt. Die gewaltigen Stangen meines Caribous waren dort aber unmöglich unterzubringen. Die kleine Supercub bot gerade für uns dürftig Raum, nicht aber für solch sperrige Ladung. Reinhold verzurrte das Geweih kurzerhand an das Haltegestell der Tragflächen, und schon kräuselte sich das ruhige Wasser unter dem Wind des Propellers. Wieviele solcher Geschehnisse mochte der See wohl bezeugen können, waren wir vielleicht die ersten, die sich in der Wildnis Alaskas hierher verirrt hatten? Hatte uns die Natur hier bereits als unerwünschte Eindringlinge bei unserer Ankunft erkannt, oder hatten wir ihr diese Erkenntnis durch unseren kurzen Aufenthalt erst aufgezwungen?

Als wir bereits wieder in der Luft schwebten, kam ich mir fast wie ein Dieb vor, der sich schnell aus dem Staube macht, bevor er ertappt wird. Dieses allen Jägern aus den verschiedensten Situationen bekannte Gefühl verstärkt sich bei mir immer dann, wenn ich mich bei Jagdgängen von Menschen unbeobachtet fühle. Vielleicht glaubte ich mich gerade deswegen vom Herrn über alles unter die Lupe genommen.

Mit monotonem Geräusch strebte unser Flieger ziemlich genau der untergehenden Sonne entgegen, und sicher konnten uns unsere Freunde schon lange am schweigsamen Abendhimmel hören, bevor sie uns ausmachen konnten. Es vermittelt ein ganz eigenartiges Gefühl, wenn diese von nichts, aber auch gar nichts gestörte, gläserne Stille Alaskas auf einmal von einem undefinierbaren Geräusch zerschnitten wird, das sich erst nach einer Weile zuordnen läßt.

Wir drehten unsere Landerunde und sahen die beiden schon zu uns hochblicken. Wir hatten zwei Tage in dieser Einsamkeit nichts voneinander gehört, und natürlich mußte diese Neugier besonders groß sein, zumal unsere Freunde ja wußten, welchen Zweck wir verfolgten. Beim Aufsetzen erkannten sie wohl schon, daß da irgend etwas am Flugzeug nicht zur Maschine gehörte, denn augenblicklich hob ein freudiges Gewinke an. Von der aufgekommenen Abendbrise ließen wir uns ans Ufer treiben.

„Hey, Waidmannsheil", rief mir Claus schon von weitem entgegen, „ist das ein schwacher Elch oder ein überdimensionaler Caribou?"

„Spielt keine Rolle, Du solltest froh sein, daß wir Euch etwas zwischen die Zähne mitbringen, leg ein Scheit Holz nach, wir haben Hunger, und was für einen", flachste ich zurück.

Die Fragen waren gar nicht so schnell zu beantworten, wie sie auf Reinhold und mich hereinprasselten. Er schilderte seinem Sohn Sonny und ich Claus-Henning unsere Erlebnisse. Entweder hatte Reinhold wesentliche Passagen dabei ausgelassen oder ich unwesentliche hinzugefügt. Jedenfalls waren die beiden Thieles längst wieder beim Arbeiten, sprich Essenzubereiten, als ich immer noch mit Händen und Füßen meine Variation der Geschehnisse zum besten gab. Aber wer wollte es mir verdenken? Als der erfolgreiche Jäger hätte ich hier selbst in Kurzschrift länger benötigt.

Das Wasser brodelte bereits auf dem Feuer, und Reinhold wurde nicht müde, alles, was sich an Eßbarem finden ließ, in den Topf zu werfen. Dabei spielte es keine Rolle, ob es sich um Kartoffeln, Reis, Nudeln, Zwiebeln, Zunge oder Innereien von unserem Caribou handelte: alles kam hinein.

Es bildete sich auch bald ein weißer Schaum an der Oberfläche dieses „Eintopfes", der alles andere als appetitanregend roch. Auf ganz vorsichtige Bemerkungen meinerseits, ob das auch eßbar wäre, entgegnete Reinhold, wenn ich Hunger hätte, würde ich es schon runterbringen; ein anderer deutscher Jagdgast, der mir bekannt sei, hätte es zwar erst nach dem zweiten Tag gegessen, aber trotzdem überlebt. Im übrigen sei meine Frage eine Beleidigung, denn das sei sein weltbekannter Cariboueintopf.

Bei den letzten Worten setzte er wieder sein Schmunzeln auf, das ich längst zu deuten wußte, ebenso wie die zuvor geäußerten Bemerkungen über meinen Landsmann.

Wir hatten Hunger, was heißt Hunger, Kohldampf. Immerhin waren 17 Stunden vergangen, seit ich zuletzt etwas zwischen die Zähne bekommen hatte. Aber nicht nur aus diesem Grund aßen wir dieses Gericht. Wider Erwarten schmeckte dieser Caribouneintopf tatsächlich hervorragend. Zumindest in meiner Erinnerung blieb er bis heute weltberühmt.
Kaum zu glauben, was vier ausgewachsene Männer in der freien Natur alles verzehren können. Was ich als Portion für mehrere Tage einschätzte, war bald weggeputzt. Wir lümmelten auf dem von der Sonne getrockneten Renntiermoos, in das die Feuchtigkeit der Nacht noch nicht eingedrungen war, um das Lagerfeuer. Die Sonne war zwar längst hinter den Hügeln verschwunden, aber hier herrschte um halb zehn Uhr noch immer gutes Büchsenlicht, obwohl wir den ersten September schrieben. Die Tageslänge würde jetzt aber rapide abnehmen.
Sonny hatte das Wildbret auf die schon gestern gezimmerten Gestelle feinsäuberlich in die Bäume gehängt. Meiner Meinung nach gab es zwar dadurch auf noch weitere Entfernung eine ausgezeichnete Geruchsfahne ab, andererseits wurde es aber auch dem direkten Zugriff aller Futterkonkurrenten entzogen. Es galt heute auf jeden Fall, noch vorsichtiger zu sein als die Tage zuvor.
Wir verbrannten die Essensreste im Feuer und schnürten den Abfall in mitgebrachten Kunststofftüten luftdicht ein. Claus versuchte, im See stehend, das Geschirr mit Hilfe von Sand von verräterischen Gerüchen zu befreien.
Als alle Arbeit erledigt war, kramte Reinhold ein extra gehütetes Fläschchen hervor und ließ den Whiskey wegen des besonderen Anlasses – ein greenhorn hatte sein erstes Großwild in Alaska gestreckt – kreisen.
Wir betrachteten im letzten Dämmerlicht und dem fackelnden Schein der Flammen immer wieder die gewaltige Trophäe. Das Geweih war gerade zum Teil verfegt und wies noch rote Spuren des schweißdurchtränkten Bastes auf. Gewaltig warfen die Schaufeln an den Stangenenden ihre Schatten. Ebenmäßig zeigten die Stangen 23 und 20 Enden.
Zu jenem Zeitpunkt wäre jedes Caribougeweih für mich erstrebenswert gewesen, denn ich schätzte mich glücklich, auf einer solchen Jagd überhaupt erfolgreich gewesen zu sein. Die bewundernden Worte von Reinhold und Sonny wußten wir nicht so recht zu deuten. Sollten sie

nur eine Aufmunterung für die Jagdgäste darstellen, oder war dieses Geweih tatsächlich „outstanding"? wie sie immer wieder betonten. Ich nahm es ohne besondere Erkenntnis in mich auf.
Erst im Laufe der Zeit, als ich Gelegenheit hatte, Vergleiche zu ziehen, und als ich des kleinen Auflaufs gewahr wurde, den man auf dem Flughafen in Anchorage später veranstaltete, um das Woher und Wie zu erfahren, da wußte ich, daß ich wahrscheinlich in meinem Leben auch bei größter Anstrengung kaum einen stärkeren Bullen erlegen würde.

Alces alces – der Riesenelch

Zwar mit aller gebotenen Vorsicht, was die Bären betraf, aber tief und fest schnarchten wir dem kommenden Morgen entgegen. Daran konnte auch die wahre Begebenheit, die uns Reinhold als Gutenachtgeschichte erzählte und nach der er einem neugierig des Nachts in das Zelt blinzelnden Blacky zwischen die Lichter schoß, nichts ändern.
Der wohlig warme Mief ließ uns drei noch in den Säcken schlummern, als Reinhold längst das Feuer wieder in Gang gebracht hatte und sich im Fahlgrau des ersten Morgens bereits um das Frühstück kümmerte. Der heiße Fettgeruch der Caribousteaks zwängte sich durch die Zeltöffnung und mobilisierte unsere Lebensgeister. Auf allen vieren kroch ich in den neuen Tag, der mich heller empfing als der vergangene. Wir hatten den ersten Nachtfrost. Die gesamte Flora war an ihren Spitzen mit einem weißen Schleier überzogen, nein besser – eingestäubt. Zu richtigem Gefrieren hatte es noch nicht gereicht, aber die Vorboten des Herbstes waren nicht mehr zu übersehen.
Das Lagerfeuer brannte als Lichtspender um die Wette mit dem neuen Tag, der sich nur schwer von Osten gegen die Nacht durchsetzen konnte. Müde und deshalb wortkarg langten wir zu, ob hungrig oder nicht. Ich bin, wie schon erwähnt, ein schlechter Frühstücker, aber der gestrige Tag hatte mich einmal mehr gelehrt, was es heißt, 17 Stunden ohne Nahrung bei entsprechender körperlicher Anstrengung auszukommen. Also hinein mit fettem Caribousteak und Kaffee, schmecke es zu dieser Tagesstunde, wie es wolle.
Über den Plan für heute hatten wir uns schon gestern geeinigt, das heißt, wir hatten Reinholds Plan akzeptiert. Wir wollten an unseren gestrigen See zurück. Er erschien uns nicht nur wegen der Lage, dem Biotop und der Entfernung zum Hauptcamp optimal. Wir hatten zudem in der Nähe starke Elchwechsel mit ebenso starken Trittsiegeln entdeckt. Das erschien uns jedenfalls erfolgversprechender als das, was Sonny und Claus in der Umgebung des Camps erkunden konnten. Elchfährten waren zwar auch festzustellen, aber Trittsiegel eines jagdbaren Bullen offensichtlich nicht. Die beiden wollten sich um ein Schmaltier oder einen jungen Bullen kümmern, so recht etwas für die Tiefkühltruhe; Reinhold hatte ja sechs Kinder.

Unsere Vorbereitungen waren inzwischen Routine, wir stellten uns darauf ein, möglicherweise mehrere Tage im Außencamp zu bleiben. Unser Puddeljumper heulte auf, und wir verabschiedeten uns von unseren Freunden mit einem Wippen der Flügelspitzen.
Zur Orientierung suchten wir den Stromlauf des Stony River und folgten den bleichen Sandbänken seiner Meander, die im gleißenden Licht die quirligen Wasserkronen der kleinen Brandung in das braune Naß zurückwarfen. Während die unzähligen Seitenzuflüsse bereits wieder kristallklares Wasser führten, wälzten sich im Stony selbst noch braune Wassermassen, die der letzte Regen aus unzähligen Rinnsalen, kleinen Bergbächen, gurgelnden Wildwassern, rauschenden und zischenden Gletscherzuflüssen herbeigeführt hatte.
Friedlich lag unser kleiner See in der Morgensonne. Wir drehten vor der Landung noch eine große Schleife zur Erkundung des Terrains, das von kleinen und kleinsten Wasserläufen und -tümpeln zerfurcht war. Ein größerer See, auf dem die Landung eines Flugzeugs möglich gewesen wäre, lag zu Fuß mehrere Stunden entfernt. Aber wir mußten so auch kaum damit rechnen, andere Jäger zu treffen, falls es in dieser gottverlassenen Gegend überhaupt jemanden gab. Ein Tier mit einem Kalb versuchte, vor dem Motorenlärm das schützende Dickicht zu erreichen. „Dort unten, das ist doch an unserem Caribou-See – da, ein Schwarzer, und was für einer, der macht sich am Aufbruch zu schaffen. So eine Frechheit!"
Reinhold und ich teilten uns fast zur gleichen Zeit die Neuigkeit mit, was bei dem Lärm in unserer Konservendose gar nicht so leicht war. Die Tatsachen lagen auf der Hand. In jedem Fall waren wir hier richtig, wir wollten unser Waidmannsheil auf den Schwarzbär und *Alces alces*, den Riesenelch, versuchen.
Schnell fanden wir den uns schon vertrauten Platz für unser Zelt. Das Flugzeug wurde an den bereits bekannten Stöcken und Bäumen gegen die Unbill des alaskanischen Wetters verankert, wir richteten uns häuslich ein. Eile war dabei nicht geboten – fair chase hunt, heute keine Jagd!
Dies hielt uns keineswegs davon ab, nach getaner Arbeit den morgigen Jagdtag in Form einer ausgedehnten Pirsch vorzubereiten. Dazu suchten wir uns eine nur wenige hundert Meter entfernt gelegene, felsige Erhöhung aus, die einen trefflichen Überblick über das hier doch recht

flache Gelände bieten mußte. Unsere hipboots, Gummistiefel, die bis an die Hüfte reichen und am Hosengürtel befestigt werden, bewahrten uns wieder einmal vor völlig durchweichter Kleidung.
Ohne diese Langschäfter könnte man sich in großen Teilen Alaskas eine Jagd überhaupt nicht vorstellen. Damit soll aber nicht gesagt sein, Alaska bestehe nur aus lebensgefährlichen Sumpfgründen, wie sie uns etwa aus abenteuerlichen Expeditionsfilmen Südamerikas bekannt sind. Nicht, daß es solche gefahrvollen Gegenden nicht gäbe, nein, sie bilden nur die Ausnahme. Das Gelände läßt sich bewältigen, nicht immer gefahrlos, aber vor allen Dingen oft nur sehr mühevoll.
Gefahren lauern in Alaska in der Regel auf ganz anderen Gebieten. Da ist das von einem auf den anderen Moment umschlagende Wetter. Eisige Schneestürme, die dem lauen Sommerwind unmittelbar folgen. Da ist die grenzenlose Einsamkeit, aus der es ohne klaren Sinn und die nötigen technischen Hilfsmittel, sei es ein Flugzeug oder ein Kompaß, kein Entrinnen gibt. Da ist das unwegsame Gelände, in dem schon wenige Meilen täglich eine Gewaltaktion bedeuten. Die Aufzählung ließe sich beliebig fortsetzen und könnte doch nur unvollständig erklären, was mit der gefährlichen Weite dieses Landes gemeint ist.
Der kleine Hügel gefiel uns. Durch Weidengestrüpp gedeckt, gaben wir keine weithin sichtbare Zielscheibe ab. Gleichzeitig ermöglichte unser Ausguck einen einzigartigen Rundblick über die für mich beeindruckendste Landschaft, die Tundra.
Sie zeigt im September noch eine Vielzahl von Farben. Je weiter die Riedgräser vom Wasser entfernt wachsen, desto mehr verlieren sie ihre saftig grüne Farbe, bis hin zum sandfahlen Beige. Dadurch wirkt das Labyrinth der Gewässser wie das Muster eines unsymmetrischen Netzes, das die weiten Ebenen überzieht. Unterbrochen wird die Farbenpracht von einzelnen blaßgrünen Weiden- und Birkengruppen. Dazwischen stehen vereinzelt, ja man könnte sagen, verloren, Nadelbäume. Diesen Eindruck vermitteln sie auch, wenn sie in größeren Gruppen zusammenstehen. Sie wachsen nicht etwa wie bei uns zu Hause in ihren ersten Jahren dicht aneinandergedrängt mächtig empor, jedes Jahr mindestens einen halben Meter, ihrem bis zu 50 Meter hohen Zenit entgegen. Nein, hier fristen sie, den bissigen Winden des Nordens ausgesetzt, ein karges Dasein; sie kämpfen einzeln, ohne den Schutz der Gruppe, um ihre Existenz. Die Nadelfahnen ragen gewöhnlich nur in

die dem Wind abgewandte Richtung. Zehn- und zwanzigjährige Stämmchen erreichen gerade Mannshöhe. Mehr lassen Wind und Wetter nicht zu, mehr Kraft können diese Bäume in den wenigen warmen Tagen des Jahres der Erde nicht abringen. Man muß sich diese Auseinandersetzung der Natur genau vergegenwärtigen, wie der Trieb jedes Jahr wieder mit dem zu spät einsetzenden Frühling und dem zu früh beginnenden Herbst kämpft. Und doch trotzen sie allen Witterungsunbilden, um auf ihre Weise den einzigartigen Reiz der Tundralandschaft mitzugestalten, um ihren Teil, so wie er ihnen bestimmt ist, beizutragen.

Diese Eindrücke offenbaren sich dem Beschauer, wenn er, wie ich von unserem Hügel, diese bezaubernde Landschaft betrachtet. Völlig Neues tut sich auf, wenn er seinen Blick zu Boden wendet. Der Hochsommermonat August war gerade vorbei, aber immer noch zierten eine Vielfalt farbiger Tupfer den Boden der Tundra. Verzeihen Sie mir, wenn ich nicht im Stande bin, all die Dotter- und Butterblümchen, Nelken und Rispengräser beim Namen, geschweige denn mit ihrer lateinischen Identifikation zu nennen, die diesen nur wenige Zentimeter aufgetauten Permafrost zu einer einzigartigen Farbenpracht gestalten.

Eine geradezu dominierende Pflanzengattung darf jedoch bei der Beschreibung dieser Landschaft nicht vergessen werden, spielt sie doch für die Fauna eine herausragende Rolle: die Beeren. Wenn dieses Land etwas anbietet, so im Überfluß. Seien es die kolossalen Gletscher, die unzähligen Seen, die großmächtigen Kohlköpfe, die gewaltigen Schaufler und Caribous – oder seien es eben Vielfalt und Größe der Beeren. Man muß diese Früchte der Natur gesehen haben, um sich ein Bild machen zu können. Von den schwarzen (black and blue), übrigens nicht sonderlich schmackhaften, über die köstlichen Preiselbeeren (granberries), bis hin zu leuchtend roten ungenießbaren baneberries, ist Ende April offensichtlich das ganze Land übersäht mit allen Arten von Beeren, die ich nicht einmal durch ein viel später erstandenes Beerenbuch alle identifizieren konnte. Daß die Bären sich auch von Beeren ernähren, haben selbst Unkundige schon in Erfahrung gebracht. Sie dienen im Herbst aber auch anderen Wildtieren als Äsungsgrundlage und sind willkommenes Nahrungsmittel für den Menschen. Übrigens können sie viel angenehmer geerntet werden als unsere Waldbeeren, weil sie dichter stehen und doppelt so groß sind. In jedem Fall sind sie eine Augenweide für den aufmerksamen Beobachter und unverrückbarer Bestandteil der Tundra.

Genüßlich lagen wir in der wärmenden Mittagssonne und glasten von Zeit zu Zeit die Gegend ab. Irgendwann, hofften wir, müßte das Okular an mächtigen, beigen Schaufeln hängen bleiben. Selbstverständlich konnte es auch ein tiefschwarzer Fleck sein. Gen Osten stieg, mindestens einen Tagesmarsch entfernt, das Gelände zu einer hügeligen Landschaft an.

„Sicher sind diese Hänge mit ihren Beeren bevorzugtes Äsungsgebiet für die Schwarzen", gab Reinhold zu bedenken, „damit sinkt aber wieder unsere Chance auf Elch!" Die Beantwortung der Frage, die seine Aussage beinhaltete, fiel mir leicht. Ich wollte mein Glück lieber auf diesen riesigen Alaskaelch versuchen. Irgendwie hat er, zumal für uns Europäer, auch wenn wir nur seine Trophäe kennen und ihm womöglich noch nie in freier Wildbahn begegnet sind, eine magische Anziehungskraft. Wirkt er doch bei aller Eleganz, die er in seinen Bewegungen zu entfalten vermag, durch seine plumpe Unförmigkeit wie ein Lebewesen aus prähistorischer Zeit.

Die einzigen, die sich jedoch und dann gleich zu Hauf zeigten, waren die Moskitos. Ich kannte sie ja schon, diese unseligen Biester. Reinhold hatte mich schon bei unserem letzten Einkauf darauf aufmerksam gemacht,daß ohne „buck dope", wie das stinkende, aber wirksame Zeug unter den Eingeweihten genannt wird, nichts geht. Und je mehr es stinkt, das heißt, je mehr wirksamer Abwehrstoff und je weniger Parfüm enthalten ist, desto besser erfüllt es seinen Zweck. Es nützt auch keineswegs, nur die von Kleidung nicht bedeckten Körperstellen „chemisch" zu schützen. Dicke Wollstrümpfe oder normale Jeans bilden für die langen Stachel dieser kleinen Ungeheuer keine Hindernisse. So wird schon nach kurzer Zeit das kleine Fläschchen zum absolut notwendigen Hosentaschenrequisit.

Was das Ausmachen auch von großem Wild in der Tundra betrifft, so täuschen die auf den ersten Blick weit einsehbaren Flächen. Büsche und Sträucher bieten immer wieder genügend Deckung, auch für einen Elch, wenn er nicht größere Strecken zieht.

Nachdem uns der kleine, erhöhte Ansitz keine neuen Erkenntnisse bescherte, beschlossen wir, wieder zu unserem See zurückzupirschen und dort die Ufer abzufährten, um möglicherweise gegen Abend austretendes Elchwild zu beobachten. Wir wählten die nach der Windrichtung günstigere Westseite und bewegten uns langsam durch den marschigen Untergrund. Die ausgetretenen Wildwechsel boten dabei die besten, ja die einzigen Hilfen, um sich durch das dichte und optisch meist unergründliche Gewirr von niggerheads, Schilf, Moos und Weidengestrüpp durchzuarbeiten. Diese Wechsel werden aber auch von Bären angenommen, ein Umstand, der vor allem mich immer wieder mit Schaudern erfüllte, besonders wenn wir bei gutem Wind nahezu lautlos vorwärts kamen. Ich vergaß nie den Blick nach hinten. Aus einschlägiger Literatur wußte ich, daß Bären oft Wild oder auch ihren Feind, den Menschen, umschlagen und plötzlich in deren Rücken auftauchen. Eine gänsehauterzeugende Vorstellung.

Ich kannte zwar die Größe kanadischer Elche und auch das Ausmaß ihrer Fährten, sie wirkten aber gegen das, was in diesen Wechseln stand, eher bescheiden. Auch unser Weidevieh hätte sicher zum Teil weit schwächere Eingriffe hinterlassen. Wie mochten erst die Hirsche dazu aussehen? Selbst Reinhold zeigte sich zumindest von einer Fährte beeindruckt. Er prüfte immer wieder, wie sie verlief und wie alt sie wohl war. Wenn hier nicht alles völlig anders war als bei uns zu Hause, dann mußte der Elch vor wenigen Stunden hier durchgezogen sein. Die Richtung der Fährte wies zur nördlichen Bucht des nahezu runden Sees. Hier hatten wir ganz gute Deckung. Die Nadelbäume reichten bis an das Ufer heran, so daß das Vorwärtskommen zwar einerseits kein Problem bedeutete, andererseits aber auch unser Sichtfeld eingeschränkt war. Würde der Bulle vielleicht schon hinter der nächsten Überhälterfichte stehen? Noch war der Wind gut. Aber was, wenn wir nach links in die nördliche Bucht abdrehten? Würden wir dann das Wild womöglich vergrämen?

Reinhold schienen die gleichen Gedanken zu bewegen. Er verlangsamte seinen Schritt. Wir tauschten unsere Gedanken aus und suchten einen so weit wie möglich gedeckten Platz unter einer Helmlockstanne direkt am Wasser. Hier reichte das Ried- und Schilfgras nicht bis zum Wasserrand, so daß wir einen hervorragenden Überblick fast über den ganzen See genießen konnten. Obwohl kein „Jagdtag", beschlossen wir doch anzusitzen, in der Hoffnung, daß der Schaufler sich am Nordende des Sees zeigen würde. Morgen wollten wir ihn dann angehen.

Er tat uns den Gefallen nicht. Die Schatten der Tannen gewannen auf der gelbspiegelnden Wasserfläche an Länge. Kleine Wellen setzten sich in Bewegung, obwohl der Lufthauch nicht ausreichte, in den Baumkronen Gleiches zu bewirken. Kein Laut eines Vogels durchbrach die Stille. Es sind ohnehin nur wenige, die den Kampf mit der Natur hier aufnehmen. Sie sammelten ihre Kräfte jetzt schon für den nahenden Winter. Nicht einmal ein springender Fisch holte durch eine schnelle Bewegung die dahingesunkenen Gedanken in die Wirklichkeit zurück. Sogar die Moskitos hatten hier ein Einsehen – oder vielleicht hatten sie uns hier noch nicht aufgespürt? Die kräftigen Farben des Tages verschmolzen in der Abendsonne allmählich zu einer beige-goldenen Farbsinfonie. Selbst das kristallklare Wasser wirkte wie ein goldener Spiegel, der das dunkle Blau unterdrückte.

Am nördlichen Ufer regte sich nichts, kein Platschen, kein großer Schatten durchbrach die fast unheimliche Stille. Auch wir wollten die Störung durch unsere Anwesenheit auf ein Minimum beschränken und stahlen uns noch bei gutem Licht davon. Nicht nur weil der Magen knurrte, sondern auch weil wir nicht auf dem Rückweg an das Wasser wechselndes Wild vergrämen wollten. Und da gab es außerdem noch die Bären. In Alaska jagt man mit gutem Grund nur bei Tageslicht!

Auf der dem See abgewandten Seite des Zeltes, in Deckung hinter einer mächtigen Weidengruppe, bruzzelten wir auf kleinstem Feuer unser Abendbrot. Eher flüsternd wogen wir die Chancen des morgigen Tages ab, und dann verkrochen wir uns in unser kleines rotes Zweimannzelt. Lange wollten die Gedanken dem Schlaf nicht weichen, weil mich zu viele Eindrücke beschäftigten. Während einer unruhigen Nacht fieberte ich dem Tag entgegen.

Reinhold mußte mich nicht wecken. Nicht nur sein sonores Röcheln hielt mich wach. Der unebene Untergrund ließ einen tiefen Schlaf ohnehin nicht zu. Luftmatratzen kennt man hier auf der Jagd nicht. In den kleinen Fliegern muß Gewicht gespart werden. Allenfalls kälte- und nässeabstoßende, einen Zentimeter dicke, federleichte Kunststoffunterlagen hat man dabei.

Der kleine Bezinkocher wurde in Betrieb gesetzt. Der heiße Kaffee sollte die alaskanische Morgenfrische aus unseren müden Knochen vertreiben. Die Feuerstelle blieb kalt. Wir wollten in der Morgendämmerung keine unnötigen Gerüche verbreiten.

Das Tagesgrauen ließ gerade die Konturen des Seeufers erkennen, als

wir leise lospirschten. Die Sonne verbarg sich noch weit hinter dem Horizont, dennoch versprach der junge Tag einen wolkenlosen Himmel, ganz und gar keine Selbstverständlichkeit in diesem weitem Land. Schnell fanden wir unseren Wildwechsel von gestern wieder und pirschten vorsichtig gen Norden. An unserem Besinnungsplätzchen von gestern Abend legten wir eine kleine Rast ein, um in Ruhe das Seeufer abzuäugen. Es dauerte nicht sehr lange, bis mir der Atem stockte. Zwar noch in respektabler Entfernung, aber ohne Zweifel stand dort am nördlichen Ende des Sees ein mächtiger Elchbulle im Wasser und äste die saftigen Wasserpflanzen.
Meine Hände hatten längst zu zittern begonnen, als mein Führer diese Entdeckung mit einem lapidaren „good moose" quittierte. Sicher trennten uns noch gute 500 Meter Luftlinie, dennoch waren die weitausladenden Schaufeln gut zu erkennen. Jetzt tauchte er sein ganzes Haupt unter die Wasseroberfläche. Merkwürdig erregend sah das aus. Nach mehr als zehn Sekunden schaufelte das gewaltige Geweih die Wassermassen empor, die sich zwischen den Enden wieder auf die spiegelglatte Wasseroberfläche zurückergossen. Ein einmaliges Schauspiel! Reinhold betrachtete das zwischen uns und dem Bullen liegende Seeufer, große Schilfpartien mußten da überwunden werden und machten ein Vorwärtskommen direkt am Ufer entlang nahezu unmöglich. Der Wind stand zwar gut, aber wir wären leicht zu sehen und wahrscheinlich auch zu hören gewesen. Wir mußten das ganze Gelände weiträumig umschlagen. Dabei würden wir auch den Sichtkontakt zum Elch für eine ganze Weile verlieren, aber es blieb keine andere Wahl. Ein kurzes Stück nutzten wir noch den Elchwechsel und bogen an einer günstig erscheinenden Stelle nach rechts vom See ab. Wir schlichen so rasch, wie es das Gelände, ohne übermäßige Geräusche zu verursachen, erlaubte, durch eine größere Gruppe von Blaufichten. Reinhold prüfte laufend den Wind. Bis jetzt schien unsere Rechnung aufzugehen. Nach einer Weile schwenkten wir wieder nach links. Unserer Vermutung nach mußten wir jetzt die Höhe des nördlichen See-Endes erreicht haben, also auf gleicher Höhe mit dem Elchbullen sein.
Vorsichtig kämpften wir uns Meter für Meter durch das Dickicht von Riedgräsern und Weiden, immer wieder versuchend, einen Blick dorthin zu erhaschen, wo wir den Schaufler zuletzt gesehen hatten. Zu allem Unglück tauchte jetzt vor uns auch noch ein Sumpfgelände auf. Sollten

wir nochmals zurück und das Gelände noch weiter umschlagen? Das wäre sicherlich das Sinnvollste gewesen, aber dann hätten wir, aus nördlicher Richtung kommend, schlechten Wind gehabt. Es half also nichts, wir mußten hier durch und nach Möglichkeit ohne quatschende Geräusche. Wie auf einem Drahtseil balancierend, nutzten wir jeden vermeintlich festeren Untergrund. Bis zu den Knien versanken wir im Schilfwasser, bis unsere Stiefel schließlich festen Halt fanden. Für unsere Begriffe vollführten wir einen Spektakel, den ein vorsichtiges Wild wohl schwerlich aushalten würde. Vielleicht schluckte der Busch den Geräuschpegel? Hoffentlich, sonst wäre alle Mühe umsonst gewesen. Mein rechter Fuß nahm längst ein Wasserbad im Gummistiefel; alles triefte vor Nässe: Hände, Ärmel und natürlich auch die Büchse – hoffentlich ging das alles gut!

Der Boden wird jetzt wieder fester, dafür haben wir wegen des mannshohen Gestrüpps keinerlei Überblick mehr. Wir fühlen jedoch, ganz nahe zu sein. Koste es, was es wolle, wir müssen zum Ufer, von wo man die Stelle einsehen können müßte, an der der Elch zuvor im Wasser stand. Auf allen vieren robben wir zum Wasser. Das niedrige Riedgras zwingt uns in die Downlage. Dort vorne muß es gewesen sein!

Enttäuscht schauen wir uns an. Die Wasserfläche liegt wie ein Spiegel vor uns.

„Sei bereit, vielleicht liegt er vor uns im Schilf, wenn er hoch wird, versuchst Du Dein Glück", haucht mein guide mehr, als er flüstert.

Zentimeter um Zentimeter kriechen, robben und ducken wir uns durch das Schilfgras. Kleine Wasserlachen liegen zwischen den niggerheads. Das Wasser läuft zum Hosenbund herein, aber ich nehme diese Veränderungen meiner unmittelbaren Umwelt nur im Unterbewußtsein wahr. Die Sinne sind fixiert auf das große Unbekannte dort vor mir in der Schilfwüste Alaskas. Jede Sekunde muß ich damit rechnen, daß vor mir der Bulle aufsteht, und dann gilt es, die Schrecksekunde, falls ein Elch so etwas überhaupt kennt, auszunutzen. Wie weit vor uns wird er wohl hoch werden? Ob er überhaupt dort in der Deckung ruht oder längst weitergezogen ist? Das Robben auf allen vieren ist mir jetzt zu gefährlich. Zu lange würde es dauern, aufzustehen und das Gewehr in Anschlag zu bringen. In der Hocke mit anstrengendem Entengang gewinne ich Meter um Meter. Die Beine schmerzen. Ich möchte mich am liebsten hinsetzen und ausruhen. Aber jetzt gibt es kein Halten

mehr. Das Riedgras wiegt sich im Morgenhauch. Eine exakte Trennung zwischen Wasser und Land ist aus der Froschperspektive nicht mehr möglich. Ich fühle die Luft hinter meinen Ohren, der Wind!
Da, jetzt wird er hoch!
Auf etwa 70 Meter, wie aus dem Nichts, steht der gewaltige Alaskaelch vor mir und äugt in unsere Richtung. Als ich die Schaufeln aus dem Gras emporwachsen sehe, richte auch ich mich ohne weitere Vorsichtsmaßnahme auf. Jetzt stehe ich dem Koloß gegenüber. Das Fadenkreuz tanzt vor Aufregung, der mächtige Wildkörper füllt das Sehfeld.
Auf den ersten Schuß nimmt der Bulle ohne Schußzeichen das Wasser an. Jetzt weicht das schier unbezwingbare Jagdfieber der notwendigen Nüchternheit zur Lösung der Aufgabe. Das Wasser spritzt unter den ins seichte Ufer stechenden Läufen auf und zerreißt den leblosen Spiegel des Sees. Keine 20 Meter ist der braune Riese gekommen, als ihn mein zweiter Schuß auf dem Träger faßt und von den Läufen bringt. Die Magnum läßt kaum noch ein Schlegeln zu. Mein Alaskaelch liegt vor mir im seichten Wasser eines namenlosen Sees.
Während ich recht farblos die zweite Schrecksekunde verdaue, dröhnt hinter mir der entsetzte Schrei: „Oh no!"
Einigermaßen entgeistert drehe ich mich zu Reinhold um mit dem fragenden Blick, was hier wohl nicht richtig gewesen sein sollte?
„Was glaubst Du, wie wir diesen riesigen Fleischberg dort aus dem Wasser bekommen? Du hättest das zweite Mal nicht schießen dürfen. Der wäre von alleine wieder aus dem Wasser gekommen. Jetzt ist eine Bergung so gut wie ausgeschlossen! Egal, das konntest Du ja nicht wissen, auf jedem Fall Waidmannsheil!"
Sprachs und steckte sich eine Zigarette an.
Die berechtigten Bedenken eines alten Alaskahasen vermochten jedoch meiner sich lösenden Spannung und aufkommenden Freude über das Erlebte keinen Abbruch zu tun. Meine Güte, war das aufregend, ich schlottere noch an Leib und Seele.
Vorsichtig stapfen wir auf das gestreckte Wild zu, von dem nur die eine Flanke und die linke Schaufel aus dem Wasser ragten. Erfreulicherweise war der Untergrund relativ sandig und gab uns Halt. Das Wasser am Rande wurde abrupt so tief, daß es uns beinah wieder in unsere Schaftstiefel hineinlief. Das erwies sich jedoch als der glücklichste Umstand in unserer nicht eben beneidenswerten Situation, den Elch zu bergen.

Dallschaf – Dallsheep *(Ovis canadensis dalli)*

Wie einst in Kanada, nur jetzt mit reiner Menschenkraft, konnten wir den Wildkörper wie ein Floß in Richtung Land ziehen. Da das Wasser ausreichende Tiefe hatte, schleifte der Wildkörper nicht auf dem Grund des Sees. Sicherlich nicht gerade ein Honigschlecken, aber in gut einer Viertelstunde hatten wir den Koloß bis ans Ufer gezerrt. Daß wir völlig verschwitzt und durchnäßt waren, versteht sich von selbst. Die Sonne meinte es Gott sei Dank gut mit uns und tauchte die anstrengende Aktion in wärmende Strahlen. Das motivierte offensichtlich aber auch die Moskitos, die sich in ganzen Schwärmen einfanden. Unser buck dope wurde jetzt wichtigstes Requisit, wenn auch mit dieser Situation völlig überfordert.

Wir schlugen mit dem Beil, das Reinhold immer mit sich führte, einen kleinen Fichtenstamm, und dann versuchten wir, mittels Hebelkraft, Ziehen und Zerren den Wildkörper so einigermaßen aus dem Wasser an Land zu traktieren. Das gelang wenigstens so weit, daß wir die Bauchdecke öffnen konnten, um das Stück zu lüften. Weitere Aktionen ließen die Umstände nicht zu.

Wir beratschlagten. Das Beste wäre wohl, wenn uns Claus und Sonny zu Hilfe kommen könnten. Der See hier, den ich jetzt „Moose Lake" taufte, bot aber für unsere andere Maschine keine sichere Landemöglichkeit. Jedenfalls verwarf Reinhold meinen Vorschlag, die anderen über Funk zu verständigen. Wir machten uns auf den Rückweg zu unserem Camp. Mein Führer wollte mich nicht zur Totenwache bei meinem Bullen lassen.

„Der Schweißgeruch könnte Bären, aber auch andere Elche verführen!"

„Wieso andere Elche?"

„Wir sind kurz vor der Brunft, ein Elchbulle mag die Situation falsch einschätzen, wir wollen sicher nach Hause kommen!"

Reinhold dachte wirklich an alles.

Wir marschierten trotz aller Beschwernisse des Geländes leichten Schrittes zum Zelt. Während Reinhold die Maschine startklar machte, löste ich die Leinen und begann, alles, was wir nicht mehr benötigen würden, in das Flugzeug zu laden.

„Ich hoffe in einer Stunde zurück zu sein, wenn nicht, Du hast ja am Nordende des Sees genug Proviant", lachte mein guide und ließ den Motor aufheulen.

◀ Oben: Günter und die Brooks Range
Unten: Endlich – nach 9 Tagen hatte ich es geschafft

Ich schaute dem roten Vogel nach, wie er durch den blauen Himmel abdrehte und war mit mir und dem alaskanischen Busch nun ganz alleine. Trotz eines Gewehrs ein völlig neues Gefühl, an das ich mich erst gewöhnen mußte.
Die Stille umfing mich, und ich hatte nun viel Zeit, die mir inzwischen vertrauten Eindrücke in mich aufzunehmen und den noch jungen Tag zu genießen. Trotz aller Idylle blieben meine Sinne gespannt. Es ist ein schönes Land, aber auch ein gefährliches.
Ich hätte mich nun dem Fischen widmen können, aber das Angelzeug war schon auf dem Rückweg ins Camp. Überdies hatten wir die Ruhe des Gewässers heute schon genug gestört. Irgendwo dort oben am anderen Ende des Sees im Riedgras mußte mein Elch liegen.
Nach über einer Stunde meldete sich mit zuerst leisem, dann immer stärker werdendem Dröhnen die Maschine zurück, schwenkte ein und wasserte vor mir. Die Klappe flog auf, und Claus winkte überschwenglich. Er hatte natürlich die Geschichte längst erfahren. Ich watete zum Flugzeug hinaus, stellte mich auf eine Wasserkufe, und dann tuckerten wir langsam, wie mit einem Boot quer über den See in Richtung Elch, eine lustige Bootsfahrt für meine Begriffe. Die zweisitzige Maschine war mit den Dreien ja längst überfüllt.
Mit traumwandlerischer Sicherheit fand mein Pilot den richtigen Platz. Im flachen Wasser konnte er bis auf wenige Meter an den Bullen heran. Das dürfte uns viel Schlepperei ersparen. Unter Zuhilfenahme unseres Hebelwerkzeuges wuchteten wir den schweren Körper mit vereinten Kräften an Land. Während mir Claus den Bruch überreichte, wetzte Reinhold bereits sein Messer in Vorbereitung der Arbeit, die jetzt auf uns wartete.
Der Schaufler hatte eine Auslage von knapp 60 inch (ca. 155 cm) und dürfte etwa im achten Kopf gewesen sein. Wenn er auch für einen Eintrag in das berühmte Boon and Crocket Book nicht in Frage kam, so war er mir in jedem Fall gewaltig genug.
Reinhold wollte gerade zum ersten Schnitt ansetzen, als ich entsetzt Einhalt gebot.
„Was ist los, hast Du nicht genug Bilder gemacht?"
„Das schon, aber Du solltest nicht hier anfangen aufzuschärfen; ich will die gesamte Decke behalten!"
„Bist Du wahnsinnig, diesen Koloß aus der Decke zu schlagen? Weißt

Du, was das Ding wiegt? Da arbeiten wir ja noch morgen dran!" Es folgte nun ein längerer Dialog. Meinerseits mit unumstößlicher Beharrlichkeit, seinerseits mit nicht zu überhörenden Schimpftiraden über die verückten Deutschen. Paralellen zu Kanada.
Ich setzte mich, unterstützt von meinem Neffen, schließlich durch. Irgendwie würden wir das Ding schon nach Hause schaffen. Die Plagerei nahm ihren Lauf.
Ich hatte ja mit schwerer Arbeit gerechnet. Meine Erwartungen wurden jedoch bei weitem übertroffen. Wir schärften, schnitten, drehten, zogen, wuchteten, drückten und schoben, was das Zeug, daß heißt die Kräfte hergaben. Und immer wieder die Myriaden von Moskitos. Diese Biester hatten vor nichts Respekt. Sie stachen und bissen, wo immer sie unser habhaft werden konnten. Bevorzugt natürlich auf die bloßen Arme, an denen wegen der dauernden Wasserberührung kein Insektenschutzmittel haften blieb.
Endlich hatten wir es geschafft. Der Wildkörper war frei. Das Aufbrechen und Zerteilen des Elchs bedeutete nun weit weniger Arbeit als das Abdecken, aber ich hatte meinen Willen durchgesetzt. Es sollte der Mühe wert sein. Über vier Stunden schufteten wir zu viert. Dann hatten wir endlich alles in transportable Teile zerlegt. Die kleine Supercub wurde bis an die äußerste Grenze be-, ja überladen. Die Schaufeln zurrten wir an die Flügelstreben, und Claus und Sonny rollten sich zuguterletzt auch noch in die Konservendose. Ich bezog wieder meinen Platz auf den Kufen. Reinhold brachte mich aus Sicherheitsgründen wieder zu unserem ursprünglichen Zeltplatz zurück, dann versuchte er, Höhe zu gewinnen, was gerade noch rechtzeitig vor Erreichen des gegenüberliegenden Ufers gelang. Ich war wieder allein.
Nach den vorausgegangenen Strapazen kam mir die kleine nachmittägliche Siesta, die ich am Ufer liegend einlegen konnte, gerade recht. Die Moskitobisse an meinen Armen machten sich langsam schmerzhaft bemerkbar. 19 Stiche am linken und 21 am rechten Arm konnte ich zählen, es war kaum auszuhalten. Ich lief mit den Hüftstiefeln ein Stück in den See hinein weil ich Linderung durch das kühle Naß erhoffte, in das ich meine malträtierten Gliedmaßen tauchte. Doch leider konnte ich so nicht ewig stehen. Vier Wochen später noch hatte ich mit diesen ekligen Stichen zu kämpfen. Unsere Schnaken sind dagegen harmlose, liebe Haustiere.

Dieses Mal verstrich weniger Zeit, bis Reinhold zurückkam. Nach einer erneuten „Bootsfahrt" luden wir die restlichen Teile des Wildbrets ein. Der schwerste Brocken war jedoch ohne Zweifel die nasse Decke. Wir schätzten das Gewicht auf ca. 60 Kilogramm, wahrlich keine Kleinigkeit.
Dann verließen wir unseren Moose Lake. Ein bißchen wehmütig schaute ich aus der Vogelperspektive auf den blauen Spiegel, der unter mir verschwand. Hier hatte ich eines meiner bedeutendsten Jagderlebnisse erfahren und würde doch nach menschlichem Ermessen nie wieder an diesen Ort zurückkehren.
Die Tundra flog unter uns dahin, und schon kam unser Hauptcamp in Sicht. Die Freunde hatten sich sofort an die Vorbereitungen eines lukullischen Mahls gemacht. Ein nicht gerade opulentes Frühstück war das Letzte, was wir zu beißen hatten, ich hatte Hunger auf mindestens einen halben Elch.
Die Wildbretteile wurden säuberlich auf die vorbereiteten Gestelle gehängt und die Decke zum Trocknen über eine Stange gebreitet. Wenn wir schon kein Salz hatten, so sollte wenigstens das Wasser etwas abtropfen und verdunsten können.
Und wie uns die Caribousteaks schmeckten! Einige Dosen Bier hatte der See kühl gehalten. Zur Feier des Tages zauberte Reinhold auch noch sein Fläschen hervor. Er war gut gelaunt, hatte er doch mit mir bisher mit gutem Erfolg gejagt. Aber da gab es noch etwas, wie uns Sonny leise gestand; sein Vater hatte heute Geburtstag. Wenn da nicht genügend Gründe zum Feiern vorlagen!
Es wurde beschlossen, morgen das Camp abzubrechen. Die Wärme des Indian Summer ließ vergessen, daß es zum Polarkreis nicht sehr weit war, und das viele Fleisch mußte versorgt werden. Reinhold hatte zu Hause sechs Kinder zu füttern. Außerdem erschien ihm das Gebiet auch nicht sonderlich geeignet für die Schwarzbärjagd. Er kenne da bessere Gegenden. Nach diesem Entschluß bestand kein Grund, unsere Vorräte zu schonen. Reinhold und ich übernahmen den kleinen Festrausch, und irgendwann, lange nach Mitternacht und nach herrlichen Stunden am Lagerfeuer in der alaskanischen Tundra schlüpften wir in unsere Schlafsäcke. Mit dem Einschlafen hatte ich heute kein Problem.
Dafür aber um so mehr mit dem Aufstehen. Irgend jemand zerrte an

meinem Fuß, als längst heller Morgen war. „Andy, schnell, ein Bär!" Dies hielt ich selbstverständlich für eine Finte, um mich möglichst schnell aus dem Zelt zu treiben. Ich ließ mich daher in keiner Weise aus meiner morgendlichen Ruhe bringen.

„Schnell, komm raus!" flüsterte Sonny, der als erster den neuen Tag begrüßt hatte. Ganz langsam begannen meine grauen Gehirnzellen zu arbeiten, und ich kroch zum Zeltausgang. Geblendet durch das in der Sonne glänzende Wasser rieb ich mir die Augen und blickte an Sonnys Arm entlang über den See. Tatsächlich, dort drüben, keine 200 Meter entfernt, trollte am Ufer ein kapitaler Blacky.

Ich rein ins Zelt, den Repetierer unter dem Schlafsack hervorgekramt, und dann . . . war es auch schon wieder zu spät. Noch bevor ich schlaftrunken auch nur Anstalten machen konnte, eine geeignete Schußposition für diese Distanz zu finden, war der Petz bereits wieder im Dikkicht verschwunden.

Verdammt, die Chance war gut. Reinhold und ich zogen in aller Eile unsere Stiefel an, und dann versuchten wir, so behend es unsere müden Knochen zuließen, um den See herumzukommen. Sonny und Claus hatten sich uns angeschlossen, und so schwer es auch fiel, es half alles nichts: da war der Schwarzbär, wir mußten die Situation nutzen!

Nach einer halben Stunde hatten wir das Ende des langgestreckten Sees erreicht. Als wir um dessen Spitze bogen, erkannten wir von einer kleinen Anhöhe, daß unsere Chancen sehr gering waren, in kürzerer Zeit an den Bär heranzukommen. Eine dichte Buschlandschaft, durchsetzt mit Nadelholzgruppen machte ein Durchkommen, zumal wenn dies leise geschehen sollte, nahezu unmöglich. Das Gelände mochte sich über mindestens zwei Meilen so erstrecken. „No chance", meinte Reinhold, „let's go home."

In aller Ruhe beluden wir die Flugzeuge. Wir hatten so viel Gepäck und Wildbret, nicht zu vergessen die sperrigen Trophäen, daß Sonny mit der größeren Cessna zweimal fliegen mußte. Das Wetter war wie aus dem Märchenbuch, so daß Reinhold eine Durchquerung der Alaska Range für relativ ungefährlich hielt. Außerdem hatte er sich per Funk bei einem Düsenjet, der irgendwo in 10.000 Meter Höhe, für uns weder hör- noch sichtbar, Richtung Anchorage steuerte, versichert, daß über der Bergkette keine Wolken hingen. Damit benötigten wir lediglich zwei bis drei Flugstunden in einfacher Richtung.

Sonny und Claus flogen schwer beladen los. Wir räumten die letzten Habseligkeiten zusammen und hielten ein willkommenes Schläfchen unter alaskanischer Sonne.
Gegen Nachmittag kam Sonny zurück. In Sichtweite flogen wir durch die beeindruckende Bergwelt Alaskas. Die Gletscher rechts und links kamen beängstigend nahe, da die Schluchten zum Teil keine 100 Meter breit waren. Wenn hier Nebel herrscht! Reinhold drehte leicht zur Seite und deutete auf einen weißen Punkt im Grund der Schlucht – ein Flugzeugwrack! „Das war letzte Woche, war sicherlich nicht vorsichtig genug!"
Ein mulmiges Gefühl bemächtigte sich meiner Magengegend. Doch die überwältigenden, sonnenbeschienenen weißen Schneegipfel des Massivs um den Mount McKinley vertrieben mit ihrer gleißenden Schönheit meine Sorgen. Sie waren zum Greifen nah und doch so weit entfernt.
Die Täler weiteten sich und gaben mir das Gefühl, daß Reinhold uns sicher nach Hause bringen würde. Wir passierten einen der höchsten Berge Alaskas, den Mount Spurr, und dann tauchte in der Abendsonne schon das Cook Inlet am Horizont auf.
„Dort unten, ein Wal!" ruft Reinhold und setzt, jedenfalls für meine Begriffe, zu einem halsbrecherischen Sturzflug an. Und jetzt erkenne auch ich den mächtigen Körper knapp unter der blauen Wasseroberfläche. Er wirkt verschwommen, wird deutlicher und jetzt gestochen scharf. Er taucht auf, und mir fallen die Worte aus Moby Dick ein: „Dort bläst er, der Wal!"
So war mir, gewissermaßen als krönender Abschluß dieser Jagd, noch ein einzigartiges Schauspiel vergönnt: der Beluga hatte mir die Ehre erwiesen.
Welch gewaltiges Land, dieses Alaska.
Bald kam auch der Wasserflughafen, Lake Hood, in Anchorage in Sicht. Wir hatten es geschafft, unsere Jagdbeute gab allen Grund zur Freude, die Naturerlebnisse waren überwältigend und nur schwer zu schildern.
Heute erwartete uns statt des harten Tundrabodens zur Abwechslung ein weiches Bett. Morgen mußten wir Wildbret und Trophäe versorgen, aber schon übermorgen würden wir zur Schwarzbärenjagd in die Alaska Range starten.

Schwarzbärengeschichten

Viel Rast gönnten wir uns nicht. Bereits am nächsten Tag wurden die Supercub wieder auf Vordermann gebracht und die notwendigen Vorbereitungen getroffen. Dieses Mal wollte Reinhold mit mir allein in die Alaska Range fliegen. Claus mußte zu Hause bei Sonny bleiben. Die beiden hatten aber aus der Not schon eine Tugend gemacht und mit einem anderen Freund eine Entenjagd vereinbart. Langweilig würde denen schon nicht werden.

Die kleine Hütte in der Alaska Range, die Reinhold ansteuern wollte, ließ eine Landung mit der größeren Maschine nicht zu. Selbst wir würden Mühe haben, dort mit unseren Ballonreifen zu landen, die wir gegen die „flouts" ausgetauscht hatten.

In aller Ruhe ging es am nächsten Morgen los. Viel hatten wir nicht zu packen, war doch in unserer Konservendose auch nicht viel unterzubringen. Ein größeres Zelt war auch nicht vonnöten, da wir in einer kleinen Hütte campieren wollten, die Reinholds Bruder gehörte, der uns mit seinen beiden Söhnen möglicherweise Gesellschaft leisten wollte. Ich nahm den Plan zur Kenntnis und fügte mich in mein Schicksal – besser gesagt, auf den Minirücksitz der Supercub.

Der Start mit Reifen auf einer Schotterpiste vermittelte mir nach dem sanften Starten und Landen auf dem Wasser ein völlig neues Erleben der kleinen Maschine. Bei den vielen Wassern, die man in Alaska überfliegt, geben Wasserkufen zweifellos eine größere psychologische Sicherheit als Räder. Wo wollte man mit diesen Dingern eigentlich landen? Außer in Anchorage hatte ich noch keine asphaltierte Landebahn in diesem weiten Land entdeckt. Ich sollte noch meine blauen Wunder erleben und staunen, wo ein erfahrener Buschpilot überall herunterkommt.

Wir flogen über das Inlet zur Mündung des mächtigen Susitna. Dieser Fluß entspringt im nordöstlichen Teil der Alaska Range, fließt dann eine Weile nach Westen, um sich dann, gespeist durch die gewaltigen Wassermassen der Alaska Range um den Mount McKinley, nach Süden zu wenden; er ergießt sich schließlich in das Cook Inlet gegenüber von Anchorage. An den verzweigten Seitenflüssen und Buchten tauchten immer wieder kleine Hütten und Blockhäuser auf. Diese Gegend unweit der großen Stadt stellt zum Teil eine Art Wochenendausflugsgebiet

dar, selbstverständlich nicht mit unseren Vorstellungen von derlei Siedlungsgebieten zu vergleichen. Hier mußte man schon sein Flugzeug oder ein starkes Boot bemühen. Der Personenkraftwagen, wie bei uns, genügt da nicht. Das viel zitierte „Häuschen im Grünen“ hätte mir an diesem Ort auch gefallen. Hier herrschte die totale Abgeschiedenheit. Die herrliche Gegend war auf dem Landweg praktisch nicht zu erreichen. Man konnte selbst bestimmen, wieviel Zivilisation man hereinlassen wollte.
Diese verließen wir nun aber vollends, als wir nach Nordwesten in das weite Tal des Yentna River einbogen. Welch eine Augenweide! Bei strahlendem Wetter leuchtete der weiße Klotz des Mount McKinley in gleißendem Schnee. Der Yentna und der später aus Westen zufließende Skwentna hatten kein Flußbett im herkömmlichen Sinne. Sie bestanden vielmehr aus Tausenden von Rinnsalen, die sich ihren Weg durch Schotter und Geröll bahnten, das sie aus den Gletschern mitgeschleppt hatten. Man konnte sicher nicht überall hindurchwaten, dazu waren die Wasser zu tief und zu reißend, vor allem aber zu eisig, wie ich noch erfahren sollte. Wir überflogen den Fluß in so geringer Höhe, daß wir an ruhigen Stellen sogar die roten Lachse stehen sahen.
Diese offenen Täler mit den leicht bewaldeten, sanften Hängen mußten ein Eldorado für das Wild sein. Hier mußte es einfach Bären geben. Es dauerte denn auch nur ein paar Minuten, bis wir ihn gewahr wurden, den ersten Grizzly. Verärgert über unseren Motorenlärm, mit dem wir ihn bei seiner Lachsmahlzeit störten, erhob er sich auf seine Hinterkeulen und äugte zu uns herauf, um sich gleich anschließend wieder mit dem Fischen zu beschäftigen. Er stand im seichten Wasser, gerade wie auf den einmaligen Fotos, die uns so faszinieren, und holte sich seine Nahrung, die er hier im Überfluß fand.
Das Tal des Skwentna wurde enger, unwirtlicher. Eine wilde Schroffheit, die uns zum Ansteigen zwang, löste die liebliche Schönheit des großen Flußsystems ab. Die Felswände rückten manchmal bedrohlich nahe an unsere kleine Maschine heran, als wir den Rainy Paß verließen, um in Richtung des Oberlaufes des Flusses abzudrehen. Windböen zwischen den Wänden beutelten uns beängstigend, und ich war froh, als mir Reinhold zu verstehen gab, daß wir gleich landen würden. Ich fragte mich nur, wo das stattfinden sollte, denn außer einem reißenden Gebirgsbach konnte ich hier keine gerade Strecke für eine Landung

ausmachen. Völlig unvermittelt wurde ich aus meinen laienhaften Überlegungen gerissen, als das Flugzeug zu einer Kehrtwendung ansetzte und wegen des zu starken Neigungswinkels plötzlich die rote Alarmlampe über meinem Kopf anging und mit einem markerschütternden Pfeifton aufheulte. Das Herz rutschte mir dabei offensichtlich nicht nur in die Hosentasche, denn ich hatte plötzlich auch Schwierigkeiten, andere Funktionen des Körpers unter Kontrolle zu halten. Aus dem linken Fenster waren nur Geröllhalden und Wasser zu sehen, rechts über mir nur grauer Himmel. Gleichzeitig drückte mein Magen gegen den Kehlkopf, die physikalischen Kräfte der Zentrifugalkraft hatten auch in der Alaska Range Geltung.

Das enge Felsental ließ andere Manöver wohl gar nicht zu. Reinhold erkundete offensichtlich die Landemöglichkeiten. Ich konnte weder etwas sehen, weil zwischen allerlei Gepäck eingeklemmt, noch hatte ich in diesem Moment das Gefühl, daß das gut gehen könne. Zu allem Überfluß reichte mir Reinhold auch noch seine brennende Zigarette mit der Bitte, sie in einer Blechbüchse auszudrücken, weil er alle Hände voll zu tun habe. Die Baumwipfel konnte man schon fast greifen.

„Paß auf, das ist etwas ruppiger als auf dem Wasser, halt Dich fest!" drangen seine ermutigenden Worte an mein Ohr, als er den Steuerknüppel nach unten drückte. Vor uns, entlang des Flusses, tauchte eine von niedrigem Grün bewachsene Schotterpiste auf. Was heißt hier Piste! Es standen dort für eine kurze Strecke lediglich keine Bäume! Die grünen Büsche flogen an mir vorbei, das Flugzeug verlangsamte seine Fahrt nur sehr wenig.

„Das gibt eine Bruchlandung! Halt Dich fest!"

Schon wachsen vor uns die mächtigen Tannen wie eine Wand aus dem Boden, die offene Piste ist zu Ende. Reinhold steht mehr in seinem Cockpit, als er sitzt und rührt verzweifelt mit Händen und Füßen an allen Hebeln. Plötzlich komme ich mir vor wie in einem Karussel. Die Maschine dreht sich mehrmals um ihre Achse, ich warte auf den Aufprall, die Explosion, weiß eigentlich gar nicht, was um mich vorgeht, – dann herrscht Totenstille – und es geschieht – nichts.

Reinhold kauert über seinem Steuerknüppel, gebückt und schnauft tief.

„Bist Du allright?"

„Alles klar!" – Schweigen für eine Weile.

Mit diesem Bravourstück hatte Reinhold gezeigt, was für ein Profi er auch im Fliegen war. Als er merkte, daß er die Maschine nicht mehr rechtzeitig vor dem Wald zum Stehen bringen konnte, wagte er ein letztes, verzweifeltes Manöver, indem er das Flugzeug mehrmals wie einen Kreisel tanzen ließ und damit die zu hohe Geschwindigkeit abfing.
Wir schauten uns die Bescherung an. Das Heck und auch das Fahrgestell sahen zum Teil böse aus. Alles war ein wenig verbogen; Reinhold hatte offensichtlich Schlimmeres erwartet.
„Das kriegen wir wieder hin, wenn erst mein Bruder heute Abend noch kommt! Ganz schön Schwein gehabt. Eine Windböe hat auf einmal von hinten gedrückt, da war nichts mehr zu machen. Wenn wir in den Wald gekracht wären, hätte das ein schönes Feuerwerk gegeben. Das Kerosin wäre sicher sofort explodiert!“
Feine Aussichten, wie ich meinte. Auf jeden Fall waren wir heil unten. An den Start wagte ich in diesem Moment nicht zu denken. Die „Piste“ war lediglich von Felsen gesäumt, die schwerer als zwei Zentner waren. Im übrigen konnte die Bahn nicht einmal als das, was wir Schotter nennen, bezeichnet werden. Es war Felsengeröll. Unglaublich, wie man auf diesem Untergrund überhaupt ein Flugzeug aufsetzen konnte. Sicher waren wir nicht die ersten, die hier gelandet waren; hoffentlich würden wir auch nicht die letzten bleiben.
Unsere Habseligkeiten trugen wir zu einer gut 100 Schritte entfernt gelegenen Blockhütte. Mächtige Blautannen bildeten ein schützendes Dach. So hatte ich mir das immer vorgestellt. Eine kleine, etwa drei auf fünf Meter große Behausung aus schweren Stämmen, über deren Stärke ich mich zunächst wunderte. Die kleinen, verglasten Fenster konnten durch schwere Läden verbarrikadiert werden. Außerdem wurden sie ausgiebig durch Stacheldraht geschützt. Selbst das mit Pappe gedeckte Dach war damit verziert. Das Ganze sah mehr nach einer Festung aus als nach einer idyllischen Jagdhütte.
„Was glaubst Du, wozu die Bären fähig sind, wenn sie irgendwo hinein wollen? Vor denen ist nichts sicher. Du bist besser sehr vorsichtig hier, this is bear country“, beantwortete mein Führer meinen fragenden Blick.
„Kein Schritt ohne das Gewehr, nicht einmal dort hinüber zum Bach“, lautete seine eindeutige Anweisung. Ich sollte noch erfahren, wie begründet diese Vorsicht war.

Der Emerald Creek mündete an dieser Stelle in den reißenden Oberlauf des Skwentna. Er diente unserer Wasserversorgung und übte mit seinem behäbigen Murmeln eine beruhigende Wirkung auf mich aus. Seine unterscheidbaren Laute wirkten friedvoll gegenüber dem ungezähmten Brausen des wilden Skwentna, der in größerer Entfernung an uns vorbei rauschte und eine bedrohlich wirkende Geräuschkulisse abgab.

In der unverschlossenen Hütte – wer hierher kommt, hat als echter outdoor nichts Böses im Sinn – ging es recht asketisch zu. Zwei Stockbetten boten vier Mann Platz. Eine grobe Eckbank mit massivem Tisch und einem dieser tollen Öfen bildeten, abgesehen von einigen Gerätschaften, die abenteuerlichen, aber zweckentsprechenden Einrichtungen der Unterkunft. Das traf vor allem für den Ofen zu. Ein altes Bezinfaß war so umgearbeitet, daß es im unteren Teil befeuert werden konnte. Die Abdeckung diente als eine Art Herdplatte, und darüber war, durch ein Ofenrohr verbunden, eine Art Backofen angebracht. Dessen Vorteile sollte ich noch schätzen lernen.

Soweit möglich, richteten wir uns häuslich ein. Lange hielten wir uns damit jedoch nicht auf, da Reinhold meinte, die verbleibenden Stunden des Tages noch nutzen zu wollen, um etwas Ausschau zu halten.

Unsere Maschine verzurrten wir wie gewohnt gegen zu heftige Stürme, mit denen hier immer zu rechnen ist. Schließlich pirschten wir den Hang hinauf durch nahezu undurchdringliches Gestrüpp aus Tannen, Weiden, Erlen und Espen. Unseren Weg mußten wir mit Hilfe einer kleinen Axt bahnen, weil ein Durchkommen anders einfach nicht möglich war. Wir hatten ja nicht vor zu jagen; und um Ausschau zu halten, genügte unser Stützpunkt.

Die frische Abendbrise der Alaska Range ließ uns den schweißtreibenden Anstieg schnell vergessen. Wir mußten unsere Parkas bis zum obersten Knopf dicht machen, auch wenn noch die letzten, zaghaften Sonnenstrahlen durch ein Wolkenloch die über uns liegende Felsspitze anglühten.

Hier hatte der Herbst bereits Einzug gehalten. Die Blätter der Bodendecker und Beerengewächse säumten schon gelbe Ränder, während die schwarzen und roten Früchte prall daraus hervorleuchteten. Der Himmel verhieß Regen, und der Wind roch nach Herbst. Vor drei Tagen saßen wir noch hemdsärmelig am Stony River.

Es tat sich nichts. Irgendwie hatte ich auch keinen besonderen Jagdeifer, mußte ich doch erst mit dem vergangenen Tag und der neuen Situation fertig werden. Reinhold glaste unentwegt den über uns liegenden Hang bis hinauf in die Felsenregion ab. Nichts wollte sich zeigen.
Aus meiner Lethargie erwachte ich automatisch, als Reinhold eine ungewöhnlich schnelle Bewegung zu seinem Fernglas machte. Ich folgte seiner Blickrichtung. Ja richtig, dort oben, sicher mehr als 400 Meter entfernt, war ein schwarzer Punkt, ein black bear! Und was für einer.
„Hey, wenn wir den erwischen, dann haben wir mehr als Dusel, das ist ein ganz Kapitaler!"
Der Bär war aus einem Erlengestrüpp auf eine offene Fläche getreten und begann, sich an den Beeren gütlich zu tun. Er bot durch das Glas einen traumhaften Anblick. Geschmeidig bewegte sich der tiefschwarze, fast bläulich schimmernde Bär durch die grüngelben Beerenbüsche. Kein Schritt verriet Hast, und doch hatte man das Gefühl, daß diesem Raubtier nur schwer etwas entgehen würde. Zu deutlich war das Spiel der Gehöre und das unaufhörliche Windholen zu erkennen. Das auf den ersten Blick eher plump wirkende Tier täuscht durch seine gedrungene und kompakte Form Behäbigkeit vor. Aus dem Stand sind sie jedoch in der Lage, große Geschwindigkeiten zu entwickeln. Eine Tatsache, die ein Davonrennen sinnlos macht, wenn ein Bär sich erst einmal zu einer Attacke entschlossen hat. Hat man Glück im Unglück, so ist der Angriff ohnehin nur ein Bluff und die verständliche Aufregung umsonst. Später lernte ich, daß die Sekunden bis zu dieser Gewißheit zur Ewigkeit werden können.
Überhaupt fällt das Großwild Alaskas durch seine körperliche Masse auf. Hier macht sich die Natur das physikalische Gesetz zu Nutze, wonach bei größer werdender Masse die Oberfläche des Körpers relativ kleiner wird, je weiter sich der Körper der Idealform einer Kugel nähert. Die im Verhältnis zum Körpervolumen kleine Oberfläche ist für die Thermoregulation der Tiere von entscheidender Bedeutung, da die Wärmeabgabe so gering wie möglich gehalten werden kann.
Vergleichen Sie hierzu einmal den grazilen Körperbau afrikanischer Gazellen. Hier operiert die Natur in umgekehrter Richtung.
Wie würde an diesen Burschen heranzukommen sein?
Reinhold mußte meine Gedanken erraten haben.
„Ein schweres Stück Arbeit! Der Wind geht tagsüber meist hangauf-

wärts, wir müßten von oben kommen. Nur, das ist vor dem Morgengrauen kaum zu schaffen. Mal sehen, wo er morgen steht, wir müssen ihn erst einmal beobachten, bevor wir unseren Schlachtplan entwerfen."

Wir vernahmen ein leises Summen. Schon erkannten wir talabwärts die kleine Maschine von Robert, Reinholds Bruder. Ohne erkennbare Sorge beobachtete Reinhold die tadellose Landung seiner Verwandtschaft. Die hatten an den Enden der Tragflächen nach unten gewölbte Verlängerungen angebracht. Damit konnte die Fluggeschwindigkeit zusätzlich erheblich verlangsamt werden, was ein Landen auf noch kürzeren Pisten ermöglichte. Findig sind diese Burschen schon.

Unser Abstieg war gottlob nunmehr ein Kinderspiel. Wir begrüßten Robert, Steve und Novak, seine Söhne. Der Vater war nicht gerade ein Schwergewicht, seine Buben dafür das Gegenteil, kaum zu glauben. In jedem Fall erschienen mir alle drei recht sympathisch, wir würden schon zu fünft in vier Betten zurechtkommen.

Die Lose für den nächsten Tag waren schnell verteilt. Reinhold und ich würden auf den Blacky jagen, Robert und Steve wollten einige hundert Meter talabwärts auf einer Sandbank landen und ein erfolgversprechendes Hochtal auf Elche durchstreifen. Novak würde sich erst einmal richtig ausschlafen; er war hundemüde von der Schichtarbeit beim Catarpillarfahren für die Pipeline.

Der Ofen bollerte, und eine schier unerträgliche Hitze breitete sich in der Bude aus. Mir wurde eines der oberen Stockbetten zugewiesen; ich verzog mich auf die Pritsche. Es gab zwar keine Matratze, dafür waren die Holzbretter sicherlich hier in der Wildnis hygienischer. Fenster waren aus den bereits geschilderten Gründen nicht zu öffnen und die Türe selbstverständlich verbarrikadiert. Die Hitzeentwicklung wurde unerträglich, vor allem unter der niedrigen Hüttendecke. Bereits nach einer halben Stunde sah ich ein, daß an ein Schlafen hier oben nicht zu denken war, zumal der vollgestopfte Ofen noch für eine lange Weile Futter zu haben schien.

So leise wie möglich – meine Kumpane konnten anscheinend überall schlafen – ließ ich mich auf den Hüttenboden hinab und rollte mich mit meinem Schlafsack in ein freies Eck. Herrlich, wieder tief atmen! Irgendwie nickte ich auch für eine kurze Weile ein. Allzulange kann es nicht gewesen sein. Mit klappernden Zähnen war mir der Fluch meiner

Tat sofort gegenwärtig. Den einzigen Ausweg, sich oben ins Bett zu legen und den Kopf nach unten in die frische Luft zu hängen, verwarf ich nach kurzer, aber eingehender Überlegung. Diese Nacht mußte irgendwie durchgestanden werden, morgen würde ich versuchen, meinen Einfluß für ein vernünftiges Klima geltend zu machen.
Und schließlich ging auch diese Nacht vorbei. Reinhold hatte offenbar eine innere Uhr. Es war noch dunkel, als er das glimmende Feuer im Yukonofen neu entfachte. Angenehm knisterte der Wärmespender durch unsere inzwischen eisige Hütte. Während wir noch Knochen und Klamotten sortierten, war Reinhold schon wieder beim Bruzzeln. Der Geruch kündigte seine berühmten Moossteaks an, selbstverständlich mit viel Fett, weil es ja so nahrhaft ist. Man gewöhnt sich an alles.
Im Osten zeigte sich der erste Silberstreif über dem namenlosen Felsmassiv, als wir unseren gestrigen Aufstieg wieder annahmen.
Tortur ist ein schmeichelndes Wort. Dabei durfte ich ja nicht einmal fluchen, wenn mir die Erlenzweige ins Gesicht schlugen – was war es doch auf der Holzpritsche so schön! Aber letzlich hatte mich ja zu diesem „Vergnügen" niemand gezwungen! Lerne Leiden, ohne zu klagen – schoß mir der Lieblingsspruch meines Banknachbarn in der Obersekunda durch den Kopf. Nach einer Weile geht es dann schon. Man hat die innere Rebellion aufgegeben, weil sie ohnehin nichts hilft. Der Körper folgt dem Geist, und der ist klar, weil von eiskalter Bergluft umströmt. Es gibt kein Entrinnen, allenfalls ein temporäres Abschalten, um die Unannehmlichkeiten psychisch zu unterdrücken. Wer kennt das nicht? Dazu muß man nicht in Alaska gewesen sein.
Mit jedem Schritt kam der Tag und verbesserte die Situation von uns Gepeinigten. Der Tritt wurde fester, die Beine waren eingelaufen. Das Schlimmste des heutigen Tages war geschafft – dachte ich.
Längst hatten wir unseren gestrigen Beobachtungspunkt hinter uns gelassen. Wenn ich aber hangaufwärts blickte, wurde mir klar, welche endlose Strecke noch vor uns lag. Ich mußte wenigstens nicht denken; Reinhold war der Boss. Beide merkten wir aber, daß unser Vorhaben, noch vor vollem Tageslicht am Rande der Felsen zu sein, nicht durchführbar war. Der sternenklare Himmel wich dem Morgengrauen und jetz auch den ersten Sonnenstrahlen im Osten. Der Fels nahm Farbe an und ließ sein unsympathisches, kaltes Grau im Tal zurück. Die Lebensgeister gewannen die Oberhand.

Als Ausweg peilten wir eine wenig höher gelegene freie Fläche an. Dort ließen wir uns nieder, just in dem Augenblick, als die Sonne auch dieses Fleckchen aus seinem nassen, lethargischen Grüngrau holte. Was für unsere nächste Umgebung galt, zeigte sich in der umliegenden Bergwelt als noch beeindruckenderes Schauspiel.

Die grauen Felsen wechselten vom kontrastreichen Rot zum milden Gelb, um schließlich im gleißenden Licht ihre Identität aufzugeben. Aus ihrer prahlerischen Einzeldarstellung fügten sie sich in das Ganze der Natur ein. Eben noch Berge, wurden sie wieder das Gebirge.

Unberührt von dem Schauspiel schienen nur die Wasser tief unten im Dunkel zu bleiben. Der Zyklus berührte sie nicht, glitt an ihnen vorbei. Dort war in diesem Moment keine Schönheit erkennbar. Eintönig gehorchten sie dem physikalischen Gesetz der Schwerkraft. Die Wasser würden sich später revanchieren! Optisch nur kurz, so lange die Sonne die Möglichkeit dazu gäbe. Dafür mahnen sie uns ohne Unterbrechung an den Lauf der Zeit, die den Berg zur See spült. Gedanken, für die ich Zeit hatte hier oben.

Sie werden auch in den nächsten Stunden von unserem Schwarzen nicht gestört. Es berührte mich nur wenig. Der Himmel bezog sich sehr langsam mit grauweißen Kummuluswolken, die nichts Gutes verhießen. Noch wärmte mich die Sonne. Ich genoß den Tag.

Nach dem berühmten Candyfrühstück hob ich mein Glas wieder an die Augen. Wo war nur der Bär von gestern geblieben? War er aus der Gegend gewechselt?

Die Sonne stand längst hoch am Himmel. Beim soundsovielten Versuch, den Schwarzen zu finden, durchzuckte es mich. Ich traute meinen Augen nicht. Dort, ganz oben im Fels, was suchte er dort, war da eine besondere Beerenwiese? In aller Ruhe schlug er sich dort den Wanst voll. Nur über ein Kar konnte diese Stelle überhaupt erreicht werden. Eine größere Kletterpartie würde uns bevorstehen. Und dann, wenn wir nach sicherlich mehr als zwei Stunden endlich oben wären?

Lange beobachteten wir den Bär. Er änderte seine Position nur unwesentlich. Sollte wir es versuchen?

Wir wägten ab, erschauderten vor der körperlichen Schinderei, waren begeistert vom lohnenden Ziel.

„Let's go, are you ready?" Ich war.

Nun begann ein Aufstieg, den ich mehr als unterschätzt hatte. Dieses finger- bis armstarke Erlengestrüpp, das merkwürdigerweise hier oben bis in die höchsten Bergregionen wächst, ist unbeschreiblich dicht. Die übermannshohen „Buschwälder" machen ein Durchkommen kaum möglich, zumal mit dem Gewehr, das sich selbstverständlich laufend an Hindernissen verfängt. Ein beschwerlicheres Gehen ist mir trotz meiner nicht eben kurzen Erfahrung mit schwierigem Gelände kaum in Erinnerung. In meinen Bergstiefeln mußte außerdem längst das Blut stehen, denn der Schmerz der Blasen war einem teuflischen Scheuern gewichen. Die Mütze hatte ich in die Tasche gesteckt, sie wäre bei jedem Stolperschritt von diesen häßlichen Zweigen vom Kopf gepeitscht worden. Das Ganze ging obendrein nicht gerade geräuscharm vor sich. Wie sollte das der Bär aushalten?

An einer offenen Stelle spähten wir nach oben. Gut 200 Meter noch. Da . . . eben war er noch hinter der Felsnase zu sehen. Das Buschwerk hatten wir jetzt auch so gut wie hinter uns. Jetzt lag noch der Felskamin vor uns. Auf allen vieren mußten wir uns nach oben arbeiten. Wir legten eine Verschnaufpause ein. An Schießen wäre sonst nicht zu denken gewesen. Alle unnötigen Kleidungsstücke wurden abgelegt. Wir studierten nochmals jeden Felsvorsprung im Kamin. Ja, so mußte es gehen. Hoffentlich stand der Bär nicht zu nahe. Wortlos begannen wir den letzten Anstieg. Gut 20 Minuten mochten wir uns, bestrebt jedes Geräusch zu vermeiden, nach oben gequält haben.

Nur noch wenige Meter, dann müssen wir Sichtfeld haben. Wir holen tief Luft. Ich muß unter Umständen sofort schießen, wenn wir oben ankommen. Trotzdem bleibt Reinhold vorne. Die Griffe werden noch bedachter und fester, ja keinen Steinschlag auslösen! Ich habe mich fast schon neben Reinhold emporgearbeitet.

Jetzt ist die freie Fläche zum Teil einsehbar, da muß er eben noch gestanden haben, vielleicht mehr links? Noch einige Zentimeter . . . das ist zu wenig, ich habe hier keinen Halt, wo soll ich das Gewehr auflegen, unmöglich, noch ein Tritt . . ., dort oben in der Felsnase steht er, keine 80 Meter am Horizont! Ich weiß, was es geschlagen hat, der Wind ist miserabel, mehr ein Sprung aus dem Kamin als ein Tritt, längst ist eingestochen, miserable Position, egal . . . dort . . . schwarz . . . weg.

Schwer atmend liege ich hinter meiner Optik, denke nicht, fühle nicht, liege nur einfach, immer noch fertig, jeden Moment die vertane Chance, die keine war, beim nächsten Mal festzuhalten. Weniger als

Oben: Canning River in der Brooks Range ▶
Unten: Aufbruch – Jagd vorbei!

eine Sekunde Zeit war einfach zu wenig, auch wenn man gewohnt ist, nicht lange zu fackeln.
Reinhold weiß das. Er äußert keine Silbe des Vorwurfs, zischt nur ein Wort, wohlverständlich in jeder Sprache der Welt. Der Bär war klüger als wir, er stand unter Hubertus' Schutz.
Nach langem Schweigen konstatierte Reinhold, daß der wohl für heute weg sei und möglicherweise nicht nur für heute. „Den haben wir mit schlechtem Wind vergrämt, er ist jetzt außer Landes. Wir müssen uns einen anderen suchen."
Wortlos wieder der Abstieg, der sich bei diesem Gelände kaum weniger schwierig gestaltete als der Aufstieg. Der haltlose Schotter und die schlagenden Zweige verloren nichts von ihrer Häßlichkeit. Staub und Dreck hatten sich mit dem Schweiß für die Moskitos – diese Teufelsviecher gab es trotz ersten Nachtfrösten auch noch hier oben in den Bergen – zu einer offensichtlich begehrenswerten Substanz vermischt; sie piesackten uns, wo sie konnten.
Nach einer geraumen Strecke des Weges beschlossen wir, eine Rast einzulegen und unsere Situation in Ruhe zu überdenken. Schöne Flecken gab es im Überfluß, wir ließen uns ins Beerenkraut fallen und streckten alle viere von uns. Doch schon bald erwachte in uns wieder der Beutetrieb, und wir beobachteten die umliegenden Täler und Hänge, ob dort nicht irgend etwas auszumachen sei. Nur zufällig glitt unser Blick in das unter uns liegende Tal der Skwentna, wo immer noch unser defektes Flugvehikel der Reparatur harrte.
„Dort unten, verdammt, unglaublich", zischte Reinhold.
Längst kannte auch ich den Grund für seine Aufregung. Seelenruhig, ohne jede erkennbare Hast äste ein Schwarzbär an den Preiselbeeren, exakt am gleichen Fleck, an dem wir unseren Kreisel getanzt hatten in Sichtweite des Fliegers. Das durfte doch nicht wahr sein. Wir Idioten plagten uns bis in die höchsten Regionen, und dort unten konnte man Meister Petz praktisch vom Schlafsack aus an Fell. – Mein Gott, was sind wir Jäger doch für Verrückte!
Reinhold war schon wieder in seine Stiefel gefahren und trieb uns zur Eile. Vielleicht hatten wir eine Chance. Wir stürzten und stolperten mehr als wir gingen, den Hang hinab. Je tiefer wir kamen, desto vorsichtiger vermieden wir nach Möglichkeit alle Geräusche, zumal wir den Sichtkontakt zeitweilig aufgeben mußten.

◀ Oben: Let's go!
Unten: Bärenjägercamp am Lake Clark

Der Wind stand gut. Leise erreichten wir den Anfang der Flugpiste. In Deckung beobachteten wir eine Weile das offenen Gelände, bis wir uns schließlich an das andere Ende pirschten, wo wir den Schwarzen vom Berg aus beobachtet hatten. Natürlich war da kein Bär mehr zu sehen. Nur seine Spuren standen fett und höhnisch im Sand zwischen den Felsbrocken.

Die Landepiste wurde durch einen schmalen Buschstreifen vom parallel laufenden Fluß getrennt. Wir schlichen in großem Bogen zurück. Irgendwo mußte er doch abgeblieben sein. Die Büchse hing längst nicht mehr auf der Schulter.

Hier am anderen Ende finden wir auf einmal die Spur wieder. Die Richtung ist aber wegen vieler Widergänge nicht erkennbar. Er muß hier sein! Behutsam tasten wir uns Schritt für Schritt bis zum Ende der offenen Fläche. Hier beginnt der undurchdringbare Busch, da führt jedenfalls über den sandigen Boden keine Fährte hinein. Es hilft nichts, wir müssen uns wieder nach rückwärts zu unserem „Tanzplatz" orientieren.

Diese Entscheidung ist noch nicht zu Ende gedacht, als just dort, auf gut 150 Gänge, der Schwarze das offene Gelände zügig quert. Zu allem Unglück stehen wir mit einigen großen Weidenbüschen überriegelt, an ein Schießen im Sitzen oder Knien ist nicht zu denken, und stehend freihändig erscheint mir die Chance zu ungünstig. Wer mich kennt, weiß, daß ich nicht gerade ein Zauderer bin, wenn es um solche Situationen geht. Schlumpschießen jedoch ist etwas anderes, und das mußte nicht sein.

Mit wenigen Sätzen erreichte der Bär das schützende Dickicht hangaufwärts. Den waren wir auch los. Verflucht, es sollte wohl nicht sein!

Wir rekonstruierten den Fall und kamen zu der nicht widerlegbaren Erkenntnis, daß dieses intelligente Tier sich während unserer eingehenden Untersuchung des „Tanzplatzes" in das keine zehn Meter entfernte Gestrüppp gedrückt haben mußte, das zudem völlig frei am Fluß lag und eine Ausdehnung von sicherlich weniger als 30 Quadratmeter hatte. Eines war sicher: Während unser erster Bär oben im Fels, ausgestattet mit hervorragenden Sinnen, einfach vorsichtig genug war, konnte dieser für sich in Anspruch nehmen, uns nicht nur genasführt, sondern ein besseres Katz- und Mausspiel mit uns getrieben zu haben.

Unser Bedarf an Bärenjagd, gleich welchen Erfolg die Tageszeit auch

noch versprach, war für heute mehr als gedeckt. Wir marschierten Richtung Hütte.
Hier empfing mich ein Duft, den ich eher in einem Wiener Cafehaus erwartet hätte, denn hier in der Wildnis. Novak, dieser Tausendsassa, der normalerweise tonnenschweres Gerät mit seinen tellergroßen Händen bewegt, hatte eine kleine Menge, aber wohlriechende und noch besser mundende muffins gebacken.
Dieses „Am-Ende-der-Welt-Haus" beherbergte richtige kleine Tortenförmchen, wer hätte das gedacht! Der Pipeliner hatte Beeren gepflückt – daran war nun hier wirklich kein Mangel – trieb, wo auch immer, Backpulver auf und buk kleine Törtchen! Und wie viele da auf dem groben Holztisch standen. Das Holz verschwand geradezu unter ihnen. Pfeif auf die Bären, sie waren schon fast vergessen, als ich mich über diese völlig unerwartete, lukullische Besonderheit hermachte. Die ersten sechs bis acht Törtchen waren auch ein Genuß. Reinhold gab kurz von unseren heutigen Erfolgen Bericht. Dann blieb mir jedoch beinah das neunte im Halse stecken.
„Hättet es machen müssen wie ich. Schön schlafen, ausgiebig frühstükken und dann den Blacky vor der Hüttentür wegjagen!"
„Waaas?"
„Sicher, als ich vom Wasserholen kam, ich wollte spülen, stand er am Feuerplatz und wühlte in unseren fettigen Pfannen. Erst wollte er nicht verschwinden. Ich hatte schon durchrepetiert, er ging auf der Hinterhand, kam zwei Schritte auf mich zu, ich war schon im Anschlag, die Distanz betrug höchstens noch 15 Meter, dann besann er sich aber eines Besseren, kannte wohl meine 30-06. Schwarzbären kann man leider nicht essen! That's it, boys!"
Der neunte muffin war völlig vom Speichel durchweicht, weil ich das Schlucken vergessen hatte. So also werden Bären gejagt! Ganz einfach. Nur wir waren offensichtlich zu blöde dazu, na warte!
Ich jedenfalls haute mich erst einmal aufs Ohr zur nachmittäglichen Siesta. Wegen meiner Unfähigkeit in technischen Dingen hätte ich doch den beiden bei der Besichtigung des Flugzeugschadens oder dessen Behebung nur im Wege gestanden. Wenn sie mich brauchten, stand ich selbstverständlich mit meinen deutschen Steuerrechtskenntnissen zur Verfügung. Der Bauch voller muffins zog mich in den Schlaf.
Geweckt wurde ich durch Stimmengewirr, das nicht aus der Diskus-

sion über einen Leitwerkdefekt stammen konnte. Robert hatte einen Elchbullen erlegt. Er befand sich seinem Erzählen nach wohl an seinem Spezialplatz. Dort war anscheinend jedes Jahr einer zu schießen. Die Trophäe bedeutete ihm ohnehin nichts. Deshalb ersparte ich mir auch die Frage nach Alter oder ähnliche unqualifizierte Trophäenjägergedanken. Robert wollte Fleisch für den Winter. Hauptsache, der Bulle war nicht zu alt.

Aus Zeitgründen konnte Robert das Stück nur noch lüften. Dann machte er sich auf den Heimweg, da er für das Campieren im Freien nicht ausgerüstet war. Die größten Sorgen machten ihm nun die Bären. In aller Frühe wollte er wieder vor Ort sein. Auch die Bären wollten Fleisch für den Winter. Ihnen galt es, zuvor-, oder besser gesagt, wegen der bevorstehenden Nacht nicht zu spät hinterherzukommen.

In jedem Fall hatte unsere Truppe einen Erfolg vorzuweisen. Für Gespräche war ausreichend gesorgt, der Stoff ging nicht so schnell aus, wenn auch von dem Stoff, der in einer ordentlichen Kneipe nie ausgeht, kaum etwas vorhanden war. Dafür hätte unser Erzählerstoff mit Sicherheit ausgereicht, um jeden Wirt reich zu machen.

Die Verwandtschaft hatte es am nächsten Morgen sehr eilig. Verständlich, sie hatten ja auch eine Menge Arbeit vor sich. Der Elch wollte versorgt und vor allem ins Camp transportiert sein. Ein Glück, daß Robert so starke Söhne hatte, er bedurfte unserer Hilfe nicht.

Wir hatten uns entschieden, heute etwas ganz Neues anzustellen. Wir wechselten das Terrain. Vor allen Dingen auch deshalb, weil das Wetter umgeschlagen hatte und der peitschende Regen vom Wind nach oben gezerrt wurde und eine Bergbesteigung schon wegen des in den Felsen hängenden Nebels wenig Aussicht auf Erfolg versprach.

Gezwungenermaßen mußten wir also im Tal bleiben, was auch unseren ramponierten Knochen entgegenkam. Flußaufwärts, hieß die Devise, vielleicht trieb sich ein Schwarzer entlang des Skwentna herum. Wir zogen das Regenzeug über, Alaska zeigte sich von seiner anderen Seite.

Zunächst galt es, den Emerald Creek mit seinen etwa zehn Metern Breite direkt vor unserer Hütte zu bezwingen. Nichts leichter als das für einen erfahrenen Buschläufer wie Reinhold. Er zog die Axt und fällte zwei oberschenkelstarke Espen, die sich ungewollt wie ein X über den kleinen Fluß legten und für uns eine glitschige Brücke abgaben. Wir schafften es, ohne naß zu werden, kaum zu glauben.

Es ist wenig sinnvoll, lieber Leser, Ihre Spannung künstlich hoch zu halten. Ein regnerischer Tag, mit Nebel und Wind zeigte mir die ganze Vielfalt Alaskas, die dem Jäger manchmal auf den berühmten Geist gehen mag, wenn er, aus welchen Gründen auch immer, erfolglos mit dieser Natur und den die Fauna schützenden Göttern kämpft. Dennoch möchte ich keine dieser Stunden missen, sie haben mich in meiner Erkenntnis nicht nur über dieses gewaltige Land, sondern auch in dem Bewußtwerden über mein eigenes Ich sehr bereichert.
Am Spätnachmittag erreichten wir wieder den Emerald Creek, die Hütte kam in Sichtweite. Das einzige an mir noch trocken gebliebene Kleidungsstück waren meine hohen Schaftlederstiefel, wie ich nicht ohne Stolz vermerkte; sie sind mir bei der Jagd beinahe so wichtig, wie meine Waffe. Auch wenn alles andere naß ist, lassen trockene Füße nach meinem Dafürhalten das Gefühl der Nässe weniger empfinden. Gleich würden wir zu Hause sein, ich konnte die muffins schon förmlich wittern.
Unsere Notbrücke war nicht unbedingt sicherer geworden. Der Dauerregen hatte die Espenrinde in ein glitschiges Etwas verwandelt. Reinhold ging voraus und wartete am anderen Ufer, wir wollten heim. Mutig und selbstbewußt ging ich die Sache an. Schritt für Schritt, balancierend wie der große Rastelli, tastete ich mich vorwärts, jede Möglichkeit des Haltsuchens an den noch abstehenden Ästen des Baumes ausnutzend. Einer dieser Pharisäer ragte da auch in Sichtweite, als ich gerade mitten über den reißenden Fluten die Gefahr des eiskalten Wasser negierte. Falls mein Tritt unsicher würde, war da ja noch dieser Ast. Dieses Miststück! – Er brach und mit ihm der ganze Stolz eines deutschen Jägers, der jämmerlich in das Eiswasser eines alaskanischen Flusses fiel und sich gezwungen sah, um sein Leben zu kämpfen. So schnell verliert man aber sein Leben nicht: Aufgeben gilt nicht. In diesem Fall rudert und schwimmt man, registriert das Eiswasser erst einige Sekunden später, die vielleicht ausreichen, um zu überleben.
Es steht wohl ziemlich genau fest, wie lange so ein Spielchen maximal dauern kann. Die Zeitspanne ist äußerst knapp. Zum Glück war mein Fluß aber nicht breit, und so konnte ich mich, mehr zornig fuchtelnd, als um das Leben kämpfend, ans Ufer rudern, mit Gewehr und Stiefeln, versteht sich. Leider landete ich am falschen Ufer. Ich triefte nun zwar vor Nässe, hatte aber den Grund dieses Übels immer noch vor mir.

Jetzt packte mich ein heiliger Zorn. Unverzüglich nahm ich die Brücke erneut an. Dieses Mal aber auf allen vieren! Ich robbte und kroch über die Stämme und klammerte mich an das, was da war. Ich kam hinüber, ohne in dieses lauernde Eisnaß hineinzufallen. Ha, denen hatte ich es gezeigt. Mein Allerheiligstes konnte ich nicht retten; das Wasser stand in den Ledernen.

Reinholds Schulterschlag löste eine Wasserfontäne aus. Aber dann seine Worte:

„Das schätze ich an den deutschen Jägern, die sind zäh und machen nicht viel Federlesens. Wenn ich da an die . . . (hier schweigt des Berichterstatters Höflichkeit, wir gehören ja alle einer großen Völkergemeinde an) . . . denke, so seid ihr mir schon die Liebsten!"

Das baute mich moralisch zwar unwahrscheinlich auf, half mir aber nicht aus meinen nassen Klamotten. Hoffentlich hatte Novak ordentlich eingeheizt.

Robert saß unter dem Vordach im Trockenen und schlürfte einen Becher heißen Kaffee. Er war mit seiner Maschine schon wieder vom Fleischbergen zurück. Ein Großteil der Beute hing bereits in den Bäumen, sicher vor allzu dreisten Bären. Schnell versuchte ich, aus meinen nassen Kleidern zu kommen, sie fühlten sich bereits eiskalt an. Ich dampfte vor dem bollernden Yukonofen. Dieser Novak war schon eine perfekte Hausfrau! Die muffins klarten meinen finsteren Blick wieder auf. Draußen war es frostig und naßkalt geworden, kurz, ein richtiges Sauwetter. Es half jedoch alles nichts, wir mußten nach dem defekten Flieger sehen. Der Schaden wurde ja bereits gestern begutachtet, und seine Behebung hatte auch schon Fortschritte gemacht. Hier in Alaska ist jeder sein eigener Handwerker, gleich um welche Art von Gewerk es sich handelt. Selbst ist der Mann!

Es wurde letzte Hand angelegt, und dann startete Reinhold zum Testflug, alleine, versteht sich! Wußte der Herr, ob das Gerät wieder flugfähig war. Es war, Gott sei Dank, auch wenn ich wegen des bösartigen Herbstwetters bereits jetzt mit Schaudern an den Heimflug dachte.

Abends saßen wir in der Hütte und beratschlagten. Die Bären waren überall und nirgendwo. Wichtig war für uns vor allem, daß wir ausreichend Sicht hatten, um einen Schwarzen überhaupt erst einmal ausmachen zu können. Das Angehen würde dann eine ganz andere Sache sein. Nur, bei dem herrschenden Nebel mußte alles ein heilloses Unterfangen bleiben. Die Sicht reichte keine 50 Meter. Reinhold gab außerdem zu bedenken, daß sich bei weiter verschlechternden Wetterbedingungen der Ausflug aus dem Hochtal zu einem Problem entwickeln könnte.

„Wenn es hier erst einmal losgeht, sitzen wir schnell eine Woche fest."

Das war nicht nach meinem Geschmack. Erinnerungen an Kanada wurden wach. Irgendwann mußte ich auch wieder einmal nach Hause, obwohl ich gar keine Lust hatte, darüber auch nur nachzudenken.

Steve war draußen in der Nähe des restlichen Elchwildbrets geblieben. Er hatte sich mit dem Notwendigsten versorgt und wollte in der Frühe einem Schwarzbären auflauern, dessen Pirschzeichen er entdeckt hatte. Ein harter Bursche mußte das schon sein! Bei dem Wetter ließ mich allein der Gedanke erschauern.

Wir beschlossen erst einmal, nichts zu beschließen, und legten uns ins Nest. Der Morgen empfing uns, wie sich der Vorabend verabschiedet hatte. Das Wetter verschlechterte sich zusehens. Wir gammelten im Camp herum, wärmten unsere klammen Finger an heißen Kaffeetassen und waren doch irgendwie immer bereit, einer neuerlichen Attacke des Schwarzen direkt hier im Camp gebührend zu begegnen. Die Hoffnung darauf gab ich jedenfalls noch nicht auf.

Eine ganze Weile nach Mittag entschlossen wir uns schließlich doch auszufliegen. Noch würde die Sicht reichen, ängstliche Argumente meinerseits halfen sowieso nichts, ich fügte mich also in mein Schicksal. Wir schleppten unser Gepäck zum Flugzeug, und Novak half uns beim Auftanken. Zu einer letzten Zigarette ließen wir uns an der „Rollbahn" nieder. Die Wolkenschleier rissen für einen Moment auf und gaben den Blick auf unseren Hang frei, mit dem mich bereits so viele, anstrengende Erinnerungen verbanden. Es ist nun wirklich kein Jägerlatein, aber dort oben, stand – ein Schwarzbär! Wir starrten uns an, schlugen mit der flachen Hand zornig auf das Knie und wollten es nicht begreifen. Keiner sagte zunächst ein Wort. Reinhold faßte sich nach einer Weile – die Wolkendecke hatte sich immer noch nicht zugezogen.

„Was meinst Du, wollen wir es noch einmal versuchen?" Irgendwie kam diese Frage doch recht halbherzig. So gut kannte ich mittlerweile meinen Führer. Ich sinnierte eine Weile vor mich hin und begann ostentaiv meine Stiefel zu schnüren.

„Hey, willst Du wirklich gehen, noch einmal diese ganze Strapaze, ob-

wohl klar ist, daß wir da nie hinkommen bei dem Wetter? Ihr Krauts seid doch verrückte Jäger!"
„Du sollst nicht sagen, ich hätte aufgegeben", lautete meine knappe Antwort.
Ich hatte den Poker um dieses Scheingefecht für mich entschieden. Die Schnürsenkel konnten wieder gelockert werden. Wir waren beide ja auch mehr als bedient, was die Schwarzbärenjagd anlangte.
Nach herzlichem Händedruck unseres Hausmeisters und Kochs winkte uns Novak zur Schotterpiste. Robert war bereits seit dem frühen Morgen unterwegs zu Steve, um das letzte Fleisch zu bergen. Wir ließen ihn grüßen. Reinhold testete den Motor, dann holperte die Supercub über die Steinwüste und wurde tatsächlich noch rechtzeitig vor Erreichen des Skwentna durch ihre eigene Geschwindigkeit und den „Explosionseffekt" beim Auffahren auf einen besonders großen Quader in die Luft geschleudert. Das Ding flog wieder.
Mühsam gewannen wir an Höhe, wobei man schon sehr viel Gottvertrauen haben mußte, um nicht an die lauernden Gefahren der umliegenden Felswände zu denken. Mein Pilot hatte die Sache aber offensichtlich wieder einmal richtig eingeschätzt. Die zerissene Wolkendecke hing sehr tief im Tal. Hier oben war die Sicht wesentlich besser. Die Felsketten ragten in sicherer Entfernung aus der grauen Watte. Wir drehten etwas ab und gewannen Einblick in ein grünes Hochtal mit großen, nassen Sumpfflächen. Das mußte das absolut private Jagdgelände von Robert sein. Kaum zu glauben, daß hier oben in den Bergen ein feuchtes Tal lag, dessen Biotop eher dem entsprach, was ich auf Meereshöhe kennengelernt hatte. In Alaska ist eben alles anders. Hier gab es auch keinen Nebel. Die Wolken würden uns beim Jagen nicht behindern. Wollten wir umkehren?
Reinhold drückte die Maschine so weit es ging. Dort unten mußten sie irgendwo sein. Ja, dort leuchteten auch schon die beiden roten Punkte zwischen den verstreut stehenden Tannen. Sie waren mit dem Bullen beschäftigt. – Und dort, was war das, das Schwarze da – Black Bear! Steves nächtliche Ausdauer hatte sich also gelohnt, während wir unser Hinterteil auf dem angenehmen Holzbrett der Stockbetten gewälzt hatten.
Nicht mißgünstig, aber schon ein wenig ärgerlich über die vertanen Chancen, betrachtete ich das Waidmannsheil der anderen. Umzukeh-

ren brauchten wir auch nicht mehr, dieser Blacky war schon erlegt! Reinhold hatte auch bereits am Steuerknüppel gezogen, der Emerald Creek verschwand hinter uns im Grau der wolkenverhangenen Bergwelt.
Die Mächte der Natur beutelten uns böse durch den nachmittäglichen Himmel. Da aber nach Regen immer wieder Sonnenschein kommt, empfing uns der Unterlauf des Skwentna und des Susitna tatsächlich – wer hätte das gedacht – mit zum Teil blauem Himmel. Die beeindruckende Flußlandschaft lag wieder unter uns, das Massiv des Mount McKinley erstrahlte kalt.
Die Schönwetterzone konnte aber nicht über die Unberechenbarkeit der Witterung hinwegtäuschen. Da vorne sah es ganz anders aus, da türmten sich unheilverkündende schwarze Wolkenberge, und das mußte in Richtung Heimat sein. Mein Pilot flog stracks darauf zu. Es dauerte nicht lange, bis die Befürchtung zur Gewißheit wurde. In Sekundenschnelle hatte uns das Herbstgewitter erfaßt, in seine Gewalt genommen. Unser puddeljumper flog nach meinem Gefühl nicht mehr geradeaus, sondern schräg zur gewünschten Flugrichtung. Was heißt hier flog! Wurde gebeutelt, gehoben, nach unten geschmettert, um durch Reinholds körperliche Gewaltanstrengungen am Steuerknüppel wieder nach oben gedrückt zu werden. Nachdem es auf meinem Notsitz außer dem Anschnallgurt nichts zum Festhalten gab, krachte mein Schädel mehrmals an das Kabinendach, das aber wider Erwarten dieser Belastung standhielt.
Die völlig unkontrollierten Bewegungen unseres Flugzeuges wurden immer schlimmer, und mir schwante, daß dies nicht gut gehen konnte. Hatte das letzte Stündchen geschlagen? Was wird diesem Drama ein Ende machen? Eine Sturmböe, die uns in die Tiefe schleudert? Ein Blitz, der unser Leichtgewicht auseinanderreißt, oder ein anderer Unglücklicher, der in seiner kleinen Nußschale vielleicht schon 30 Meter entfernt gleich Schreckliches befürchtet?
Ich krallte mich an den Vordersitz, preßte den Kopf zwischen meine Hände und begann zu beten.
Ich weiß heute nicht mehr genau, was ich murmelte. Vor Todesangst überschlugen sich meine Gedanken, das Irdische fesselte die Sinne.
Urplötzlich ließ alles nach. Der Sturm, die Schräglage, und dann auch ein wenig die Angst. Der Flieger wurde ruhiger, das Motoren-

geräusch monotoner. System schien in das Ganze einzukehren. Sollte es doch noch einmal gut gegangen sein? Die Erleichterung durchströmte mich und erfaßte mich wie eine Welle. Hängen wir doch viel zu sehr an diesen irdischen Bißchen, was mir nach dem eben Erlebten sehr eindrucksvoll bewußt wurde.
Nach einer Weile, im Gesicht wieder farbiger und im Herzen mutiger geworden, fragte ich Reinhold, warum er sich eigentlich auf ein solches Vabanquespiel eingelassen habe.
„Ich habe hinter uns immer den Boden und auch ein landefähiges Wasser gesehen, es war gar kein Problem."
Wo der überall seine Augen gehabt haben wollte. Schwindler! Aber vielleicht hatte er auch recht und ich nur zu viel Angst. Die jedoch ist subjektiv und steht jedem individuell zu.
Der Rest der Geschichte ist schnell erzählt. Glücklich kamen wir wieder in Anchorage an. Jedenfalls ich fühlte es so.
Claus hatte eine Entenschlacht hinter sich, wie sie bei uns kaum vorstellbar ist. Hier hört man mangels Munition auf, bei uns mangels Enten.
Etwas problematisch gestaltete sich das Versorgen unseres Gepäcks. Wir knautschten, kneteten, stopften und drückten, bis die Elchdecke und alle anderen Notwendigkeiten in sämtlichen Säcken verstaut und die Enden der Trophäen fachmännisch umwickelt waren. Dann mußte geschieden werden, nicht nur von dem exzellenten guide und Piloten, sondern von einer ganzen Famile, die uns in diesen Tagen sehr ans Herz gewachsen war.
Einen kleinen Auflauf verursachte am Airport nochmals das gewaltige Caribougeweih. Jetzt wurde mir erst so langsam klar, daß diese Trophäe etwas Besonderes sein mußte.
Ich verließ dieses gelobte Land. Das Herz blieb hier. Ich würde wieder kommen. Da oben gab es noch den Schwarzen; mit dem hatte ich noch eine offene Rechnung.

Von weißen Schafen und braunen Bären

Wenn sich zwei alte Alaskajäger zufällig treffen, so beginnt das Schwärmen spätestens beim dritten Satz und das neuerliche Pläneschmieden sicher nach der zweiten Flasche Wein. So ging es auch meinem Freund Günter und mir im Anschluß an eine kleine Streife in unserem Land.
Als Krone der Jagd auf dem nordamerikanischen Kontinent gilt, zumindest bei den Eingeweihten, die Jagd auf das Schaf, und hier vor allem auf das weiße Dallschaf *(Ovis canadensis dalli)*, benannt nach seinem ersten Beschreiber, einem Naturforscher namens Dall. Mit dieser Feststellung soll die Jagd auf andere dort beheimatete Wildarten nicht im geringsten herabgesetzt werden.
Die Schafjagd und die Geschichten darum lösen jedoch bei Erzähler und Zuhörer immer ein ganz besonderes Interesse aus. Gerade beim Dallschaf mögen die schneeweiße Farbe und die imposanten, kapitalen Schnecken oder die nur zu oft notwendigen weiten Schüsse im unwegsamen Gelände Gründe für diese Tatsache darstellen.
Von der mexikanischen Grenze im Süden der Vereinigten Staaten von Amerika bis zur Brooks Range im Staate Alaska, am nördlichen Eismeer, unterscheidet man prinzipiell zwischen Dessert-, Bighorn-, Stone- und Dallsheep. Bis auf das ganzjährig weiße Dallschaf sind die anderen drei Arten graubraun, die Schnecken sind, wie die Schafe selbst, unterschiedlich groß und weit ausgelegt.
Nachdem diese Reise einer der Höhepunkte unseres jagdlichen Erlebens werden sollte, ließen wir nicht nur bei der Auswahl des guide und des Jagdgebietes große Sorgfalt walten, sondern absolvierten zu Hause bereits ein entsprechendes Konditionstraining, was sich, wie sich herausstellen sollte, nicht nur als äußerst vorteilhaft, sondern für die Jagd in den felsigen Lebensräumen der Schafe sogar als lebensnotwendig erwies.
Das Verbreitungsgebiet des Dallschafes reicht vom Süden des kanadischen Staates British Columbien bis zur Alaska Range in Alaska. Zwischen diesem Vorkommen und den nördlichsten Beständen der Brooks Range besteht allerdings keine Verbindung, da das mittelalaskanische Hochland eine Barriere bildet.

Das Gebirgsmassiv der Brooks Range reicht im Westen von der Beringstraße, der Grenze zur Sowjetunion, bis in die kanadischen Staaten Yukon und North West Territories im Osten und schirmt Zentralalaska vom Norden gegen das Eismeer ab. Es liegt nördlich des Polarkreises, womit auch für den geographisch weniger Bewanderten die klimantischen Verhältnisse unschwer vorstellbar sind.
Anfang August landeten wir in Anchorage. Wir nutzten den kurzen Aufenthalt zur Ergänzung unserer Ausrüstung. Außerdem mußte die Lizenz erworben werden. Früh morgens am nächsten Tag brachte uns eine Boing 737 nach Fairbanks. Vorbei an dem gewaltigen, gleißenden Eisklotz des Mount McKinley, der trotz der strahlenden Sonne gehörigen Respekt einflößte, flogen wir in nordwestlicher Richtung. Die klimatischen Gegensätze im Umfeld des höchsten Berges des amerikanischen Kontinents sind so stark, daß wir uns auch bei wolkenlosem Himmel wegen der Turbulenzen anschnallen mußten, obwohl wir den Berg in erheblicher Entfernung passierten.
Eine kleine 15sitzige, zweimotorige Propellermaschine nahm uns als nächstes Transportmittel Richtung Norden auf. Außer uns beiden waren nur noch Eingeborene als Passagiere an Bord.
Nach Überquerung der Bergketten um Fairbanks begann wieder die typische Tundralandschaft unter uns vorbeizugleiten, und bald überflogen wir das riesige Stromgebiet des Yukon. Wir folgten ihm eine Weile nach Norden, bis sich der wahrscheinlich gewaltigste Fluß Nordamerikas mit den aus Osten, dem kanadischen Staat Yukon, kommenden Wassermassen des Porkupine River vereinigt. Der Yukon fließt hier nach Westen, später Südwesten, um als flächendeckendes Delta in die Bering-See einzumünden. Aus der Vogelperspektive stellt der Strom mit seinen unzähligen Meandern eine besonders eindrucksvolle Naturerscheinung dar.
Der Pilot drosselte die Maschine und setzte zur Landung auf der staubigen Schotterpiste von Fort Yukon an. Dieses Nest ist in dieser Region der „Point of Outfit", ein für den nichteinheimischen Jäger bedeutsamer Ort. Ab hier trägt nämlich der outfitter, der, wie in unserem Fall, gleichzeitig guide sein kann, die gesamten Kosten der Jagd, inklusive der Behandlung und des Transportes der Trophäen und des Wildbrets. Hinter einem solch imposanten Ortsnamen vermutet man nun wunder welch berauschende Eindrücke. Nichts dergleichen, das Gegenteil ist

der Fall. In meinem Leben habe ich selten mehr Schmutz und Unrat auf einem Haufen gesehen als in Fort Yukon. Alles wird einfach weggeworfen oder liegengelassen. Sicher, eine geordnete Müllabfuhr hier in der Wildnis ist nicht denkbar, ebensowenig wie ein Vergraben wegen des Permafrostes, der auch in der kurzen Sommerzeit den Erdboden nur wenige Dezimeter auftauen läßt, in Frage kommt. Dennoch konnten wir ob solcher „Umwelt" nur den Kopf schütteln.
Diese Zivilisationsauswüchse durften wir auch nur deshalb „genießen", weil unser Viersitzer für den Weiterflug in die Brooks noch irgendwo unterwegs war. Ob er heute noch dazu kommen würde, uns vor Ort zu bringen, war nach Auskunft der „Geschäftsleitung", erteilt in einer Zehn-Quadratmeter-Baracke, außerdem mehr als fraglich.
Sehr schnell mußten wir uns wieder an die Mentalität Alaskas gewöhnen, die wir von früher kannten. Was bedeutet hier schon Zeit? Wenn man sonst nichts hat, davon hat man genug.
Apropos genug. Die geschichtlichen Würdigungen des Kaufes der Halbinsel Alaska vom russischen Zaren und die Abtretung der Landrechte der eingeborenen Bevölkerung, der Aleuten und Eskimos, an den Staat, überlasse ich gern den Fachleuten. Nur eine Bemerkung sei hierzu noch gestattet:
Die Eingeborenen erhalten soviel Zinsen auf ihre angestammten, nun vom Staat verwalteten Land- und Bodenrechte, daß sie nicht mehr gezwungen sind, ihren jahrtausende alten Gewohnheiten Sammeln, Fischen und Jagen zur Deckung des persönlichen Bedarfs nachzugehen. Der „Weiße Mann" hat in perfekter Weise für sie „gesorgt". Sie können sich im wahrsten Sinne des Wortes erlauben, „auf dem faulen Pelz zu liegen". Einziger Lebensinhalt scheint für viele bedauerlicherweise der Alkohol zu sein.
All diese Gedanken gingen uns bei unserem „Nestbummel" durch den Kopf, auch als wir zu unserem Hamburger in der örtlichen Minikneipe hinter einem Bretterverschlag ein Bier bestellten und belehrt wurden, daß es hier keinen Alkohol gäbe. Sicherlich aus gutem Grund. Die Schuld für solche Umstände ist gewiß nicht nur bei den Eingeborenen zu suchen.
Endlich konnte die Bodenstation Funkkontakt mit der kleinen Maschine herstellen, die uns ausfliegen sollte. Es würde zwar von der Zeit her etwas knapp werden, wenn wir uns aber beeilten, könnte es noch

reichen. Der sollte uns einmal sehen, wie wir uns beeilen würden, von diesem häßlichen Fleckchen Erde loszukommen.
Der rot-weiße Vogel kreiste und landete auf dem Tümpel neben der Schotterpiste. Bald stakste ein langer, sympathischer Blondschopf auf das Hauptquartier zu. Er machte nicht viele Worte, wirkte aber trotz seiner Jugend routiniert, wir gewannen Vertrauen. Für viel Worte blieb sowieso keine Zeit. Auf, auf zum fröhlichen Fliegen!
Schon schraubten wir uns in den spätnachmittäglichen Himmel, die letzte Etappe unserer Reise war angebrochen. Unter uns lag flache Tundra, die allmählich hügelige Gestalt annahm. Das Gelände stieg stetig an. Trotz der Flughöhe erkannte man kleinere Caribouherden und Schwarzbären. In der Ferne zeichnete sich die graue Hochgebirgskette der Brooks Range am nördlichen Himmel ab.
Fort Yukon, das acht Meilen nördlich des Polarkreises liegt, hatten wir bereits eine knappe Stunde verlassen. Unter uns tauchte Artic Village auf, eine einheimische Siedlung, um die alle Weißen lieber einen großen Bogen machen. Hier wird auf ungebetene Gäste auch schon mal geschossen, versicherte unser Pilot. Dann lag das unwirtlich erscheinende Massiv direkt vor uns.
Die Brooks Range ist ein Gebirgszug, der mit den Alpen nicht vergleichbar ist. Die Formationen zeigen in der Regel nicht deren Schroffheit. Infolge der extremen Nordlage und der dadurch bedingten Flora, wirkten die zum Teil fast lieblich geschwungenen Hügel und Bergrükken eher abweisend, die Fels- und Schottergipfel eher furchterregend, besonders wenn der wolkenverhangene Himmel alles in ein uniformes Grau taucht. Die riesigen, zwischen den Felsmassiven ruhenden, bewachsenen Flächen, die Barren Grounds (engl.: barren, unfruchtbar, dürr) bringen, außer an ihren Bachläufen mit wenigen, mannshohen Weidenbüschen keinen Bewuchs hervor, der über Kniehöhe hinausreicht.
Als unser 21jähriger Pilot nach einer Stunde zwischen den Felsmassiven in ein Hochtal einschwenkte, sahen wir unter uns drei Zelte, das „Hauptlager" unseres master guide Joe Hendriks. Es lag an einem kleinen Wasser mit dem bezeichnenden Namen „Röntgensee". Es trug den Namen nicht zu Unrecht, es war glasklar.
Nach kurzem, herzlichen Empfang – Joe und ich trafen uns bereits vor Jahren auf einer deutschen Saujagd – wurde Günter und mir ein

Zelt zugewiesen. Das zweite diente als Küchenzelt, im letzten residierten Joe und sein 24jähriger Assistent Rob Hunt.
Am nächsten Morgen, Mitte August dauert die Nacht nur etwa zweieinhalb Stunden, brachen wir gegen halb vier auf. Joe inspizierte unsere Ausrüstung und zeigte sich über schwere Bergstiefel, Daunenkleidung, Regenzeug und Handschuhe sichtlich zufrieden. Auch unsere weitreichenden Gewehre, 7 mm Weatherby Magnum und 7 x 66 v. Hofe, wurden zwar wegen des erheblichen Gewichts beschmunzelt, aber akzeptiert. „Munition nicht im Lauf, lediglich im Magazin" – Joe wollte die Jagd „überleben" – „und die Zielfernrohre durch die bekannten Hilfsmittel geschützt", so lautete die Anweisung des Meisters. Diese Sonderwünsche sollten später beinah böse Folgen haben.
Unser Weg führte uns auf ein bewachsenes Hochplateau, von dem wir bei strahlendem Wetter den ganzen Zauber, aber auch die ganze Unwirtlichkeit dieser Landschaft bewundern und gleichzeitig die Gefahren, die darin lauern, erahnen konnten.
Schnell lernten wir die weißen Körper der Dallschafe auf kilometerweite Distanz mit unseren leichten Gläsern gut erkennen. Mit Hilfe eines Spektivs ist je nach Witterung bis auf eine Entfernung von etwa fünf Kilometern festzustellen, ob es sich um jagdbare rams (engl.: ram, männl. Schaf) handelt oder nicht.
Was jagdbar ist, schreibt das Gesetz vor: full curl = eine volle Drehung. Das bedeutet, daß die Spitze der Schnecke oder die gedachte Spitze, falls das Ende abgebrochen ist, was durch Steinschlag oder Rivalitätskämpfe nicht selten vorkommt, in etwa bis zur Augenhöhe dreht. Man nimmt es in dieser Hinsicht sehr genau, meines Erachtens zu Recht, um das Heranwachsen starker, alter Widder zu erreichen. Man sieht, ähnliche Verfahrensweisen wie bei uns.
Der Bärenwechsel, den wir gerade benutzten, führte uns am See entlang nach oben. Immer wieder waren die Pirschzeichen des Grizzly zu erkennen. Eine ausgespreizte Männerhand reichte nicht aus, um das Trittsiegel auszufüllen. Aber wir waren ja zu viert und hatten drei Gewehre, der würde sich schon nicht trauen, schon gar nicht im offenen Gelände.
Ein junger Dallwidder posierte neugierig auf geringe Distanz, und ein vielköpfiges Rudel Schafe und Lämmer zog fast auf Reichweite an uns vorbei. Wir erkundeten den Felsrand des Plateaus bis zum Nachmittag

ohne weiteren Ausblick. Joe eröffnete uns schließlich sehr diplomatisch, wir seien nun hier schon die dritte Gruppe, und es wäre wohl sinnvoll, noch heute das Camp zu verlegen. Selbstverständlich mit MS = Mannstärken – und dies nach bereits jetzt zehnstündigem Tagesmarsch. Das konnte ja heiter werden!

Trotz bestem Vortraining setzten beim Rückmarsch zum Camp in meinem Knie so starke Bänderschmerzen ein, daß ich befürchtete, die Jagd sei für mich zu Ende, ehe sie richtig begonnen hatte. Günter, zwar nicht erfreut über meine persönliche Unbill, kam jedoch die spätnachmittägliche Zwangspause auch nicht ungelegen. Für heute reichte es ohnehin.

Das Camp wurde am folgenden Tag verlegt.

Acht Stunden Schwergepäckmarsch über die berühmten niggerheads, durch endlose Schottertäler und Hügel, Hügel, Hügel lagen vor uns. Als unser Weg um eine Bachbiegung führte, stand vor uns ein junger Elchbulle, und wir waren nicht weniger überrascht, als in dem kniehohen Bewuchs, keine 70 Meter entfernt, ohne daß wir ihn zunächst eräugen konnten, ein weiterer Kapitaler, ein ca. 1500 Pfund schwerer Bulle, hoch wurde.

Am Gegenhang des nächsten Tales war eine Grizzlybärin mit zwei fast ausgewachsenen Jungen mit der Beerenernte beschäftigt. Grizzlybären bringen nur etwa alle zwei Jahre meist zwei Junge zur Welt, die bis zum nächsten Wurf geführt werden. Mit dieser Familie sollten wir noch unsere besondere Erfahrung machen.

Nach sechs Stunden Non-Stop-Gepäckmarsch bei sonnig warmem Wetter waren unsere Kräfte schließlich total erschöpft. Wir gaben Joe zu verstehen, daß es für heute wohl ausreichte. Er hatte auch bald ein Einsehen. Ein kleines Zelt mußte uns alles ersetzen, was zuvor drei Zelte an Komfort boten. Was nicht in unsere Rucksäcke gepaßt hatte, gab es nicht.

Wir wollten fünf Tage vom Hauptcamp weg bleiben. Am ersten Tag nagte das permamente Gefühl, ob dieser kleine Materialbehälter und das bißchen eigene Kraft wohl ausreichten, die anstehenden Probleme zu meistern. Es geht besser, als man glaubt. Der Mensch gewöhnt sich an so vieles, vor allem, wenn er motiviert ist. Wir waren es mit Sicherheit, es galt den Dallschafen. Aber zunächst ließ uns die Erschöpfung alles andere vergessen.

Braunbär – Brown Bear *(Ursus arctos)*

Wecken im Morgengrauen. Wir wollten über den vor uns liegenden Felssattel zum nächsten Tal, das Joe, wie er uns auf beharrliches Fragen gestand, selbst noch nicht kannte. Zur Stimmungsverbesserung trug diese Erkenntnis sicher nicht bei.
Am Gegenhang stand ein Rudel Schafe – keine 400 Meter entfernt. Irgend etwas veranlaßte sie, plötzlich talwärts, und zwar genau in unsere Richtung, zu flüchten. Den Grund hierfür erkannten wir schnell. Die Grizzlybärin kam mit ihren zwei Jungen über den Kamm und trollte in höchster Eile auf unser Camp zu, das heißt, sie folgte dem Schafrudel, freilich, ohne daß sie uns wahrgenommen hätte.
Grizzlies verfügen zwar über einen exzellenten Geruchs-, jedoch nur über einen mäßigen Gesichtssinn. Uns trennte das ausgetrocknete Flußbett, das ca. 50 bis 70 Meter breit und von einigem Weidengestrüpp durchzogen war. Die Bärin drehte gottlob etwas ab, und für Günter und mich war es bis dahin schon ein aufregendes Erlebnis. Um so ungläubiger schauten wir, als uns Joe aufforderte: „Laßt uns Bilder machen!"
Leider funktionierte mein Filmapparat nicht. Ich hatte vergessen, das Gerät abzuschalten, was die Batterien über Nacht nicht überstanden. Doch wir hatten ja noch unsere Fotoapparate. Auf die Frage, ob wir unsere Gewehre mitnehmen sollten – Geschichten über Bären hatten wir ja genug gelesen und gehört – erhielten wir als Antwort ein sehr bestimmtes „Nein". Also pirschten wir mit schlechtem Wind das Flußbett hinunter.
Da sind sie schon. Offensichtlich ohne uns zu winden, kreuzt die Bärin auf etwa 50 Meter das Schotterbett von einer Weidengruppe zur anderen. Die Jungen sind noch ein gutes Stück zurück am Hang. Jetzt schiebt sich die Bärin hinter den Weidenbüschen ein, die Jungen wollen ebenfalls das Bachbett queren, Rückenwind, sie flüchten zurück.
Aus welchen Gründen auch immer stößt Joe wie weiland Tarzan einen Urschrei aus. Sofort richtet sich die Bärin am Rande der Weiden, keine 30 Meter entfernt, auf ihren Hinterläufen auf. Drei Mann, ein Gewehr auf Joes Rücken und drei klickende Kameras.
Und dann geschieht alles so schnell, daß wir hernach Mühe haben, die Vorgänge zu rekonstrurieren. Der Grizzly springt vor den Weidenbusch, fletscht die Zähne und stellt die Kammhaare – immer noch Kameraklicken – aber jetzt ist es soweit! Aus dem Stand zwei, drei Fluch-

ten, und schon ist er da. Die Steine fliegen unter den Pranken. Günter flüchtet hinter Joe, der zehn Meter entfernt steht. Joe wirft seine Kamera weg, reißt das Gewehr von der Schulter – das Zielfernrohr immer noch durch die Abdeckklappen geschützt – fährt mit und – klick –! es darf ja aus Sicherheitsgründen keine Patrone im Lauf sein! Und jetzt hilft mir – ja, wer? – Diana? Hubertus? oder der Allmächtige selbst? Den letzten notwendigen Sprung, um mich in die ewigen Jagdgründe zu befördern, unterläßt die Bärin und dreht ab. Warum? Ein Prankenhieb hätte genügt. Wie ich die Nerven habe, nochmals den Kameraauslöser zu bedienen, weiß ich selbst nicht. Es geht alles zu schnell.
Zu zittern begannen wir erst lange, nachdem sich die Bärin mit ihren Jungen am Gegenhang davontrollte. Dieses Mal hatte sie nur geblufft! Aber, was heißt hier „nur"!
Bei jeder Jagd, insbesondere in solcher Wildnis, übernimmt der Jagdführer eine weitgehende Verantwortung. Joe ist einer der wenigen mastersguides in Alaska, die noch persönlich führen und dies nicht ihren Assistenten überlassen. Einem Mann mit der Erfahrung von etwa 125 Dallschafen und über 80 Braunbären im Laufe von 20 Jahren dürfte so etwas eigentlich nicht passieren! Es möge allen eine Lehre sein, die Bärengeschichten ernst zu nehmen, auch den guides! Mir jedenfalls wurde mehr als bewußt, mein Leben wieder einmal geschenkt bekommen zu haben.
Diese Geschichte geschah am frühen Morgen, noch vor dem Frühstück. Der Felssattel und das Ungewisse dahinter warteten noch auf uns. Die Tortour begann mit dem Kletteraufstieg durch den Kamin, bei trockenem Boden auf allen vieren eben gerade noch zu bewältigen. Zwei Stunden kämpften wir uns nach oben. Was uns dort wohl erwarten würde? Das gelobte Schafland?
Je höher wir stiegen, desto eisiger blies der Wind. Endlich konnten wir wieder halbwegs senkrecht gehen. Wir pirschten uns zum Rand des Kraters. Was wir nun sahen, war deprimierend. Schwarzer und grauer Fels in seiner häßlichsten Gestalt, ohne jedes Grün oder irgendeinen Bewuchs. Nur einfach Schotter, aufgetürmt bis zum felsigen Gipfel. Der Krater zeigte kein Leben, er wollte auch gar keine Kreatur beherbergen, die Schöpfung hatte ihn dorthin verschlagen, und er hatte sich mit seiner Umwelt noch nicht arrangiert. Uns blieb der Weg zurück oder ein weiterer Anstieg über die scharfkantigen Quader der

schwarzen Geröllhalde, die zum oberen Kraterrand führte. Aber, was dort auf uns zukam, wußten wir auch nicht. Es konnte nur noch besser werden.
Von Fels zu Fels quälten wir uns nach oben. Der Sattel empfing uns mit scharfem Gegenwind. Die vor uns liegende Schotterschlucht wurde eingerahmt von ansteigenden Fels- und Geröllhängen. Nichts als Grau und Schwarz. Und doch war es kaum zu glauben. Serpentinenartig zog sich aus dem Schlund des Tales ein Wechsel durch die Steinfelder. Er konnte nur von Dallschafen stammen. So ganz falsch lagen wir also doch nicht.
Wir teilten uns. Günter und Rob wollten die südliche, Joe und ich die nördliche Flanke des talwärts strebenden Kessels queren. Zuletzt sollte das Flußbett des etwa drei Meilen entfernten Tales Treffpunkt sein.
Mein Knie schmerzte stechend, am liebsten hätte ich aufgegeben. Meilen um Meilen nichts als Stein in allen Variationen, ich konnte ihn schon nicht mehr sehen. Vorsichtig querten wir die steil abfallenden Geröllhalden, jeder Schritt bedeutete nicht nur eine Qual, sondern auch eine Gefahr. Am Gegenhang erkannte ich, daß Rob und Günter immer höher stiegen und sich damit einer noch größeren Gefahr in den Steilhängen aussetzten.
Nach Stunden der Strapazen klebte uns außerdem längst die Zunge am Gaumen. Überall hatte es bisher in dieser verlassenen Gegend Wasser gegeben, sogar auf den höchsten Gipfeln, nur hier in der Steinwüste nicht. – Ich traute meinen Augen kaum, dort schimmerte tatsächlich ein feuchter Felsbrocken, er kam mir wie eine Fatamorgana vor. Da mußte auch Wasser sein! Ich warf mich auf den Brocken und riß ihn aus dem Untergrund – Wasser! Vielleicht alle paar Sekunden ein Tropfen. Fieberhaft kramte ich in meinen Taschen. Mit welchem Instrument konnte man das kostbare Naß nur auffangen? Mein Zielfernrohr war mit einer Kunststoffabdeckkappe geschützt. Das war die rettende Idee. Fünf Minuten, dann war das Minigefäß halb voll; wir nahmen uns viel Zeit. Den Durst konnten wir nicht löschen, allenfalls die Lippen befeuchten, um wenigstens eine minimale, wenn auch nur psychologische Linderung zu erreichen.
Wir hielten uns auf dem Grat des Felskammes. Ein Abstieg ins Tal erschien uns hier zu gefährlich, es war zu steil, das Geröll würde uns mit ins Tal nehmen. Vorsichtig erreichten wir mit aufgeschundenen Hän-

den und Knien einen sicheren Platz, den wir zu einer kleinen Rast nutzten. Nach kurzer Beratschlagung entschieden wir uns, nicht in das beabsichtigte, sondern das benachbarte Tal abzusteigen, wir meinten, es sei nicht so steil. Von Jagen war schon lange nicht mehr die Rede. Hier galt es nur noch, heil herunterzukommen.

Joe begann mit dem Abstieg. Ich wartete, bis er Gelände gewonnen und eine sichere Position erreicht hatte, dann folgte ich nach. Meine Bänderschmerzen trieben mir Tränen in die Augen, was mich jedoch nur noch fester auf die Zähne beißen ließ. Mittlerweile verfluchte ich nicht nur diesen Joe, sondern die ganze Schafjagd und alles, was dazugehörte.

Vorsichtig nahm ich das nächste Geröllfeld in Angriff, als plötzlich der Boden unter mir in Bewegung geriet. Todesangst durchzuckte mich.

„Watch it, Joe!" schreie ich nach unten und haste auf allen vieren seitwärts zehn, zwanzig Meter nach oben, in der Hoffnung, sicheren Halt zu finden, während der gesamte Schotterhang langsam, aber großflächig und immer schneller ins Rutschen kommt. Wahrscheinlich habe ich eine solche Strecke bergauf in meinem Leben noch nie in diesem Tempo bewältigt. Als ich endlich eine sicher erscheinende Position außerhalb des sich bewegenden Berges erreicht habe, sehe ich Joe in umgekehrte Richtung talwärts springen wie eine Gams. Gottlob erreicht auch er eine Felsnase, die ihm Deckung gibt. Höchste Zeit, denn jetzt donnert eine gewaltige Moräne talwärts. Eine ohrenbetäubende, graue Geräuschkulisse wälzt sich an uns vorbei. Glücklicherweise stehen wir keine zehn Meter unter dem Grat; von oben kann also nicht mehr viel kommen.

Kreidebleich und erstarrt warte ich, bis nach langen Minuten der Berg ein Einsehen hat. Es kehrt Ruhe ein. Eine trügerische Schweigsamkeit.

Fast ängstlich taste ich mich die nächste Stunde talwärts. Als wir dann endlich die wenigen grünen Halme am Rande eines namenlosen Eisbaches erreichen, baden wir schweigsam für einige Sekunden unsere malträtierten Füße im eiskalten Wasser. Keiner hatte bisher ein Wort gesagt, das erübrigte sich auch. Trotz aller verschiedenen Auffassungen über alle möglichen Dinge: die hinter uns liegende Situation wußte jeder völlig klar einzuschätzen.

Der Zustand meiner kaputten Knochen hatte sich durch diese Strapazen nicht gerade verbessert. Nach zwei Stunden kamen endlich unsere

Freunde. Es wurde auch höchste Zeit, wir begannen langsam uns Sorgen zu machen. Wortlos stolperten wir ins Tal hinab. Für heute war unser Bedarf an Jagd gedeckt.
Zwei Stunden später erreichten wir in etwa die Höhe unseres Außencamps, nur leider ein Seitental weiter. Ich fand einen ausgetrockneten Weidenstock, aus dem ich mir notdürftig eine Art Krücke zimmern konnte, zum Zelt würde ich noch weitere zwei Stunden gehen müssen. Dort angekommen, waren wir mehr als 16 Stunden unterwegs. Obwohl unsere Tagesverpflegung sicher weniger als 200 Kalorien betragen hatte, konnte ich nichts mehr zu mir nehmen. Ich fiel, kaum in meinem Schlafsack, in einen Erschöpfungsschlaf, ohne an diesem Tag ein Dallschaf überhaupt gesehen zu haben.
Nach einigen Stunden der Ruhe erwachten die Lebensgeister wieder. Ein spartanisches Frühstück genügte, um uns zu neuen Taten zu ermutigen. Jetzt machte sich unser Konditionstraining bemerkbar, ohne das wir sicherlich bereits gestern aufgegeben hätten. Auch äußerten unsere guides erste anerkennende Worte über unsere Verfassung.
Zunächst stand uns für diesen Tag wieder Gepäckmarsch durch den Snow River und seine engen Seitentäler Richtung Osten bevor. Wir beobachteten dabei eine große Anzahl Schafe, zum Teil auf sehr kurze Distanz, aber leider keine jagdbaren Widder. Auffallend war, daß die Schafe offensichtlich über einen ausgezeichneten Gesichtssinn verfügen, aber aufgrund der fortwährenden Steinschläge gegen Geräusche nicht sehr empfindlich sind.
Im Grund des Canyon erschreckten uns plötzlich wieder frische Bärenspuren. Joe hatte seine Lektion gelernt! Die Gewehre wurden auf seinen Hinweis geladen, was uns doch etwas beruhigte.
Als Lagerplatz wählte unser Jagdführer diesmal einen Hochsattel. Bei der Inspektion des umliegenden Geländes entdeckten wir auf eine Distanz von vier bis fünf Kilometern auch sogleich vier Widder. Anpirschen lohnte sich offensichtlich; sie standen wider Erwarten nicht hoch in den dürftig bewachsenen Felshängen, sondern im Tal des Snow River und ästen. Es stellte sich nur die Frage, wie wir sie angehen sollten.
Wegen der steilen Felshänge konnte diese Pirsch praktisch nur durch das steinige Flußbett erfolgen. Von da hatten wir jedoch kaum eine Chance; sie hätten uns frühzeitig eräugt. Joes Plan sah vor, sie am folgenden Abend bereits unten im Tal zu erwarten, wenn sie zur Äsung

von den Geröllhalden zu Tale zögen. Leider hatten wir jedoch die Rechnung ohne das Wetter gemacht.
Das Frühstück am nächsten Tag bestand zunächst aus einer halben Tasse eiskaltem Fertigfruchtsaft; wir wollten es später nachholen. Eigentlich hatten wir ja im Sinn, in aller Ruhe den Abend abzuwarten und lediglich mit dem Spektiv festzustellen, ob die Widder unseren Plan mitspielten. Als wir jedoch endlich aus der Zeltluke krochen, begann es leider zu regnen, am Horizont zogen graue Wolkenwände auf, und der Wind blies eisig. Am Gegenhang des Canyon stand auf einmal ein weiteres Rudel.
Joe erinnerte uns an die Bilder vom letzten Jahr mit 30 Zentimeter Schnee zur gleichen Jahreszeit, was gleichbedeutend mit dem Ende der Jagd ist. Das Gelände wird dann zu gefährlich, und die weißen Schafe sind kaum mehr auszumachen.
„Let's go right away . . ., es könnten die letzten Stunden zum Jagen sein."
Ohne etwas Richtiges im Magen hasteten wir den Steilhang hinunter und auf der anderen Seite wieder hinauf, ständig darauf achtend, ob in einem seitlichen Zufluß zur Schlucht nicht das große Rudel mit dem einzelnen guten Widder auftauchen würde. Wenn ja, wer sollte zuerst schießen? Ich wollte knobeln, aber mein Freund Günter bestand darauf – ich sollte die erste Chance haben. Es kam nicht dazu. Das Rudel hatte uns bemerkt und flüchtete steil hangauf, der Widder war nicht mehr zu sehen. Dafür bestätigten sich Joes Befürchtungen, dichtes Schneetreiben setzte ein. Erfahrung hatte der Mann!
Bis auf 600 Meter konnten wir uns anschließend, im Flußbett kriechend, den vier rams vom Vortag nähern. Doch da machte uns der Wind einen Strich durch die Rechnung, und ab ging die Post in Richtung eines weiteren, namenlosen Canyon. Es wollte einfach nicht klappen.
Jetzt begann die Tortour dieses Tages. Schnell das Tal entlang, rechts den Felshang nach oben, der Schnee lag bereits zentimeterhoch, die Fährten mußten zu sehen sein.
Wir fanden sie wieder, aber nicht oben, sondern unten im ausgetrockneten Flußbett. Der Canyon machte den Eindruck, als habe er irgendwo dort hinten keine Ausgang. Joe wollte es wissen. Wohl eingedenk seiner guten Erfolgsquote und unserer guten körperlichen Verfassung, versuchte er das Unmögliche.

Die Dallschafpopulation Alaskas wird auf ca. 70.000 Stück geschätzt. Es werden jährlich ca. 1200 Widder erlegt. Die Erfolgsquote ohne Führer beträgt etwa 12 % und mit Führer, er ist für Nichtalaskaner obligatorisch, etwa 60 %. Joes Rate lag nach seinen eigenen Angaben bei 95 %. Wenn man mit ihm in vielen Dingen auch nicht einer Meinung sein konnte, so glaubte ich ihm diese Zahl letztlich doch.

Unsere Hoffnung hatte sich als trügerisch erwiesen. Nach zwei Stunden Geröllmarsch erreichten wir die letzte Biegung der Schlucht und erblickten zwischen den schroffen Felswänden einen schneebedeckten Sattel – aus der Traum. Das Wild saß nicht in der Falle, nein, dort suchte es das Weite.

Das Frühstück nach der Tasse Fruchtsaft bestand nun aus einem Plätzchen und einem halben Toast. Das Ganze mußte für vier Mann nach bereits sechsstündigem Marsch reichen.

Wir entschieden uns, nicht den gleichen Weg zurückzugehen, sondern eine Geröllwand zu queren, um in das nächste Tal zu gelangen. Ich wurde an die schrecklichen Erlebnisse vor zwei Tagen erinnert, was half's. Man verdrängt Gedanken an Unangenehmes schnell. Dieses Mal barg der vereiste Schnee zusätzliche Gefahren. Wir haben schließlich auch das überlebt, ohne ein Schaf zu Gesicht zu bekommen.

Wären wir im Flußbett des Snow River geblieben, dort wo die vier Widder abgesprungen waren, wir hätten längst einen erlegt. Denn das starke Rudel mit dem einzelnen guten ram war offensichtlich in dieses Tal zurückgekehrt. Wieder stellte sich das Problem, auf Schußweite heranzukommen.

Auf dem Bauch robbten wir in einem ausgetrockneten Bachbett bis etwa 300 Meter an die Schafe heran. Noch bevor sich eine echte Chance ergab, flüchtete das Rudel quer durch das Tal, doch dieses Mal nur den Gegenhang hinauf. Rucksack hinwerfen, Ziel nehmen, welcher? Der erste! Entfernung? Ca. 450 Meter – Schuß – Steine spritzen – zwei Meter zu tief. Nochmals – immer noch zu tief – die Schafe verschwinden hinter der nächsten Felsspalte.

Joe tröstete mich, er habe nur wenige erfolgreiche Schüsse auf diese Entfernung gesehen, zumal in dieser Eile. Wir Flachlandjäger sind diese Distanzen eben doch nicht gewohnt.

Nachdem unser Führer gestand, daß er mit uns nunmehr in dieser

Himmelsrichtung vom Hauptcamp aus soweit gejagt habe wie mit keinen anderen Jagdgästen zuvor, wollte er für die verbleibenden zwei Jagdtage noch den Nordosten erkunden, da sei noch nie gejagt worden. Wie uns das aufmunterte!

Zwischen uns und dem Hauptcamp lag der Rücken, auf dessen Kamm sich unser Zelt befand. Dann mußte noch das weite Hochplateau überwunden werden. In sechs bis acht Stunden würden wir wieder am Röntgensee sein. Dort gab es zumindest etwas Vernünftiges zu beißen. Immerhin feine Aussichten nach dem fünften Jagdtag!

Nach ausgiebigem Schlaf wollten wir für den folgenden Tag lediglich auf einem der umliegenden Berge Spähposition beziehen. Die Sonne schien längst wieder warm, und wir genossen nach kurzem Anstieg die Idylle der Bergwelt. Im Licht der Sonne wirkt selbst der graueste Fels irgendwie noch freundlich. Doch nur zum Vergnügen hatten wir den Berg nicht erklommen.

Das Spektiv zeigte uns auf eine Distanz von mindestens zehn Meilen ein kleines Rudel Schafe, hoch in den Felsen. Ein Ansprechen war auch mit 80facher Vergrößerung selbstverständlich nicht möglich. Joe tippte auf gute Widder, die stünden in solch kleinen Trupps so hoch um diese Jahreszeit. Außerdem konnten wir ein großes Rudel mit sicherlich 50 Köpfen in etwa 2000 Meter Entfernung beobachten.

„Ein derart großes Rudel, in solch niedriger Region hat um diese Jahreszeit keine starken Widder", ließ ich mich aufklären.

Rob beobachtete von einem anderen Gipfel und kam mit der Kunde zurück, er habe in einem relativ leicht zu bejagenden Tal ebenfalls einen jagdbaren Widder gesehen. Der Plan, für die letzten zwei Tage nochmals ein Zelt mitzunehmen, wurde verworfen, Robs Widder stand nur ca. drei Meilen entfernt. Außerdem versprach der späte Vormittag den besten Erfolg, es war sonnig, aber nicht warm; die Schafe befanden sich zur Äsung auf den Läufen.

Joe versuchte, unsere spürbar gedrückte Stimmung am nächsten Morgen mit einem für Wildnis-Verhältnisse opulenten Frühstück etwas aufzumuntern. Seine Pancakes mit Brombeermarmelade waren auch nicht zu verachten.

Um acht Uhr brachen wir auf und erreichten, nachdem wir den See passiert hatten, gegen Mittag den Canyon, in dem Robs Widder stehen sollte. Fehlanzeige – dafür Schafe und Lämmer. Was tun?

Joe machte uns mit seiner Idee vertraut, nicht zurück zum Camp zu gehen – das würde zuviel Zeit kosten –, sondern die von uns tags zuvor auf große Distanz gesichteten Schafe im Nordosten anzupirschen. Es handelte sich um mehrere Gruppen von drei bis vier Schafen hoch in den Wänden. Dort mußten starke Widder dabei sein. Allerdings bedeutete dieses Vorhaben möglicherweise eine Nacht ohne Zelt, Schlafsack und vor allem ohne Verpflegung unter Gottes freiem Himmel!
Günter und mir war schon alles egal. Er plagte sich seit Tagen mit Blasen an seinen Füßen herum, wegen meines lädierten Knies glich mein Gang ohnehin mehr dem eines Rumpelstilzchens als dem eines drahtigen Jägers . . . und Hunger – mit dem Gefühl kämpften wir bei unserer kargen Verpflegung schon seit Tagen. Außerdem stand der letzte Jagdtag bevor, keiner sollte sagen, wir hätten aufgegeben.
Über den verhaßten Schotter führte der Weg zurück zum weiten Flußbett des Canning River, das wir nach Süden verlassen hatten. Dabei bescherte uns eine Caribouherde wenigstens etwas Abwechslung. Die Tiere genossen die von den Steinen des weitgehend ausgetrockneten Flußbetts zurückstrahlende Wärme, wechselten geschäftig hin und her und taten uns auch noch den Gefallen, hangaufwärts in unsere Richtung zu äsen. Zwei mächtige Bullen standen dabei, gerade recht, um Bilder zu schießen.
Langsam hatten wir uns über Stunden die Seitenhänge des Canning River hochgearbeitet, aber immer noch war der Blick in die grauen Felshänge, in denen wir die Schafe vermuteten, verwehrt.
Auch Joe zeigte offensichtlich Ermüdungserscheinungen, denn er empfahl, an einem kleinen Bach mit etwas dürrem Weidenholz Feuer zu machen und bis zum Morgen zu rasten. Bis Einbruch der Dunkelheit hatten wir aber noch drei Stunden Zeit, und jetzt wollten wir es wissen. Vom nächsten Höhenrücken versprachen wir uns Aufschluß, ob jagdbare Widder in den oberen Canyons standen oder nicht. Wenn ja, würden wir unser Glück versuchen, wenn nein, dann waren für uns die Strapazen zu Ende, und wir wollten auch ohne Nachtlager sofort zurück zum Camp.
Beim Aufstieg begleiteten uns wieder mehrere Caribous, die wir wegen der nachlassenden Kräfte schon kaum mehr wahrnahmen. Dann der Bergsattel – dort hinten standen Schafe, verschiedene kleine Gruppen. Was zeigte das Spektiv? Bange, vielleicht die schlimmsten Sekunden der

gesamten neun Tage – kam jetzt die Chance, oder sollte alle Plage umsonst gewesen sein?
„Good rams", klang es fast wie eine Erlösung aus Joes Richtung.
Halb rechts bestätigte er auf zwei Kilometer einen sehr guten und einen jungen Widder, halb links auf eine etwas größere Distanz standen gar vier. Nun erwachte in Joe wieder der Beutetrieb. Ohne zu fragen, trieb er uns den Hügel hinunter, das Hochtal entlang an zwei kleinen Bergseen vorbei, bis uns die Sicht auf das gegenüberliegende Hochkar, in dem die beiden Widder ästen, durch einen überriegelten Bergrücken versperrt wurde. Die Entfernung betrug höchstens noch einen Kilometer. Hoffentlich hatten sich die Widder nicht während unseres Abstiegs in den Canyon und dem Wiederaufstieg in das Kar allzuweit verstellt.
Joe trieb zur Eile, das Büchsenlicht reichte höchstens noch eine Stunde. Wir hasteten und stolperten hangabwärts und erreichten den reißenden Bach. Früher suchten wir noch flache Steine, um trockene Füße zu behalten, jetzt wateten wir durch. Es zählte nur noch der Zeitgewinn.
Nach unserer Schätzung mußten wir nun direkt unterhalb der beiden Widder sein. Der Wind stand gut. Günter, der mir nun nochmals anbot, ich sollte den ersten wirklich aussichtsreichen Versuch wahrnehmen, blieb mit Rob und allem unnötigen Gepäck am Bach. Joe und ich wollten versuchen, durch den über uns liegenden Felskamin auf das Kar zu klettern. Ohne Aufenthalt begannen wir die etwa 100 Meter lange Kletterpartie.
Die Schafe müssen im oberen Drittel des Kars stehen, etwa 500 Meter über uns. Es wird durch eine Felsfalte vertikal durchzogen. Diesen Einschnitt wollen wir als Deckung nutzen, um auf Schußentfernung heranzukommen. Den Kamin haben wir geschafft und noch ein Stück mehr – Blick nach rechts über den Felsgrat – die Schafe sind verschwunden.
Plötzlich, etwa 250 Meter über uns ein weißer Rücken, sofort Bauchlage – und da stehen sie schon. Obwohl wir die rams zuerst ausmachen und sofort zur liegenden Salzsäule erstarren, sichern sie zu dem ungewohnten Fleck in ihrer Umgebung. Wegen einer dazwischenliegenden Bodenwelle ist ein halbwegs sauberes Auflegen nicht mehr möglich. Die letzte, ja einzige Chance in acht Tagen: Führhand freihändig, tanzender Zielstachel – wie sagt ein Freund von mir? „immer wenn der

Zehner beim Zittern vorbeikommt" – und dieses Mal hilft mir Hubertus! Der Widder rollt uns ein gutes Stück den Steilhang entgegen.
Zu beschreiben, was in diesen Sekunden in mir vorging, ist, wohl auch angesichts der Tatsache, daß meine Anstrengungen endlich belohnt wurden, schwer möglich. Joe fragte mich, ob er mir jetzt helfen oder sofort mit Günter versuchen solle, an die anderen Widder auf der gegenüberliegenden Seite des Felsmassivs heranzukommen. Dieser Frage hätte es eigentlich gar nicht bedurft.
Ich wartete auf Rob. Dabei wurde mir erst richtig klar, welchen Anstieg in welch kurzer Zeit wir vor dem Schuß bewältigt hatten. Es dauerte eine halbe Stunde, bis er zu mir stieß; doch das spielte jetzt alles keine Rolle mehr. Eigentlich war ich dankbar, eine Weile allein zu sein. Die letzten Lichtstrahlen sanken hinter den Horizont, die Szenerie erschien in einem unheimlichen Grau, die Felsen verloren ihre Schatten. Ein glücklicher Jäger versuchte, seine Gedanken zu sortieren.
Im letzten Büchsenlicht, eher im Halbdunkel, wurden Wild und Trophäe versorgt; eine langwierige und schwierige Arbeit, will man das cape (vorderer Teil der Decke) für ein Kopfpräparat behalten. Rob hatte da sein Spezialwerkzeug. Mit skalpellartigen Messern trennte er das Vlies vom Hornansatz. Ich schärfte den Rest der Decke ab und zerwirkte das Stück in rucksackgerechte Wildbretteile. Schwer bepackt begannen wir den Abstieg. Erst jetzt wurde mir wieder bewußt, daß mein Knie immer noch rasend schmerzte.
Gegen 23 Uhr hatten wir die Talsohle des Canyon erreicht. Nach Absprache der beiden Führer sollten wir uns etwa zwei Meilen flußabwärts mit Günter und Joe treffen, um dort das Nachtlager aufzuschlagen. Wir machten uns ohne Hast entlang des Flußlaufs auf den Weg, und ich durchlebte dabei in Gedanken nochmals die zurückliegenden Stunden. Das erste Mal in all den Tagen war ich auch froh über die bisher verhaßten, nun aber hilfreichen Steine. Sie markierten in der Dunkelheit wie Wegweiser den Rand des Bachbetts.
Nach einer Stunde kamen wir an ein Seitental des Hauptcanyon, an dessen Schnittpunkt Rob glaubte, mit unseren Freunden verabredet zu sein. Günter und Joe waren nicht da. Ich spürte die wachsende Unsicherheit meines jugendlichen Begleiters, konnte jedoch überhaupt nicht behilflich sein, da ich leider bei der Vereinbarung von Joe und Rob nach meinem Schuß nicht zugegen war. Wir marschierten noch

etwa 20 Minuten das Seitental hinauf und hielten Kriegsrat. Ein wärmendes Feuer zum Trocknen unserer durchweichten Kleidung wollten wir wegen der möglicherweise am nächsten Morgen stattfindenden Jagd Günters nicht entfachen.
Wir rollten uns, so wie wir standen, auf unseren Regencapes zusammen und versuchten zu schlafen. Müde genug sollten wir eigentlich sein. Ich fand dennoch keine Ruhe, wohl wissend, daß wir beide „backpacks", den letzten spärlichen Proviant und die Regenausrüstung für uns vier, bei uns hatten. Wo waren die anderen? Waren sie noch zum Schuß gekommen? Mußten sie, so wie sie waren, in den Felsen übernachten? Wenn es nun regnete – nicht auszudenken!
Diese schrecklichen Gedanken nahmen mich noch keine fünf Minuten in Beschlag, da glaubte ich einen Schuß zu hören. Ich rüttelte Rob aus seinem Halbschlaf und feuerte sofort Antwort – keine Reaktion.
Wir stolperten hastig zurück zur Bachkreuzung und lauschten. Aber andere Geräusche als das dumpfe Wassergemurmel, unterbrochen von hellem Zischen, drangen nicht an unser Ohr.
Ich entschied, jetzt in jedem Fall ein Feuer zu machen; vielleicht warfen die Felswände des Canyon den Flammenschein als Orientierungshilfe zurück. Es war inzwischen zwei Uhr morgens.
Trotz der Dunkelheit konnten wir die Fährten von Bären bemerken. Das flackernde Feuer und das griffbereite, geladene Gewehr vertrieben zwar die Angst, aus Sicherheitsgründen deponierten wir das Wildbret aber trotzdem einige hundert Meter flußaufwärts. Wir wollten nicht der Speck in der Bärenfalle sein.
Innerlich unruhig, hatte ich die Feuerwache übernommen und versuchte, meine Kleidung zu trocknen. An Schlafen war für mich trotz der inzwischen 24 Stunden dauernden Strapaze ohnehin nicht zu denken. Die ganze Situation war sicher mit der kapitalen, eineinviertel Umdrehungen messenden Widderschnecke auf dem Rucksack leichter zu ertragen gewesen, doch die Sorge um die Freunde ließ eine echte Freude über mein Waidmannsheil nicht aufkommen.
Ich hielt es schließlich nicht mehr aus. Um vier Uhr weckte ich Rob. Er empfahl, mit der gesamten Last, einschließlich Fleisch, so wie es das Gesetz vorsieht, den Rückweg anzutreten. Unschlüssig, eigentlich auch widerwillig stimmte ich zu. Er hatte mehr Erfahrung in dieser einsamen Wildnis, kannte Joe besser, und wir glaubten außerdem schließ-

lich beide, nicht helfen zu können, mangels Mittel und Kraft. Ein beinahe verhängnisvoller Irrtum.
Sobald wir aus der Schlucht heraus waren, begann das widerwärtigste Niggerheadlaufen, das ich je erlebt hatte. Ich wurde an den Cariboutransport erinnert, der gegen das hier geradezu als Vergnügen bezeichnet werden konnte. Hier waren die Grasbüschel höher und die Löcher tiefer. Kein Fuß paßte vor den anderen. Laut fluchend, machte ich meiner aufgestauten Angst wegen der Kameraden und dem Zorn über das böse Knie Luft.
Ich weiß eigentlich nicht wie, aber irgendwie erreichte ich doch nach Stunden, weit hinter Rob herhängend, das steinerne Flußufer des Canning River. Wegen der jedenfalls für mich von Augenblick zu Augenblick zunehmenden Lastprobleme, hatten wir inzwischen das Wildbret ausgebeint. Wir aßen, erstmals seit dem vorangegangenen Nachmittag, die uns beiden zustehende lächerliche Restration: vier Quadratzentimeter Scheibenkäse und ein Viertel Toast! Günters und Joes Anteil blieb selbstverständlich unangetastet.
Der vor uns liegende Paß erforderte noch ca. fünf bis sieben Stunden Marsch bis zum Lagerplatz. Wir entschieden uns für eine Abkürzung, die ich vom Tage zuvor zu kennen glaubte.

Die Sonne wärmte vom strahlend blauen Himmel, und wir begannen den Anstieg über moos- und beerenbewachsene Berghänge. 100 Meter an einem Stück, dann bald nur noch 50, das war alles, was ich noch zu leisten im Stande war. Ich glaubte ja, den Weg zu kennen und schickte Rob mit der größeren Last voraus. Wo nahm er nur diese Bärenkräfte her?
Angesichts der im gleißenden Sonnenschein nun wieder lieblich erscheinenden Bergwelt beschloß ich, die nächste Rast zu verlängern und schlief auch prompt ein. Zwei Stunden später erwachte ich und versuchte, mit der wiedergewonnenen Kraft den letzten Sattel zu erkriechen.
Doch dann traute ich meinen müden Augen nicht. Es war nicht der Kamm, von dem der erhoffte Abstieg ins Hauptlager nur noch ein Spagang sein würde, sondern da lag noch eine riesige, steile Geröllhalde dazwischen und dort drüben ein neuerlicher Anstieg. Dazu war ich nicht mehr fähig. Notgedrungen entschied ich mich für den weni-

ger beschwerlichen Abstieg, auch wenn ich dadurch einen Umweg in Kauf nehmen mußte.
Den Grund des Tales hatte ich noch nicht erreicht, als ich abermals an meinen Sinnen zweifelte. Dort unten standen zwei Männer!
Als Joe und Günter meiner gewahr wurden, ließen sie sich niedersinken. Ungehalten, fast böse erwarteten sie meinen Bericht. Wo wir gewesen seien? Warum nicht am vereinbarten Treffpunkt?
Es stellte sich heraus, daß unsere Nachtlager keine 300 Meter auseinander lagen. Die hereinbrechende Nacht hatte die beiden daran gehindert, zu den Schafen aufzusteigen. Sie gingen daher direkt zum vereinbarten Treffpunkt und glaubten auch dort zu sein, so wie Rob von unserem Standort als dem richtigen überzeugt war.
Gegen zwei Uhr nachts, nachdem Joe frische Bären- und Wolfsspuren zuhauf festgestellt hatte, lud (!) er sein Gewehr, und Günter, völlig durchnäßt, erhielt den Auftrag, Holz zu sammeln, was er nach seiner Schilderung auch eifrig tat. Wenn schon nichts zu essen, dann wenigstens Wärme. Als der Holzvorrat herbeigeschafft war, bat Joe Günter, ihm – Günter ist Nichtraucher – sein Feuer zu geben. Der guide hatte keine Zündhölzer dabei!
Damit ist das nächtliche Drama und auch ein weiterer, unverzeihlicher Leichtsinn unseres Führers schon geschildert. Bei Temperaturen um den Gefrierpunkt und tropfnaß, versuchten beide, sich durch Bewegung bis zum nächsten Morgen am nackten Leben zu erhalten. Meinen Signalschuß hatten sie nicht gehört. Als wir uns schon längst auf dem Rückweg befanden, feuerten sie vergeblich Signalschüsse ab. Wir waren im wahrsten Sinne des Wortes über alle Berge.
Ich befand mich beileibe nicht das erste Mal in der Wildnis, aber meine Erfahrung reichte längst nicht aus, um gegen alle möglichen Vorkommnisse gewappnet zu sein. Das bestätigen die Erlebnisse dieser Tour sehr eindringlich. Natürlich war es unverzeihlich, sich in dieser menschenfeindlichen Region zu trennen, ohne daß jede Gruppe zumindest ihren Proviant mit sich führte, von Wetterschutzkleidung ganz zu schweigen. Nicht einmal jetzt konnte ich Günter und Joe mit dem kärglichen restlichen Proviant dienen. Mit dem war Rob längst Richtung Camp unterwegs. Doch nun kam Günters große Stunde! Er war fertig wie wir alle. Er hatte nur noch einen Gedanken, zurück zum Camp, und zwar so schnell wie möglich. Ein völlig richtiger Entschluß, bevor noch wei-

tere Probleme entstehen konnten, zu deren Bewältigung dann unsere Kräfte möglicherweise nicht mehr ausgereicht hätten.
Während der kleinen Zwischenpause wurde Joe immer wieder vom Schlaf übermannt. Günter ließ ihm jedoch keine Ruhe. Er peitschte ihn weiter. Meine Reserven waren schon lange dahin. Günter schulterte meinen schweren Rucksack mit den Schnecken und begann den letzten Anstieg. Er war mit der Last lange am Gipfel, bevor Joe und ich dort angelangten. Reine Willenskraft trieb ihn voran, der Körper folgte apathisch.
Den Abstieg über die niggerheads betrachteten wir schon fast als Vergnügen. Ach ja, da war noch immer mein Knie! Aber was bedeutete das jetzt bei dem Gedanken an Essen und Schlafen!
Plötzlich blieb Günter, der, obwohl ebenso ausgelaugt wie wir, unseren Trupp anführte, keine 200 Meter vom Hauptcamp entfernt wie erstarrt stehen. Vor ihm lagen die starken Schnecken eines Widders. Joe bestätigte, es handele sich um die kapitale Trophäe eines „winterkill“ des letzten Jahres. Sie ähnelte fast bis aufs Haar den Schnecken meines Widders. Ich trug sie für Günter zum Camp. Lange noch unterhielten und freuten wir uns über diese Schicksalsfügung.
120 Meilen sind wir beide nach Joes Aussage gemeinsam durch die grausame und zugleich überwältigende Bergwelt der Brooks gewandert, geklettert, gekrochen! Wir jagten zusammen, und obgleich keiner die hinter uns liegenden Strapazen, zumindest in jenem Augenblick, noch einmal durchstehen wollte, erfüllte uns kein geringer Stolz, es letztlich doch geschafft zu haben. Und schließlich zu guter Letzt, nach einem vor allem für Günter nicht versöhnlichen Ende der Jagd, diese „Trophäe“.
„Wir haben zusammen so viel erlebt. Es ist für mich, wie wenn ich Deine und diese miterlegt hätte – ich nehme sie mit nach Hause.“
Ein ehrliches und verständliches Wort meines Freundes.

Essen, Waschen im eiskalten Fluß, und dann nur noch Schlafen, Schlafen, Schlafen. Damit verbrachten wir die Zeit bis zum nächsten Tag. Dann wurde das Camp abgebrochen. Andere Schafjäger sollten in ein neues Lager Joes eingeflogen werden. Rob marschierte los, wegen befürchteter Gewichtsprobleme für den Flieger, ein lieber Kerl – der Boss schickte ihn zu Fuß!

Der Master und wir warteten auf das Flugzeug; er flog zuerst! Ein ganz und gar ungewöhnlicher Brauch!
Wir sollten etwa eine Stunde später abgeholt werden. Am Spätmittag saßen wir immer noch allein und seit dem Frühstück ohne Essen in der Wildnis. Im Notfall hätten wir ja Feuer und das Wildfleisch, meinte Joe; welch tröstende Worte er spenden konnte!
Die Zeit verrann. Wir begannen uns unter Fluchen auf ein weiteres Nachtlager ohne Zelt bei dieser Kälte einzurichten. Halb acht Uhr – endlich vernahmen wir in dieser beklemmenden Ruhe und Einsamkeit Motorengeräusch. Dug, unser Pilot, erklärte uns auf unsere nicht gerade freundlichen Vorhaltungen, er habe Joe erst helfen müssen, sein Camp an den entsprechenden Lagerplatz zu schleppen. Masterguide first! Wir erreichten verbittert, um es gelinde auszudrücken, gegen 21.30 Uhr Fort Yukon. Wie sehr wir gerade diesen Ort schätzten, ist dem Leser ja bekannt. Fairbanks lag noch eine Flugstunde entfernt!
Dug, dieser Tausendsassa, rief: „Schnell, schnell!" und schon flogen wir bei Dunkelheit durch die Berge! Wie, ist mir nicht mehr in Erinnerung, ich hatte wieder einmal zu beten begonnen. Dug landete gerade, als unser Jet auf die Startbahn rollte. Drei Minuten zu spät!

Welch ein Waidmannsheil! Joe meinte: „Thank you bear and bye-bye!" ▶

Ursus arctos – König der Schöpfung

Daß ich im Laufe der Jahre zu den Bären ein ganz besonderes Verhältnis entwickelte, mag nicht sonderlich verwundern. Sie waren selten Ziel meiner jagdlichen Aktivitäten, doch – sichtbar oder unsichtbar – allgegenwärtig. Aus diesem Grunde sollte man ihnen bei einer Jagd in Nordamerika auch immer den berühmten sechsten Sinn widmen.
Dieses Mal hatten wir uns jedoch fest entschlossen, den größten Raubtieren der Erde, den Alaska-Braunbären, all unsere Aufmerksamkeit und unser jagdliches Vermögen entgegenzustellen. Wir wollten die Herausforderung einer solchen Jagd annehmen.
Wir, das waren außer mir meine Freunde Dieter und Kurt. Ersterer, ein erfahrener Waidmann, mit dem mich bereits viele Jagderlebnisse verbanden; letzterer ein moderner Trapper, der neben seiner nicht geringen beruflichen Belastung doch immer wieder Zeit findet, die Natur zu genießen oder ihren Bedingungen zu trotzen. Überlebenstraining in nördlichen Gefilden war in jedem Falle für ihn nichts Neues. Neu allenfalls seine Kameraausrüstung, die er noch nicht so perfekt beherrschte wie den sorgfältig ausgewählten Inhalt seines großen Rucksacks, der uns aus kleinen und großen Verlegenheiten helfen sollte. In jedem Fall waren beide nicht nur gute Kameraden mit dem notwendigen Verständnis für einen gemeinsamen Wildnisaufenthalt, sondern auch drahtige, durchtrainierte und humorvolle Kumpels, auf die jederzeit Verlaß sein würde, echte outdoors, so wie ich sie mir für das bevorstehende Abenteuer nicht besser wünschen konnte.
Aus mehreren Gründen entschieden wir uns für die Frühjahrsjagd. Einmal sollte sie in den Bergen andere Anforderungen an die Jagdart stellen als die Herbstjagd, die sich stärker auf die Flußniederungen konzentriert. Das erklärt sich aus dem Verhalten der Bären, den Nahrungsquellen zu den verschiedenen Jahreszeiten entsprechend. Darauf wird noch ausführlich einzugehen sein. Zum anderen ist im Mai das jagdliche Augenmerk ausschließlich auf den Braunen gerichtet und nicht von anderen Jagdmöglichkeiten, beispielsweise auf Elch oder Caribou, gestört. Außerdem ist das Bärenfell nach dem Winterschlaf besonders dicht und damit am prächtigsten. Während dieser Ruhezeit haben sich sämtliche „strapazierten“ Stellen des Vorjahres regeneriert, denn Scheuern und Rivalitätskämpfe hinterlassen im Verlauf des Jahres

◀ Oben: Joe Klutsch hält Ausschau ins Tal des Meshik River
Kurti vor unserem „Hauptzelt“, fertig zum Abmarsch

auch bei diesen kräftigen Fellen sichtbare Spuren. Zur Klärung mir immer wieder begegnender Unklarheiten seien noch einige Bemerkungen zu der Spezies Braunbär gestattet.

Ursprung der nordamerikanischen Braunbärenpopulation ist nach Auffassung der Wissenschaftler der europäische Braunbär der Urzeit. Durch damals noch existierende Landbrücken der nördlichen Hemisphäre soll dieses Raubtier auch den nordamerikanischen Kontinent besiedelt haben. Dort, und vor allem hoch im Norden, fand es ideale Lebensbedingungen, die mehr oder weniger mit Nahrungsquellen gleichzusetzen sind. Das sind für den Allesfresser Bär einmal die in ausreichender Zahl auch heute noch vorhandenen Cerviden, in Alaska vornehmlich Elch und Caribou, zum anderen die Hauptnahrung im Sommer und Herbst, die Lachse, und letztlich auch die vegetarischen Vorräte, vornehmlich die Beeren.

Die Spezies der Braunbären *(Ursus arctos)* ist neben den in ganz Nordamerika vertretenen kleineren Schwarzbären *(Ursus americanus)* und den Eisbären *(Ursus maritimus)*, die dritte große Bärengruppe, die ihrerseits wieder unterteilt wird. Dabei handelt es sich jedoch lediglich um eine Art Hilfseinteilung, entsprechend der umweltbedingten Modifikation, die außer der Größe und dem Verhalten, keine unterschiedliche biologische Grundlage bezeichnet. Es sind danach alle braunen Bären, die bis zu 100 Meilen vom Pazifik landeinwärts ihre Wechsel ziehen „Braunbären" *(Ursus middendorfii).* Sie entwickeln sich zu wahren Riesen und können aufgerichtet ohne Schwierigkeiten eine Höhe von über dreieinhalb Metern erreichen und bis zu 1600 Pfund Lebendgewicht aufweisen. Die mehr im Landesinneren und vornehmlich in den Bergen lebenden Braunen nennt man landläufig „Grizzlies" *(Ursus horribilis).* Wegen der härteren Lebensbedingungen, vor allem der weitgehend fehlenden Lachsgründe, bleiben sie in der Größe, beileibe aber nicht in der Gefährlichkeit, hinter den Artgenossen der Küste etwas zurück. Unser Jagdgebiet lag in unmittelbarer Meeresnähe.

Die Reiseroute führte uns unvermeidlich über Anchorage, einer inzwischen typisch amerikanischen Großstadt, die so gar nichts mehr mit einem Pionierstädtchen zu tun hat, nach dem südwestlich gelegenen King Salmon. „Königlachs" – ein wahrlich großes Wort für dieses Nest. Ich fühlte mich an Fort Yukon erinnert, viel Lärm um fast nichts. Diese Aussage ist zumindest in zwei Punkten zu modifizieren. Einmal

gibt es dort riesige Radar- und militärische Abwehranlagen. Die beiden Supermächte können sich dort am Ende der Welt gegenseitig in den Suppentopf spucken. Und dann die Preise! Sie stehen im umgekehrten Verhältnis zur Größe des Dorfes. Das wundert nicht, wenn man bedenkt, daß eben alles per Flugzeug kommen muß, und das ist nun mal teuer.
Auf jeden Fall dauerte es nicht lange, bis wir herausfanden, daß die Boeing 707 von Anchorage nach King Salmon auch bei einer bescheidenen Besetzung fast ausschließlich Bärenjäger transportierte. Diese Tatsache wurde spätestens offensichtlich, als der Jet seine Ladung von Gewehrkoffern ausspuckte. Hier gab es keinerlei Kontrollen mehr, hier war das Tor zur Wildnis.
Ein leises Raunen, ein gegenseitiges Begutachten, Argwöhnen, fast eine defensive Stimmung lag über der Flugplatztruppe. Übermorgen war „opening day", es war nicht zu übersehen, ja hautnah zu spüren. Granby in Colorado zum Aufgang der Waipitijagd fiel mir ein. Hier gab es aber nur Braunbären. Ich betrachtete mir die Gesichter. Eigentlich sahen sie auch nicht anders aus als irgend eine andere Gruppe von Jägern. Nur von ihnen wußte man, auch ohne zu fragen, ganz genau, was sie vorhatten: alle wollten sie den Braunen. Die Situation hätte keinem Vergleich standgehalten.
Wir reckten die Hälse. Wie würde unser outfitter und guide, Joe Klutsch, wohl aussehen? Es dauerte in dem Gewirr von Stimmen, Seesäcken, Gewehrkoffern und Bärenjägern auch nicht lange, bis mich eine kleine, drahtige Gestalt mit starkem Südstaatlerakzent am Ärmel packte: „Are you Andy?"
Er stellte sich vor als Fred Cook, Assistent von Joe Klutsch. Er sollte sich unser annehmen. Joe, der Boss, sei bereits im Süden im Jagdcamp, und er flöge morgen mit uns dorthin.
Wir bezogen das „Hotel" in der der Flughafenhalle nächstliegenden Holzbaracke. Fred arrangierte den Lizenzerwerb in der örtlichen Kneipe, und dann war dort erst mal Zeit für T-Bone Steaks. Wer wußte, für wie lange wir darauf verzichten mußten? Aber wir waren ja schließlich zum Jagen da.
Fred, ein Mann um die Vierzig, sah bis auf seine Körpergröße Fidel Castro zum Verwechseln ähnlich. Aufgrund von Kriegsverletzungen in Vietnam hatte er praktisch jedes Gehör verloren, was er aber durch ein

Hörgerät und nahezu perfektes Lippenablesen, auch bei uns Krauts, ohne große Probleme wettmachte. Er ist ein Mann, der nur der Jagd und den outdoors lebt und damit auch seinen Lebensunterhalt verdient.

Kein leichter Job, wie sich noch herausstellen sollte, aber immerhin, er ist einer der wenigen Menschen, die ich je traf, die genau das tun, was ihnen Spaß macht. Wer kann das schon von sich behaupten?

Der Worte waren genug gewechselt; jetzt wollte ich etwas mehr über Bären und Bärenjagd wissen, der Abend war noch jung. Fred schlug vor, diese Schulstunde mit der Besichtigung unserer Ausrüstung auf unserem Zimmer zu verknüpfen, zumal hier in der Kneipe ohnehin alle Wände und Tische Ohren hatten. Wir kamen uns vor wie kleine Schuljungen, die ihren Ranzen dem Herrn Lehrer vorzeigten. Dies focht uns jedoch nicht an. Hier gab es den örtlichen Minisupermarkt, hier konnte man vielleicht noch Vergeßlichkeitsfehler beheben. Hinter dem Flugplatz war Schluß. Spätestens dort begann die Wildnis.

Unsere Ausrüstung fand offensichtlich Freds Wohlgefallen. Wir hatten es nicht anders erwartet, hatten wir uns doch mit größter Sorgfalt vorbereitet.

Jetzt war Fred offenbar in seinem Element. Seine grünen Augen funkelten. Bei besonders wichtigen Passagen legten die Grimassen das braune Antlitz in Falten, die einer uralten Bärenmutter wohl zur Ehre gereicht hätten. Nein, trotz allem, hier wurde kein Theater gespielt, hier vermittelte sich ein zumindest nicht unerfahrener Bärenjäger, und seine gestenreichen Schilderungen hinterließen tiefe Spuren bei uns greenhorns, zumal er nicht mit Hinweisen auf die Gefährlichkeit der Braunen geizte, was sicher realistisch war. Ich, der einzige in unserem Triumvirat, der wohl schon über einige Alaska- und Bärenerfahrung verfügte, wurde jedoch am schweigsamsten. Zu meiner schlechten Verfassung aufgrund des vorabendlichen Begrüßungstrunkes, kamen auf einmal alle Negativeindrücke aus der Brooks Range.

Was tust du, wenn er angreift? Wo zielt man dann hin? Die brauchen wohl immer mehrere Schüsse, und das in kürzester Zeit. Die Schußentfernungen können wohl äußerst knapp sein. Wenn er angreift, bleibt nur wenig Zeit – ja und wenn ... Ich versuchte, Schlaf zu finden. Das gelang ganze zwei Stunden. Nach drei Tagen wäre er dringend notwendig gewesen. Allein, das mulmige Gefühl im Bauch ließ es nicht zu.

Ein vertrauenerweckender Bärtiger kratzte Eis von den Scheiben des Fünfsitzers, als wir unsere Habseligkeiten am nächsten Morgen hinter den Rücksitz packten. Wieder begrüßte uns ein Maientag mit Sonnenschein, aber eisiger Luft.
King Salmon liegt im Nordosten der Alaska Peninsula. Sich verjüngend, strebt diese Landzunge zunächst nach Süden, um in leichtem Bogen nach Südosten in die Inselkette der Aleuten auszulaufen, die ihre Fortsetzung wieder in den asiatischen Inselgruppen Kamtschatka und Kurilen findet. Diese Peninsula, mit der Bergkette der Aleutain Range und die davor südwestlich gelagerte Insel Kodiak, sind bekannt für die stärksten Braunbären der Welt. Hier finden diese Riesen all die Lebensbedingungen, die für ihr enormes Wachstum unerläßlich sind. Mitten hinein in dieses Gebiet sollte uns der Flieger bringen.
Zunächst erwartete uns ein kaum zu überbietendes Flugerlebnis über die gerade aus dem Winterschlaf erwachende Tundra. Das Wetter und unser Pilot meinten es außerdem gut mit uns. Immer wieder drückte er die Maschine nach unten, um uns besonders guten Anblick der immensen Caribouherden und der bereits in großer Anzahl brütenden Wasservögel zu verschaffen. Es gab noch kein neues Grün und trotzdem, wir hielten den Atem an.
Die Zeit verging zu schnell. Nach nur 90 Minuten tauchte der Schotterplatz von Port Heiden auf – wiederum ein großer Name für eine bessere Zigarrenschachtel in Großformat. Auch hier ragten in einiger Entfernung gewaltige Radarschirme in den Himmel. Auf den Schotterpisten hätte jedes Flugzeug der Welt landen können. Man mußte nicht lange überlegen, warum.
Hier übten wir uns nun eine Weile in einer der vornehmsten alaskanischen Tugenden, dem Warten. Der Pilot, der uns vor Ort bringen sollte, war für später avisiert; wer hätte es gedacht, tatsächlich, der Fahrplan wurde eingehalten, ein für Alaska hervorzuhebendes Ereignis.
Bei allem Respekt, ein wirklich älterer Herr parkte seine Supercub vor dem Office. Fred und ich quetschten uns auf den für eine Person gedachten Rücksitz, und schon waren wir als erste Ladung unterwegs zum Oberlauf des Meshik River. Der alte Mann, masterguide Jack Lewis, steuerte die knallrote Maschine über das Mündungsdelta landeinwärts nach Südosten. Wir überflogen die topfebenen „plains", grau-

braune Sumpfniederungen, von unzähligen Wassermeandern unterschiedlichster Größe durchzogen. In der Ferne tauchten die schneebedeckten Ketten der Aleutian Range auf, die recht unvermittelt über Fußhügelketten als imponierende Felsmassive aufragen. Ich fühlte mich an die Alpen erinnert.
Auf einer unverhältnismäßig großen Landepiste aus fester Lavaasche benötigte der Flieger nur wenige Meter zur sicheren Landung, und dann war es soweit. Endlich konnte ich Joe, von dem ich so viel gehört und mit dem ich diese Jagd so gründlich schriftlich vorbereitet hatte, die Hand drücken. Jack war schon wieder unterwegs. Dieter und Kurt saßen noch in Port Heiden.
Die spontane Sympathie lag wohl auf beiden Seiten, so daß die ersten abtastenden Sätze schnell der Vergangenheit angehörten.
Wir befanden uns hier offensichtlich schon in einem der Außenlager, worauf man bei dem nicht gerade luxuriösen Steilwandzelt unschwer schließen konnte. Hinter unserer weißen Leinwandbehausung am Rande der Ebene stiegen unmittelbar die bewachsenen Hügelketten an, hinter denen die schneebedeckten Steilhänge und Felsmassive zu Gipfeln und Bergrücken führten.
Joe erklärte mir das Grundprinzip der Jagd, die vor uns lag. Man suche sich einen guten Aussichtspunkt, der am besten auf einer kleinen Anhöhe liegt, bewaffne sich mit guten Ferngläsern, einem Spektiv, Proviant und vor allem wind- und regenfester Kleidung und beobachte die Szenerie bis auf eine Entfernung von mindestens zehn Kilometern, soweit das Gelände dies zuläßt. Wird ein jagdbarer Bär entdeckt, beginnt die eigentliche Herausforderung. Es gilt, den Braunen im immer schwierigen Gelände, auf vielleicht große Distanz anzugehen. Abgesehen von Geländeschwierigkeiten, ist hier vor allem der exzellente Geruchssinn der Bären zu überlisten, und man muß sich last not least immer der Wehrhaftigkeit dieser Raubtiere bewußt sein. Unser heimisches Schwarzwild ist bekannt für seinen hervorragenden Geruchssinn. Was ich aber bei Bären erlebte, stellt diesbezüglich jeden Schwarzkittel in den Schatten. Sicher mag sich die menschliche Witterung in kleinen Tälern besonders gut halten. Dennoch ist es nur schwer vorstellbar, daß ein Braunbär auch auf einige Kilometer Distanz ganz offensichtlich in der Lage ist, seinen einzigen Feind zu winden. Ist er so gewarnt, dann sucht er in der Regel das Weite, was bedeuten kann, daß

er als Sicherheitszone gleich mehrere Täler zwischen sich und den Jäger legt.
Bis zum Eintreffen der Restpartie begannen wir auch umgehend, die entfernten Hügel anzuglasen. Dabei fiel mein Augenmerk zunächst zwangsläufig auf die vor uns liegende Ebene, ihr Biotop, insbesondere die Fauna.
Es war Spätnachmittag, die Elche erhoben sich aus ihren Lagern. Die Bullen begannen gerade, die neuen Schaufeln zu schieben, und dennoch war an ihrer gewaltigen Körperfülle zu erkennen, daß dieser wohl ein Kapitaler werden könnte, während ein anderer noch einige Jährchen heranwachsen mußte, um eine starke Trophäe zu entwickeln. Sechs Kraniche (sandhillcrains) vollführten ihren Balzflug in unmittelbarer Nähe. Ihre stählernen Schreie bildeten die Grundlage für das einzigartige Konzert aller Vögel der Tundra. Auch wenn die Vegetation es noch nicht erkennen ließ, der Frühling kam, zwar verspätet dieses Jahr, nun aber mit Macht. Für die Gefiederten galt es, die kurze Zeit des nordischen Sommers zu nutzen. Mit Balz und Brutgeschäft mußte begonnen werden, auch wenn die Flora alles andere als einladend wirkte. Der Herbst würde hier bald wieder kommen, viel früher als im Süden, und dann mußte die Nachkommenschaft bereits weitgehend erwachsen und selbständig sein. Eile war geboten.
Auch die Bären standen kurz vor ihrer hohen Zeit. Nach Beendigung des Winterschlafs, der eigentlich nur eine extrem ausgedehnte Ruhezeit darstellt und sich so von einem echten Winterschlaf mit der sehr weitgehenden Ruhestellung des gesamten physiologischen Systems unterscheidet. Ende Mai bis Anfang Juli geben die paarungswilligen Bären ihr Einsiedlerleben auf und verhalten sich kurzfristig gegenüber dem oder der Auserwählten friedlich und der Situation entsprechend. Anschließend trennt man sich wieder, und die Bärin wirft dann in den letzten Januar- bzw. ersten Februarwochen, also während der Winterruhe, im Normalfall zwei blinde und nackte Junge, die allerhöchstens ein Pfund auf die Waage bringen. Bis Ende April/Ende Mai, je nach Witterungsverhältnissen zum Ende der Ruheperiode, wiegen diese Kleinen bereits über 20 Pfund, eine beeindruckende Wachstumsperiode.
Die führenden Bärinnen verlassen die Winterlager zuletzt. Einmal vermeiden sie damit oft eisige Frühjahrs- oder besser Spätwinterwetterlagen, zum anderen auch den einzigen Feind, andere erwachsene Bären,

die gar zuviel Appetit auf junges Bärenfleisch haben. Kommen erst die Lachse Ende Mai stromauf, ist diese Gefahr wesentlich geringer. Für die führende Bärin fällt die Ranzzeit dann dieses Jahr aus, sie umsorgt ihre Jungen bis zum nächsten Winterschlaf und schlägt sie zunächst während der dann folgenden Paarungszeit und im Lauf des zweiten Jahres völlig ab.

Aus dieser kurzen Schilderung des Kreislaufes ist zu folgern, daß in jedem Falle zuerst die männlichen Bären und anschließend erst die Bärinnen mit einjährigen Jungen auf der Bildfläche erscheinen, was für die Jagd bedeutsam ist. Bärinnen und ihre Jungen werden natürlich nicht bejagt. So selbstverständlich ist dies jedoch gar nicht. Noch in den fünfziger Jahren wurde von verantwortungslosen Jägern und auch ihren Führern solch widersinniges Jagen ohne gesetzliche Ahndungsmöglichkeit praktiziert. Zwei der bekanntesten alten Braunbärmännern, die auf Kodiak schon lange vor dem zweiten Weltkrieg als Führer tätig waren, Talifson und Pinnell, ist es maßgeblich zu verdanken, daß diese wahnwitzige Nichtreglementierung mit dem sogenannten „sow with cub law" zugunsten der Bären geändert wurde (sow = Bärin, cub = Junges, law = Gesetz).

Damit ein Wort zur Populationsdichte. Allein auf der Peninsula wird die Braunbärpopulation auf ca. 4000 Stück geschätzt. Pro Frühjahrs- bzw. Herbstjagdzeit werden dort je 175 bis 200 Bären erlegt, was pro Jahr einer Quote von 300 bis 400 entspricht. Die Jagdzeiten werden aber nur alle zwei Jahre freigegeben, so daß sich eine jährliche Durchschnittsrate von 150 bis 200 Bären errechnet. Dies entspricht in etwa fünf Prozent des Bestandes. Dazu addieren sich selbstverständlich noch die natürlichen Ausfallquoten. In jedem Fall dürfte mit dieser von den staatlichen Organen peinlich kontrollierten Beschränkung gewährleistet sein, daß man hinsichtlich des Bestandes dieser größten Raubtiere der Welt einigermaßen zuversichtlich in die Zukunft blicken kann. Denn zu diesen Zahlen sind die mindestens ebenso großen Bestände der Kodiakinselgruppe und die übrigen Vorkommen entlang der anderen Küstenstreifen Alaskas hinzuzurechnen.

Wir jedenfalls saßen hier an einem himmlischen Fleckchen, etwa 20 Kilometer landeinwärts, inmitten von Joes Jagdgebiet, das die Kleinigkeit von etwa 4000 Quadratmeilen umfaßte – wahrlich paradiesische Verhältnisse. Wenn wir auch an diesem Vorabend des ersten Jagdtages

keine Bären ausmachen konnten, so verschaffte uns das unzählige Wassergeflügel in den nahen Tümpeln doch herrliche Kurzweil.
Besonders tiefen Schlaf fanden wir in der ersten Nacht auf unseren Luftmatratzen natürlich nicht. Uns fehlte noch die körperliche Müdigkeit. Dies sollte sich schon in der kommenden Nacht grundlegend ändern. Nach dem berühmten amerikanischen Frühstück machte uns Joe mit seinen Plänen vertraut. Wir wollten zunächst die rund acht bis zehn Kilometer südwestlich gelegenen Hänge bejagen. Am Abend zuvor hatten wir bei schräg stehender Sonne auch auf diese große Entfernung Bärenspuren in den Schneefeldern erkennen können. Die Schatten in den großen Tritten machten es möglich, und wo Spuren waren, da mußten auch Bären sein.
Wir packten also das Notwendigste für die kommenden zwei bis drei Tage auf unsere Tragegestelle, Joe und Fred sattelten je ein kleines Zelt oben auf, und dann stapfte unsere kleine Karawane los durch die unwegsame Tundra am Braided Creek, einem Seitenzufluß des Meshik River. Trotz der morgendlichen Frische wurde uns schnell warm. Die Körper dampften unter den Lasten.
Eine Stunde mochten wir wohl unterwegs gewesen sein. Bei der nächsten Rast wanderten wieder die Gläser zu den Augen, um die Südhänge abzuglasen.
„I see a bear!"
Aufgeregt fuchtelte Freds Zeigefinger am Ende seines Arms über das flache Land hinweg, auf einen den Schneebergen vorgelagerten Hügel zeigend. Man brauchte gar kein Glas, um den Braunen auch auf diese große Distanz auszumachen. Der riesige, dunkle Körper hob sich leicht sichtbar vom fahlbeigen Untergrund des ausgebleichten Altgrases ab. Gemächlich bummelte er hangaufwärts, um im Gestrüpp unseren Blikken zu entschwinden. Sofort entspann sich eine lebhafte Unterhaltung zwischen den beiden Alaskanern, an deren Ende der Beschluß gefaßt wurde, zügig bis zum beabsichtigten Campplatz vorzurücken und von dort, ohne Zögern und unter Zurücklassen allen unnötigen Marschgepäcks, sofort die Jagd aufzunehmen. Wir mußten zunächst dorthin, wo wir den Bären zuletzt gesehen hatten.
Trotz der schweren Lasten legten die beiden Einheimischen nun nochmals zu, wir bissen auf die Zähne und hefteten uns an ihre Fersen. Vor der nächsten Bachbiegung, an einem kleinen Bieberdamm, für den wir

jetzt kaum Augen hatten, trat der Hügel fast bis ans Flußbett heran. In dieser geschützten Biegung organisierten wir unsere Rucksäcke neu, ließen bis auf die unerläßliche Standardausrüstung, zu der vor allem feste Regenkleidung gehört, alles zurück und hetzten sofort weiter.
Der Weg führte uns durch den etwa drei Meter hohen „alder brush". Dieses Teufelszeug kannte ich schon von der Schwarzbärenjagd. Das armstarke, erlenartige Gewächs macht jedes Fortkommen zur Plage, besonders wenn es an Steilhängen wächst, die es zu überwinden gilt. Die Triebe wachsen nicht gerade gen Himmel, sondern bogenartig. Was das bedeutet, ist leicht vorstellbar. Allein schon deshalb sollte man hier keine gängigen Jagdhüte tragen. Unsere Strickmützen erwiesen sich als wesentlich vorteilhafter.
Wir überquerten Schotterbänke, wateten mit unseren Hüftstiefeln durch glasklare Bäche und versuchten, in etwa die Richtung zu unserem Bärenhügel einzuhalten. Längst hatten wir wegen des Busches den Sichtkontakt verloren.
Die Tundra bot trotz der fehlenden Farben, die der nahende Frühling noch nicht freigegeben hatte, einen herrlichen Anblick. Die gurgelnden Wasser hatten die Sandbänke für die Trittsiegel der Caribous geglättet. Hinter der nächsten Bachkrümmung war sich ein turtelndes Harlekinentenpaar nicht im klaren, ob wir gefährliche Braune oder friedliche Elche waren. Schillernd badete sich das bunte Kleid des Erpels in der hochstehenden Sonne. Über uns kreisten große Greifvögel, es waren „Bold head eagles", Weißkopfadler, das Wappentier der Vereinigten Staaten von Nordamerika. Und da war der „Ein-Zwei-Drei-Vogel", die Haubenammer, eine kleine Finkenart, deren Gesang unverwechselbar ist. Sie pfeift ihre stereotype Kadenz von oben nach unten, ein merkwürdiger, manche mögen glauben, ein langweiliger Liedergeselle. Die Natur ist hier manchmal geizig – der Reiz liegt darin, diesen Überfluß zu erkennen. Der ist nicht zuletzt darin begründet, daß während der Zeit der Balzgesänge dieses kleinen Vogels immer Frühjahrsbärenjagd ist. Hoffentlich war es ein gutes Omen.
Schweißgebadet erreichten wir, am Fluß entlang pirschend, die Stelle, an der das Gewässer aus den Bergen in die Ebene trat, was gleichbedeutend mit einem vor uns liegenden Anstieg war. Daß der eine größere Sache werden würde, war augenfällig. Dieser vermeintliche Hügel war gar keiner, sondern ein ausgewachsener Berg. Meine Güte, ging es

da hinauf. Wir packten sämtliche unnötigen Kleidungsstücke, einschließlich der langen Unterhosen, in die Rucksäcke. Die Sonne meinte es sehr gut. Sie strahlte wärmend am wolkenlosen Firmament.
Fred war Dieters Führer, er hatte den Bären zuerst gesehen, also sollten er und Dieter die erstbeste Chance haben, falls es überhaupt eine solche gäbe. Zunächst galt es, Höhe zu gewinnen, und das war durch diesen Busch nicht nur unendlich schweißtreibend und kräftezehrend, sondern auch noch mit dem Risiko verbunden, daß das bergwärts stehende Wild alle Chancen von vornherein zunichte machen würde, falls der Braune noch weiter in unsere Richtung gezogen wäre. Aber irgendwo mußten wir ja hinauf. Dies ist ein Prinzip der Bärenjagd. Einmal kommt es auf die Richtung des Windes, der in der Regel vom Meer die Berghänge nach oben bläst, an, und zum anderen ist es eine Frage der Sicherheit. Auch der beste Schuß wird einen über dem Jäger stehenden Bär kaum davon abhalten, talwärts zu streben, das ist schon ein physikalisches Gesetz. Wehe, er ist nicht verendet, bis er auf der Höhe des Schützen ist. Hier gelten andere Gesetze als bei der Gams- oder Schafjagd. Ein einziger Prankenschlag dieser Könige des Nordens ist in der Regel schon einer zuviel.
Zwei Stunden hatten wir uns gequält, bis wir endlich einen scharfen, kantigen Rücken erreichten, von dem ein weiterer Anstieg ohne Strapazen des alder brush möglich schien. Nach Südwesten fiel das Gelände zunächst flach und dann steil in eine Schlucht ab, die sich bergwärts verästelte. Dort jenseits hatten wir den Bären vor etwa vier Stunden zuletzt gesehen. Ob er wohl längst über – im wahrsten Sinne des Wortes – alle Berge war? Joe, Kurt und ich wollten den Grat entlang nach oben steigen, um einmal von dort einen besseren Einblick in diese kleinen Schluchten zu gewinnen und möglicherweise am Auswechseln passen. Die beiden anderen versuchten ihr Glück in Richtung Schlucht. Hatte sich der Bär dort vielleicht in der wärmenden Frühjahrssonne niedergelassen?
Wir stapften mittlerweile durch kniehohe Schneefelder hangauf. Trotz Sonne hatten wir hier oben unsere Windjacken wieder hervorgekramt. Nach einer gemütlichen halben Stunde glaubten wir eine geeignete Stelle gefunden zu haben, von der aus sich ein guter Überblick talwärts bot. Hier wollten wir der Dinge harren, die da kommen sollten. Aus dem Harren und Ausruhen in der Sonne wurde nicht allzuviel. Kaum

saßen wir, tauchten unsere Freunde bereits da wieder auf, wo wir sie verlassen hatten. Wir nahmen die Gläser, konnten jedoch nichts Besonderes erkennen. Ab und an äugten sie nach der anderen Seite der Schlucht. Wir konstatierten, daß sie, wie wir, immer noch den Bären suchten. Zum Anstieg ließen sie sich noch mehr Zeit als wir. Immer wieder starrten sie durch ihre Gläser. Wir konnten uns keinen Reim machen. Sie würden schon kommen.
Auf diese Weise verging Minute um Minute. Auch wir glasten die Umgebung bis weit in die Ebene ab. Mein Blick fiel wieder auf die andere Seite der Schlucht. Dort, durch die laublosen Stengel der alders, schob sich gemächlich über den schneebedeckten Kamm des Gegenhanges ein brauner Koloß in die Sonne. Auch ohne Fernglas war die Situation augenblicklich klar. Der Bär war sehr vertraut. Ohne jede Hast, in einer typischen „Bärenruhe", suchte er sich in wiegendem Zeitlupengang das schönste Plätzchen in der wärmenden Sonne Alaskas; sicher hatte auch er den häßlichen Winter satt. Wie ein Hund, der sich unschlüssig ist, in welche Richtung er sich zusammenrollen soll, gab uns der Bär Anschauungsunterricht in seiner Verhaltensweise. Nie ließ er die Vorsicht außer acht. Pausenlos reckte er die Nase gleich einem heulenden Wolf in den Wind. Wir hatten Glück, der Wind war gut und das Augenlicht des Bären schlecht. Dieter und Fred waren inzwischen bei uns angelangt. Sie hatten den Bären aus ihrem Blickwinkel lange vor uns eräugt und waren verwundert, daß wir aus unserer Position nicht reagierten. In jedem Fall war er ein Riese. Joe schätzte ihn auf mindestens 10 Fuß, wahrscheinlich mehr. Was hat es eigentlich mit den soundsoviel Fuß auf sich, die man immer wieder auf der Bärenjagd hört?
Ein Mittel, die Größe des Bären und damit die objektive Wertigkeit der Trophäe zu bestimmen, ist die Größe des Bärenfelles. Dazu wird die frisch abgezogene, auf flachem Untergrund ausgebreitete Decke vom Waidloch zur Nasenspitze und von der einen äußersten Kralle der Vorderbrante zur anderen vermessen. Die Summe dieser beiden Maße wird halbiert, und damit hat man die landläufige Größe, die über den Bär Auskunft gibt. Alles, was bei einem Braunbär danach über neun Fuß (1 Fuß = 30,48 cm) liegt, ist als kapital zu bezeichnen. Bei Grizzlies ist diese Größe bei 7 bis 8 Fuß anzusiedeln, kapitale Schwarzbären liegen noch etwas darunter. Da frische Decken im wahrsten Sinne des

Wortes „dehnbar" sind, zählt diese Vermessung zwar für die allgemeine Jägerschaft als Bestimmungsmerkmal. Für die offizielle Feststellung durch die Behörden für statistische Zwecke und das berühmte Boon and Crocket Book, in dem sämtliche herausragenden Trophäen Nordamerikas aufgelistet werden, wird das entscheidende Maß am ausgelösten Schädelknochen genommen. Die Summe des lichten Maßes der Länge plus der Breite des Schädels (skull), der vor allem bei den Amerikanern als Trophäe besonderer Wertigkeit angesehen wird, ist hier das Maß aller Dinge. 28 bis 29 inch (1 inch = 2,54 cm) müssen schon vorgewiesen werden, wenn das „Book" geschafft werden soll. All diese Gedanken beschäftigten uns im Moment zwar überhaupt nicht, aber als Bärenjäger sollte man prinzipiell davon Kenntnis haben.

Von hier aus war an einen vertretbaren Schuß nicht zu denken. Die Entfernung war zu groß. Joe wollte mit uns weiter nach oben, bevor Dieter versuchen sollte, den Bär direkt in seinem Lager anzugehen. Dazu hätten wir allerdings über ein großes, freies Schneefeld steigen müssen. Fred war strikt dagegen und meinte, es sei sein Bär, der würde uns eräugen und vermutlich, noch bevor Dieter in Schußposition käme, das Weite suchen. Nein, er schlug vor, daß wir blieben, wo wir waren, er wollte mit Dieter den Bär angehen und über die Schlucht hinweg zum Schuß kommen. Joe war Diplomat, mir alles recht, und außerdem hatte ich dann für das Bevorstehende eine Logenplatz. Die Filmkamera wurde gezückt.

Dieter und Fred verschwanden kriechend hinter den nächsten Büschen. Der Braune sonnte sich ohne jede erkennbare Nervosität. Mensch, das mußte einfach klappen. Obwohl wir wußten, daß Dieter mindestens noch 100 Meter zu robben hatte und dies sehr lange Zeit in Anspruch nehmen konnte, erwarteten wir doch ständig den die Stille zerfetzenden Knall.

Unsere Nervosität stieg jedenfalls von Minute zu Minute. Auch der Bär wurde unruhig, ohne allerdings erkennen zu lassen, daß dies auf die beiden heranpirschenden Jäger zurückzuführen sei. Wieder stand er auf, um sich eine neue Sonnenposition zu suchen. Wie lange würde er uns wohl noch Zeit lassen? Jetzt mußte doch endlich . . . da, er wird hoch, dreht sich, ja, aber von hinten, jetzt steht er nochmals breit, ja wenn jetzt nicht . . .! Gemächlich setzt sich der Bär in Bewegung, um zu verschwinden, woher er gekommen war.

Ich raufe mir die Haare! Was war los? Das war doch die einfachste Sache der Welt! Wenige Minuten später kamen die zwei zurück.
„Was war denn los?" werfe ich Dieter entgegen. „So schön bekommst Du es sicher nicht mehr!"
„Von wegen, hast Du eine Ahnung von dieser Schußdistanz?"
„Na, gute 100 Meter von da, wo Du wahrscheinlich Position bezogen hast."
„Über das Doppelte, dann liegst Du richtig. Gleich da vorne sind noch einige kleine Gräben, die wir wegen des Bären von unten nicht durchqueren konnten. Es wäre viel zu gefährlich gewesen, außerdem hätte er uns sicher bemerkt. Und auf vielleicht 250 Meter mit der 9,3 x 64, ich glaube einfach, das ist nicht genug für einen solch riesigen Bären. Du weißt, Schlumpschießerei liegt mir nicht."
„Mensch, da haben wir uns von hier ganz schön in der Entfernung verschätzt, das Gebirge täuscht eben doch immer wieder. Schade, das wäre ein Bär gewesen."
Während unserer Konversation beratschlagten Joe und Fred bereits, was man aus der verfahrenen Situation noch machen konnte. Hinter dem gegenüberliegenden Grat befand sich ein schwieriges, schwer einsehbares, mit alder bewachsenes Gelände. Aus diesem Grunde erwies es sich als sinnvoll, wenn Joe und Fred und Dieter wieder versuchten, dem Bär zu folgen.
Selbstverständlich erklärten Kurt und ich mich bereit, hier Position zu beziehen und bis zur verabredeten Uhrzeit hier auszuharren. Anschließend würden wir zum Camp zurückmarschieren; Notausrüstung hatten wir dabei, den Weg konnten wir kaum verfehlen. Die drei packten ihre Rucksäcke und gewannen mit unseren guten Wünschen Gelände. Wir machten es uns gemütlich bei einer Tasse Tee und einer Handvoll Crackers. Die sonnenbeschienene Tundra lag zu unseren Füßen.
Zeit verstrich. Kein Schießen, kein Zeichen, kein Nichts – absolute Stille. Es wurde Abend! Aber was heißt hier schon Abend! Die Sonne scheint hier um diese Jahreszeit bis gegen 23 Uhr. Eile war bei dieser Witterung noch nicht geboten. Um 20 Uhr schnürten wir vereinbarungsgemäß unsere Habseligkeiten. Langsam wurde mir doch mulmig. Über vier Stunden waren die Kameraden nun schon unseren Blicken entschwunden. Hoffentlich war alles gut verlaufen. Wir waren noch keine 100 Schritte hangabwärts unterwegs, als am gegenüberliegenden

Grat sich am ehemaligen Bärenlager Bewegung zeigte. Erleichterung war unserem freudigen Luftholen zu entnehmen. Wir würden uns in einer Stunde unten im Tal treffen. Was war geschehen? So überschwenglich wirkte das Winken wohl nicht. Nein, da hätte Dieter ganz anders signalisiert. Die Stimmung war unverkennbar gedrückt, als wir talwärts stiegen. Hatten wir doch geglaubt, wir hätten den Petz schon im Rucksack. Da fiel mir dann das alte Sprichwort ein: das mit dem voreiligen Verteilen des Felles!

Als wir uns trafen, gab sich Dieter ziemlich einsilbig, was aber weniger auf Enttäuschung als vielmehr auf Müdigkeit zurückzuführen war.

„Für heute können mir alle Bären der Peninsula gestohlen bleiben", empfing er uns.

„Das war vielleicht eine Schinderei. Ein Graben nach dem anderen, und wenn ich meinte, jetzt hätten wir den letzten durchstiegen, kam gleich der nächste, womöglich noch tiefer und mit dichtem alder bewachsen, und in den Senken einen halben Meter Schnee; dazu das Tempo der beiden. Nach etwa zehn Kilometern verlor sich dann die Bärenspur in einem Bachbett, was Joe zu dem lapidaren Kommentar veranlaßte: ‚Let's go back.' – Tja, und dann alles noch einmal, wie gehabt. Mensch, bin ich müde."

Ich konnte das sehr gut nachfühlen.

Den Bären waren wir natürlich los. Er hatte wohl unser Spiel durchschaut und das Weite gesucht. Nach Zeltaufbau und Abendessen forderte die Müdigkeit ihren Tribut. Wir verkrochen uns bald in unsere Schlafsäcke und träumten von riesigen Bären.

Der wolkenlose Morgen brachte wieder neue Hoffnung. Nach dem Frühstück erklommen wir die kleine Anhöhe hinter unserem Zelt. Von dort wollten wir die Situation neu beobachten und je nach Lage der Dinge getrennt in zwei Gruppen jagen. Wir lümmelten auf einer kleinen Freifläche im alder-Dickicht und glasten die gegenüberliegenden Hänge und entfernten Täler ab.

Keine Stunde mögen wir so verbracht haben, als Dieter starr in das senkrecht auf uns zulaufende Tal deutete: „Dort, ich sehe einen Bären, und was für einen Kerl!"

Wie elektrisiert wirkte diese Feststellung auf uns. Augenblicklich richteten wir unsere Gläser in die angegebene Richtung. Auf halber Höhe des Hangs bewegte sich ein Braunbär über die gelben Grasfelder talwärts.

Fragend wanderte mein Blick zu Joe, der bereits hinter dem Spektiv saß.
„Let's go, i think that's a good bear!"
Joe und ich stopften unsere Siebensachen in die Rucksäcke. Wir wollten es alleine versuchen, während Dieter und die anderen möglichst den Bär im Auge behalten oder zur gegebenen Zeit die eigene Chance nutzen sollten. Der Alaskaner stürmte in großen Schritten zum Flußbett des Braided Creek hinab. Hindernisse schien es für ihn nicht zu geben. Wir wateten durch die hüfthohen Fluten. Noch blieb alles trokken. Auf der anderen Seite fanden wir auch trotz des wild wuchernden Buschwerkes ohne Probleme Zugang zu unserem Seitental. Es hatte am hinteren Ende keinen erkennbaren Ausgang. Die bewachsenen Hänge stiegen steil an. Dann führten große Schneefelder bis zu den felsigen Gipfeln. Lediglich der Nordosthang wurde in den höheren Bereichen etwas flacher.
Wenige hundert Meter mögen wir mühsam durch den Busch vorwärts gekommen sein, als Joe nachdenklich den Wind prüfte.
„Der Wind steht genau talaufwärts. Wenn wir hier auf der Sohle weitermarschieren, werden wir den Braunen nie zu Gesicht bekommen. Wir wählen lieber den beschwerlicheren, aber sicheren Weg. Laß uns bis zur Schneegrenze hier auf der Südostseite steigen. Dann haben wir guten Wind und einen hervorragenden Überblick in das Tal. Was hältst Du davon?"
Die Frage war natürlich rein rethorisch. Selbstverständlich würde ich die Empfehlung eines erfahrenen guide befolgen, soweit ich dazu körperlich in der Lage war. Also ging es los nach oben. Eine halbe Stunde schätzte ich bis zur Schneegrenze; weit gefehlt. Zunächst der noch hoch verschneite alder brush und dann die unbewachsenen, schneebedeckten Steilhänge ließen ein Fortkommen nur auf allen vieren zu. Immer wenn wir glaubten, nun endgültig die richtige Höhe erreicht zu haben, dann machte ein talwärts ziehender Graben unser Vorhaben zu queren wieder zunichte. Nochmals waren wir gezwungen, höher zu klettern oder umzudrehen. Joe, der auf der Jagd immer einen Stubaier Eispickel mit sich führt – inzwischen wußte ich ja warum –, begann äußerst vorsichtig, Stufen in die Gletscherhänge zu schlagen. Die Sonne strahlte gleißend, aber nicht warm genug, um den eisigen Wind zu vertreiben. Mir war alles andere als wohl im Magen.

Oben: „I see a bear!" ▶
Unten: Dort oben muß er irgendwo sein

alufolie
Shopping

„Hey Joe, weißt Du, wie es hinter der nächsten Felsnase weitergeht?"
„Nein, aber das ist Teil des Spiels. Manchmal muß man etwas riskieren, wenn man gewinnen will!"
Eine einsichtige Philosophie, nur in diesem Moment nichts für mein Gemüt. Links hob sich der steile Gletscherhang empor, rechts verboten senkrechte Steilwände den Blick nach unten, und in der Mitte stand ich mit schneegefüllten Hüftstiefeln. Meine Gefühle muß ich wohl nicht weiter beschreiben. Wir gönnten uns an einer kleinen, sicheren Felsnase auch nur eine kurze Verschnaufpause. Wir wollten aus den Schneehängen heraus, bevor die Sonne noch wärmer wurde, es ging bereits gegen Mittag. Außerdem konnten wir bei den vereinzelten, verstohlenen Blicken zum Ende des Tales den Braunen nicht ausmachen. Wir mußten die Strecke schnell bewältigen, um ihn möglicherweise nicht ganz aus den Augen zu verlieren.
Endlich wurde das Gelände vertrauenerweckender. Der Steilhang ging in einen weichen Schneesattel über. Von dort mußte man nicht nur einen perfekten Ausblick ins Tal zu unserem Bären haben, sondern Klarheit über die uns bereits neugierig peinigende Frage erhalten, was wohl auf der anderen Seite dieses Sattels liege. Unsere Unruhe war begreiflich, wenn man die nur einige Stunden alte, kapitale Bärenfährte berücksichtigte, die aus dem „Niemandsland" hier in unser Gelände hereinführte.
Und was für ein Anblick, nicht nur für einen Bärenjäger, bot sich jetzt! Die schneebedeckte Bergkette gab durch diese Öffnung den Blick in ein namenloses Hochtal frei, das in seiner schneelosen Kargheit schon wieder Respekt vor seiner Unberührtheit einflöste. Ja, hier mußten sich tatsächlich Bären und Vielfraß (wolverine), die wegen ihrer Aggressivität besonders gefürchteten Mitglieder der Marderfamilie, gute Nacht sagen. Auch ihre Spuren hatten wir soeben gekreuzt.
„Siehst Du, Andy, das ist bear country. Hier gibt es noch kapitale Braune. Da war ich selbst noch nie und Jack, mein alter Partner, sicher die letzten 20 Jahre auch nicht. Hier herrscht noch Urzustand. Ist das nicht herrlich?"
Schweigend suchten wir dieses Tal mit den Gläsern ab. Wir konnten zwei Bärenspuren finden. Betreten wollten wir es nicht. Irgendwie hatte ich das Gefühl, wir waren froh darüber, daß unser Bär offensichtlich aus diesem Tal aus- und nicht eingewechselt war. Wir mußten ihm

◀ Oben: Die Natur war in der Ebene des Meshik River noch nicht erwacht
Unten: Fred Cook – gestenreich beim Dinner

dorthin nicht folgen. Der kalte Schauder auf meinem Rücken konnte sich wieder lösen.
Hinter einer windgeschützten Felsecke hielten wir Rast. Von hier hatten wir einen perfekten Einblick in das Tal und auf den Gegenhang, wo Dieter den Braunen heute erstmals entdeckte. Er war natürlich nicht mehr da.
„Halte dieses Gebiet gut im Auge. Wenn Du keinen Bären siehst, bedeutet das nicht, daß dort kein Bär ist. Auch bei ihrer Größe können sie sich so gut verstecken, daß Du sie niemals erkennst!"
Im Wind versuchte ich, meine nassen Socken und Schuhe zu trocknen. Bei unseren hohen Gummistiefeln ist dies jedoch meist ein heilloses Unterfangen. Dennoch sind sie unentbehrlich. Im Tal waren laufend Bäche und Flüsse zu durchwaten, und hier oben boten sie Schutz vor Schnee und Wind. Wenn Socken und Stiefel auch der Nässe von außen meist trotzen, so kann man sicher sein, daß der eigene Körperdampf das wieder wettmacht.
Nach einigen Stunden war mir hier am Ende des Tales und auf den es umgebenden Schneehängen und -gipfeln kein verdächtiger Fleck mehr unvertraut. Ich betrachte lange zwei tiefe Erdlöcher im weißen Schnee und die vielen Fährten in nächster Nähe. Winterlager von Bären waren es. Abgesehen von einer werfenden Bärin, die sich in der Regel eine wind- und wettergeschützte Höhle sucht, genügt den anderen oft ein tiefes Erdloch, in dem sie sich einschneien lassen. Dies erlaubt eine Vorstellung, wie dicht und warm der Pelz sein muß. Wir hatten vereinbart, eine Stunde zu warten, dann war es gegen acht Uhr abends. Das würde uns noch ausreichend Zeit für den Rückmarsch lassen. Auf Übernachten waren wir nicht eingerichtet.
Beide hatten wir die Gläser an den Augen, und fast gleichzeitig kam das erregte Zischen:
„Da, der Bär!"
Dem folgte jedoch genauso schnell ein „Verdammt". Der Petz hatte unser oder besser sein Tal verlassen. In aller Ruhe pendelte er über eine Blöße zwischen den alder-Büschen am flachen Kamm des gegenüberliegenden Nordosthanges. Luftlinie mögen es keine 1000 Meter gewesen sein, aber was die Zeit betraf, ja, da war das ein halber Tagesmarsch. Auf solche Gedanken kamen wir aber auch gar nicht. Der Braune nahm uns die Entscheidung ab. Wie gekommen, so schnell verschwand

er auch wieder in der Deckung. Ein mehrsekündiges Gastspiel, das war alles. Das aber genügte, um zu erkennen, daß es sich um einen gewaltigen, dunkelbraunen Burschen handeln mußte.
Der Wind blies, wir packten unsere Habseligkeiten und traten den weniger beschwerlichen Rückweg durch das Tal an. Über jahrtausende alte Bärenwechsel, manchmal so breit wie Radfahrwege, stapften wir zu unserem Zelt. Diese Wechsel sind zwar angenehmer zu laufen als alles andere in der Wildnis Alaskas, aber auch nicht gerade ungefährlich. Wer wollte schon einem in entgegengesetzter Richtung wechselnden Braunbären das Wegerecht streitig machen? Manchmal hilft dann noch ein Rückzug mit aller Vorsicht und bei Hinterlassung verschiedener Gegenstände, vor allem Bekleidungsstücke. Die beschäftigen dann den Braunen eine Weile, oder er kann sein „Mütchen" daran kühlen – wenn er will. Auch nach hinten war mein Blick öfter gerichtet, als man dies glauben mag. Spürt ein Bär den nahenden Menschen, so schlägt er sich nicht selten seitlich in die Büsche, um den Feind dann von hinten zu „begutachten". In jedem Fall ist es ratsam, die Waffe griffbereit zu führen. Bären sind zwar meist friedlich und gehen dem Menschen aus dem Wege. Diese großen Raubtiere bleiben aber immer unberechenbar. Deshalb sollte man sich auch auf einer Bärenjagd in dieser Hinsicht keine „Ruhepause" gönnen. Vorsicht ist hier wirklich die Mutter der Porzellankiste.
Endlich hatten wir den Braided Creek erreicht, jetzt war es nicht mehr weit. Nochmals rasteten wir. Was ich schon die ganze Zeit befürchtet hatte, war längst zur Wahrheit geworden. Da half auch das zeitweise völlige Abdecken meines Gesichtes nichts. Ich hatte einen ausgewachsenen Gletscherbrand. Den bedauerte ich gerade innerlich – ich hatte das Gefühl eines blühenden Blumenkohls –, als Joe mich mit der nüchternen Tatsache aus meinen Betrachtungen riß: „I see a bear!"
Eile war nicht geboten. Zwei bis drei Kilometer Luftlinie trennten uns. Der Ursus war offensichtlich gerade aus seinem Winterlager erwacht, denn er trödelte knapp unter einem schneebedeckten Gipfel herum, höher ging es kaum mehr. Er war auch wirklich nur als kleiner Punkt im Abendschatten auszumachen. Jedenfalls hatten wir nun einen weiteren Bären bestätigt.
Die anderen warteten bereits im Camp. Die Erzählung war ausführlich, das Abendessen spartanisch. Eigentlich wollten wir ja heute zum

Hauptzelt zurück. Dort hätte es auch Gletschercreme gegeben. Aber der Bär war ja morgen nicht allzuweit. Wir blieben hier, wollten uns mit den Gegebenheiten behelfen. Auch Dieter, Kurt und Fred hatten ihr Programm für den kommenden Tag. Todmüde krochen wir in die Säcke.

Am nächsten Morgen gab es für uns nicht viel Wahlmöglichkeiten. Wir wollten in unserem Tal vom Vortage möglichst weit an dessen Ende gelangen, dann die nordöstlichen Schneegipfel besteigen, um von dort mit guter Sicht und Bergwind unser Glück zu versuchen.

Der leichte Morgennebel war längst azurblauem Himmel gewichen, die Gesichtshaut spannte. Im Talbett kamen wir auch ohne große Mühe vorwärts. Ein Harlekinentenpaar und ein Stachelschwein mit seinen zwei Jungen verschaffte uns Kurzweil. Zu trollig sind diese kleinen, borstigen Gesellen. Die Mutter hatte es auch nicht sehr eilig. Nach geraumer Zeit waren wir in unserem Tal so weit vorgedrungen, daß es Zeit wurde, mit dem Aufstieg in den seitlichen Hang zu beginnen. Die Frischwasservorräte wurden ergänzt, und dann ging es wieder auf allen vieren hangauf, zunächst über steile Grasflächen und dann durch den verhaßten alder brush. Nur auf dem Bauche robbend, war mühsam Meter um Meter zu gewinnen. Die großen Rucksäcke und das Gewehr erleichterten nicht gerade das Vorwärtskommen. Hier in der Nähe mußte gestern der Bär durchgewechselt sein. Vielleicht schlummerte er in der nächsten Deckung? Nicht gerade beruhigende Gefühle bei dieser Anstrengung mit stark eingeschränkter Beweglichkeit. Endlich waren wir durch das Gestrüpp durch. Jetzt glaubten wir den von unten angepeilten Punkt erreicht zu haben. Dort von oben sah eben alles ganz anders aus. Wir entschlossen uns, noch ein ganzes Stück zu steigen, um besseren Einblick einmal in unser Tal von gestern und gleichzeitig in das Paralleltal zu gewinnen. Auf der Bergkette kletterten wir durch ein Schneefeld hangauf, bis wir um die Mittagszeit einen zufriedenstellenden Flecken gefunden hatten.

Joe stieg nun nach kurzer Rast noch einige hundert Meter nach oben. Ich sollte hier Beabachtungsposten beziehen. Wer einen Bären erspähte, sollte die silberne Thermodecke, ein federleichtes Abfallprodukt der Raumfahrt, ausbreiten, um den Kameraden in Kenntnis zu setzen. Direkt unter mir erstreckte sich ein großflächiges Buschwerk. Es lag Schnee, und das Laub steckte noch in den Knospen. Die Sicht war aus-

gezeichnet. Hoffentlich kam der Bär hier nicht zu nahe. Keine 200 Meter von hier hatten wir ihn gestern beobachtet. Ich genoß die in der wärmenden Sonne liegende Berg- und Tundrawelt Alaskas. Unermüdlich glaste ich die rechts und links unter mir liegenden Täler nach großen dunklen Körpern ab. Hier gab es eine Unzahl von Überriegelungen, Gräben, Schluchten und anderen Geländeformationen, die es dem Bären trotz meines hervorragenden Aussichtspostens leicht machten, sich zu verbergen. Aber irgendwann mußte er sich ja einmal vom faulen Pelz erheben, und dann war er mit seinem dunklen Fell in der beigegrauen Spätwinterlandschaft dieser Berge sicher leicht zu erkennen.
Die Zeit verrann. Joe war nicht mehr zu sehen. Wer weiß, welchen Gipfel er wieder erklomm, um ein neues namenloses Tal zu erspähen?
Dort unten links, ganz weit, aber mit bloßem Auge zu erkennen, ein schwarzer Punkt; tatsächlich der Bär! Gut zwei Kilometer Luftlinie trennten uns. Das mußte der Bär von gestern sein. Er war talwärts gebummelt. Sicher wollte er einer der ersten sein, wenn die Königslachse nächste Woche hier in den Gebirgsbächen ankämen. Er mußte, meinen Augen verborgen, hinter einem Felsblock Mittagsruhe in der Sonne gehalten haben. Behäbig bewegte er sich Schritt für Schritt, mehr stehend als Gelände gewinnend.
Ich kramte die silberne Decke hervor und suchte das Gelände oberhalb nach Joe ab. Wo war er nur, nichts von dem Kerl zu sehen, wenn man ihn braucht! Ungeduldig wanderte mein Blick von oben nach unten zum Bären und wieder zurück – und das für mehr als eine halbe Stunde. Tantalusqualen hatte ich auszustehen. War doch laufend damit zu rechnen,daß der Bär auf Nimmerwiedersehen davonwechselte. Wo blieb nur Joe?
Als er endlich oberhalb an der Felsnase erschien und mein silbernes Zeichen auch auf große Entfernung nicht übersehen konnte, da hätten Sie ihn mal sehen sollen! Wie ein flüchtiges Bergschaf kam er den Grat heruntergestürmt. Längst hatte auch er den Braunen entdeckt. Als Joe bei mir angelangte, war ich selbstverständlich schon marschbereit. Der Wind stand immer noch hangauf. Wir entschieden uns, einer alten Bärenjägerregel gemäß, zunächst wenig Geländehöhe zu verlieren und auf dem Bergrücken nach unten zu pirschen. Da hatten wir zwar wieder diesen entsetzlichen Busch vor uns, aber es ging ja abwärts. Noch einmal prägten wir uns die Position des Bären auf der gegenüberliegen-

den Seite der links von uns talwärts führenden Schlucht ein. Er hatte es immer noch nicht eilig. Schon bald mußten wir unseren Sichtkontakt aufgeben. Und dann konnten wir uns bei diesem Gelände eigentlich nur noch auf unser Gefühl verlassen. Irgendwann da unten mußten wir nach links, wenn wir auf der Höhe des Bären waren. Aber wann?
Joe hatte wieder seine Siebenmeilenstiefel an. Ohne Rücksicht auf Verluste stürmte er nach unten. Ich gab mein Bestes und das Letzte. Immer wieder zwang ich mich zur Vorsicht. Ein Beinbruch oder ähnliches in diesem Gestrüpp hätte das sichere Aus bedeutet. Manchmal folgte ich nur noch Joes Spuren im Schnee. Ich hatte ihn in diesem Dickicht immer wieder schon nach wenigen Metern aus den Augen verloren. Langsam mußten wir die Höhe des Bären erreicht haben. Wir beratschlagten. Ich empfahl, jetzt nach unten in die Schlucht zu steigen. Joe meldete Zweifel an. Verdammt, in diesem Zeug verlor man auch jede Orientierung! Es half nichts, wir mußten durch. Ein kleiner Bach führte hier nach unten.
„Joe, wenn wir dem folgen, müssen wir genau auf der Höhe des Bären im Bett der Schlucht herauskommen!"
„Ich glaube, es fehlen wenigstens noch 200 Meter, aber vielleicht hast Du recht. Laß es uns versuchen!"
Das war aber nun leichter gesagt als getan, wie sich sofort herausstellen sollte. Das reißende Wasser des glasklaren Bergbaches schoß schon nach wenigen Metern so steil talwärts, daß es sein Bett so glatt gewaschen hatte, als sei es ausbetoniert. Während so die Füße kaum Halt fanden, hangelten wir uns an den Ästen des überhängenden Gestrüpps nach unten. Zum Glück war das Bächlein sehr geräuschvoll und überdeckte so unseren Lärm. Weit war es nicht mehr, vorsorglich schob ich die 9,3 x 62 mit dem 19,2 g TUG-Geschoß in den Lauf. Die körperliche Anstrengung ließ gottlob wenig Zeit für Jagdfieber oder ähnliche Regungen. Vielleicht stand der Braune gerade einige Meter auf der anderen Seite des kleinen Flusses? Und dann war wahrlich Eile geboten. Böse Erinnerungen wurden wach. Unter 20 Metern hat man in der Praxis bei einem angreifenden Bären keine Chance mehr für einen gezielten Schuß; zu schnell, und das wußte ich aus eigener leidvollen Erfahrung, waren diese Riesen.
Zur weiteren Vorsicht blieb wenig Zeit, der Steilabfall unseres Baches trieb uns zum Grunde der Schlucht. Noch eine kleine Biegung, jetzt

hatten wir es geschafft. – Wo war er? – verdammt, das ist nicht der Platz, dort, mindestens 200 Meter tiefer, das Flußknie hatte ich mir gemerkt.
Joe zischte einen Fluch, reckte die Nase in den Wind und wurde noch ärgerlicher. Der Wind hatte sich gedreht, er wehte talwärts. Auf allen vieren, so schnell wir konnten, krabbelten wir wieder hangauf, wo wir hergekommen waren. Dabei versuchten wir in schräger Richtung auch noch die bis zur Höhe des Bären fehlende Distanz zu überbrücken. Dieser Dschungel war mörderisch. Doch in solchen Situationen wächst man offensichtlich über sich hinaus. Im nachhinein wunderte ich mich, wie man eine solche Strecke in einer solch kurzen Zeit überwinden kann. Auf der Bärenjagd geht vieles, da werden einfach andere Maßstäbe angelegt. Das hatte ich schon gelernt.
Wir waren jetzt wieder auf der alten Höhe, gut 100 Meter über der Schlucht. Jetzt wollten wir die Entscheidung suchen.
Wir schnallen unsere Tragegestelle ab. Die Gewehre werden überprüft, und dann kriechen wir durch das Gestrüpp auf einer Geländenase in Richtung zur Schlucht. Vielleicht bietet sich dort vorne von irgendwo ein Blick hinunter zur Flußbiegung. Dort hatte ich vor mehr als eineinhalb Stunden den Braunen zuletzt gesehen.
Meter um Meter gewinnen wir. Nur noch ein kurzes Stück, wir haben Glück; dort ist ein freier Fleck. Hohes Riedgras bedeckt die Kuppe, auf der wir uns in Position schieben. Dort unten das Flußknie – nichts zu sehen. Der gegenüberliegende Steilhang läßt sich leicht einsehen, er ist keine 200 Meter entfernt. Jenseits des Flusses ein laubloses Dickicht; da kann sich ein alaskanischer Braunbär einfach nicht verstecken! Der ist weg. Für Sekunden fällt unser Stimmungsbarometer auf den Nullpunkt. Jenseits des Tales ist er nicht verschwunden, die Steilhänge waren immer von uns einzusehen; also ist er uns in die große Ebene des Braided Creek entwischt. Wir wollen es nicht wahrhaben und suchen wie zum Trotz immer wieder mit unseren Gläsern das Gelände ab.
„I see him!" zischt Joe. „Dort hinter dem großen Baumstumpf, siehst Du seinen Kopf?"
Tatsächlich das braune Etwas bewegt sich, wenn auch kaum merklich. Vorsichtig tausche ich den Repetierer mit dem Glas. In diesem Moment wird der Bär plötzlich hoch und trollt einige Schritte auf uns zu. Aus dem kleinen braunen Fleck wird ein solcher Riese, daß es keiner Ver-

ständigung mit meinem Führer bedarf. Im Bruchteil der Sekunde, in dem das Fadenkreuz die Kammer faßt, ist auch schon das Blei unterwegs. Zum Abwägen blieb keine Zeit, der Bär sicherte bereits zu uns bergauf. Deutlich quittiert der Braune die Kugel, was ihn nicht abhält, in zeitlupenartigen Fluchten auf den Fluß zuzustürmen. Eingedenk der Ratschläge und Anweisungen, so lange zu schießen, bis das Wild liegt, gelingt es mir jetzt im Stehen, mit den drei verbleibenden Kugeln noch zwei Kammerschüsse zu setzen. Das beeindruckt zwar den Riesen, kann ihn aber immer noch nicht fällen. Die Wasserfontäne spritzt auf, als er durch den Fluß stürmt. Jetzt dreht er leicht ab und beißt sich in die Flanke, als er nochmals, fast gleichzeitig, Dampf von Joe und mir bekommt. Das verfehlt nun seine Wirkung nicht.

Wir schweigen für einige Sekunden – zu überwältigend ist dieses Erlebnis. Auf einmal fangen wir beide an, wie Espenlaub zu zittern. Joe umarmt mich, strahlt, und dann stößt er einen markerschütternden, langgezogenen Schrei aus, der gespenstisch durch die Schlucht rollt. Sein Zeichen: Wir haben den Bären besiegt!

Erst abends wurde ich aufgeklärt. Jeder Bärenjäger, besser gesagt, Bärenjägerführer hat seinen eigenen „Schrei", mit dem er seine Freude und Dankbarkeit nach der Erlegung eines Bären zum Ausdruck bringt.

In aller Ruhe stiegen wir die Schlucht hinunter. Vorsichtig näherten wir uns dem Bären. Auch wenn kein Zweifel darüber bestand, daß kein Leben und damit keine Gefahr mehr von ihm ausging, ließen wir doch die Vorsichtsmaßregeln nicht außer acht. Während ich aus respektabler Entfernung das Korn auf den mächtigen Schädel setzte, näherte sich Joe dem Bären von hinten. Diese Maßnahme erwies sich zum Glück als nicht vonnöten.

Der Bär war gewaltig, 9½ bis 10 Fuß schätzten wir. Das schokoladenbraune Fell war dicht und ohne Makel, ein Privileg der Frühjahrsbären. Gut zwei Stunden brauchten wir, um den Bären abzudecken. Wäre mein Gletscherbrand nicht gewesen, eine befriedigende Arbeit in der herrlichen Sonne Alaskas nach diesem Erlebnis.

Joe packte die etwa 100 bis 120 Pfund schwere Haut und den Schädelknochen auf sein Tragegestell. Ich verstaute den Rest, also alles übrige, einschließlich des Kochgeschirrs und aller anderen Kleinigkeiten, die wir sonst auf zwei Rücken verteilten, auch nicht gerade eine Kleinigkeit. Als wir mit gegenseitiger Hilfe endlich aufgesattelt hatten und abmarschbereit waren, drehte sich Joe zu dem Bären, gab ihm einen eher liebevollen, leichten Schlag mit seinem Stubaier Eispickel mit den Worten:

„Bye-bye, and thank you."

Selten ging mir eine Bemerkung näher als diese.

Die Sonne stand im Rücken, als wir mit unserer schweren Last in die Ebene des Braided Creek hinausstapften. Der zweistündige Marsch ließ uns nicht nur Zeit für unsere Gedanken, sondern zeigte uns in dieser untergehenden Abendsonne auch die ganze wilde Schönheit Alaskas mit seinen die Tundra umsäumenden schneebedeckten Bergketten. Noch zeitig, der rote Ball war gerade über dem Eisfeld weggetaucht, erreichten wir unser kleines Außencamp, hungrig und schlagkaputt – aber glücklich.

Wir breiteten das Fell auf dem kühlen Tundraboden und richteten ein lukullisches Mal: Instantkäse und Nudeln. Zur Krönung des Festgelages wollten wir die beiden verbliebenen Dosen Bier leeren. Im nahen Dickicht waren auf einmal heftige Geräusche zu vernehmen, denen sich bald leise Stimmen beimischten. Wo kamen die denn her? Da waren unsere Kameraden im Anmarsch.

„Waidmannsheil, ihr Bärenjäger!" rief Kurt schon von weitem.

Und dann war natürlich das Staunen und Bewundern groß. Ich mußte schon etliche, nicht gerade zarte, dafür aber umso herzlichere Schulterschläge einstecken, was selbstverständlich einen frischgebackenen Bärenjäger nicht anfocht. Dieter und die anderen hatten einen Aussichtspunkt auf einem Hügel südwestwärts von uns bezogen und konnten so unseren Rückmarsch durch die Ebene verfolgen. Das Braunbärfell auf Joes Rücken war nicht zu übersehen. Die Freunde ließen es sich nicht nehmen, da wollten sie wenigsten kurz dabei sein und hatten den zusätzlichen Marsch, eine Stunde hin und eine Stunde zurück, zu ihrem eigenen Außencamp nicht gescheut. Natürlich habe ich mich riesig gefreut, viel erzählt und gerne das restliche Bier mit den Kameraden geteilt. Mit starken Taschenlampen bewaffnet, traten sie nur kurze Zeit später den Rückmarsch an. Es war höchste Zeit, die kurze Nacht dämmerte herein.

Wir schliefen, solange dies am nächsten Morgen die Moskitos, die sich doch einen Schlupf durch die Zeltnetze gesucht hatten, zuließen. Nach dem Frühstück brachten wir das kleine Camp in Ordnung, damit die

Freunde, sollten sie hier wieder vorbeischauen, keine Klagen führen mußten. Nichts Schlimmeres als schmutziges Geschirr nach einem strapaziösen Tag, wenn man mit Bärenhunger zurückkehrt. Es kann passieren, daß man dann lieber hungrig ins Bett geht. Mit viel Zeit und ohne Eile machten wir uns auf den Weg zu unserem Außencamp. Am Rande der großen Ebene bogen wir um die nächste Hügelnase. Dort, nicht hoch, ein Weißkopfadler! Ohne Flügelschlag drehte er flache Kreise, um sich unter einem Felsvorsprung einzuschwingen.

„Er nistet dort, keine 50 Meter über unserem Pfad", meinte Joe. Tatsächlich, schon segelte er näher, unverkennbar mit Horstbaumaterial im Schnabel. Mit den Gläsern überwinden wir die ohnehin kurze Distanz. So nahe hatte ich diese herrlichen Wappentiere der Vereinigten Staaten noch nie beobachten können.

Selbstverständlich sind sie streng geschützt, wenn auch ihr Bestand heute nicht mehr unbedingt als gefährdet gelten kann. Lediglich die Verbreitungsgebiete haben sich aufgrund der sattsam bekannten Tatsache erheblich reduziert.

Mit diesem Schutz nimmt man es auch verständlicherweise sehr genau. Joe hatte als Trapper und Jäger selbstverständlich im Laufe der Jahre hier etliche dieser schwarzweißen Schwingen- und Stoßfedern gefunden. Als ich sie später in seiner Trapperhütte in einem Krug stehen sah, begann ich natürlich vorsichtige Verhandlungen zwecks Eigentumswechsel einer solchen Kostbarkeit. Abgesehen davon, daß mich der Schwarzmarktpreis erschaudern ließ, wurde ich sacht aufgeklärt, daß schon der alleinige Besitz einer solchen Feder erhebliche Strafen nach sich ziehen könne; bei näherem Überlegen verständlich. Wer kann bei einer einzelnen Feder im nachhinein schon entscheiden, ob es sich um einen bloßen Fund oder um ein Beweisstück eines Jagdfrevels handelt? Wie früher schon betont, wenn die amerikanischen Jagdbehörden etwas tun, dann konsequent.

Wir gönnten uns viele Pausen, hatten ja nichts zu versäumen. Dennoch waren wir froh, mit der Last endlich „zu Hause" zu sein. Die Strapazen und Schleppereien sollten zumindest für mich ein Ende haben. Sie waren durchaus erträglich, wenn man bedenkt, welcher Erfolg dieser Jagd beschieden war. Jedenfalls wollten wir uns hier so bequem wie möglich einrichten und uns lediglich um unser Wohl und die sachgemäße Versorgung der Trophäe kümmern. Sorgen bereitete uns nur die Witterung. Wie unkte Jack noch vor wenigen Tagen? „So lange, so schönes Wetter habe ich hier in 80 Jahren noch nicht erlebt. Hoffentlich müssen wir das nicht büßen!"

Für die nächsten vier Tage sollten seine Befürchtungen eintreten. Nachts hob ein Sturm an, den ich nicht vergessen werde. In Wellen rollte der Orkan von der Bering-See heran. An Schlafen war nicht zu denken. Bei jedem Crescendo überlegte ich, woran ich mich wohl klammern würde, wenn gleich das Zelt über mir weggefegt würde. Ich hatte keine unbedingt zwingende Idee, wie ich dieses Problem lösen könnte. Es blieb mir erspart. Aber was würden die Kameraden da draußen tun, mit viel schlechterer Ausrüstung? Ausgesprochen unangenehme Gedanken. Morgens ließ der Wind etwas nach, was offensichtlich nur die Schleusen des Himmels aufriß. Wasserschleier trübten den zuvor so klaren Blick über die Ebene. Wir versuchten, das Beste aus unserer Warteposition zu machen. Zumindest war es körperlich sehr erholsam und mit einem Menschen wie Joe immer unterhaltend und interessant.

Sorgen bereitete uns vor allem das ständig steigende Wasser am nunmehr dritten Regentag. Der Braided Creek, der mit seinen seitlichen Zuflüssen hier während der Jagd oft zu durchqueren war, stellte nur bei niedrigen Wasserständen ein problemloses Hindernis dar. Bei Regen und Hochwasser entpuppte er sich als lebensgefährlich.

„Wenn Du es auch nicht glaubst, so erzähle ich Dir die Geschichte, die wir hier letztes Jahr erlebten. Einer meiner Führer jagte mit zwei Gästen auf Elch. Sie hatten Waidmannsheil und erlegten ganz dort drüben, am anderen Ende der großen Ebene, einen kapitalen Schaufler. Das Wetter war wie heute. Der guide hatte sich eine schwere Ladung und die Schaufeln aufgeschnallt, die drei machten sich auf den Rückweg. Als sie den Braided Creek erreichten, versuchten sie, eine günstige Stelle zum Überqueren zu finden. Der Führer begutachtete die Situation von einem unterspülten Ufer aus, das wegen des hohen Gewichts von Mensch und Last abbrach. Er wurde von den Wassermassen sofort hinweggerissen und war auf dieses unfreiwillige Bad selbstverständlich nicht vorbereitet. So hatte er natürlich auch seine Befestigungsgurte am Rucksack nicht gelöst. Die Last und diese sperrigen Schaufeln zogen ihn unabwendbar immer wieder unter Wasser. Irgendwie hat er es doch überlebt. Er wurde an das andere Ufer gespült. Jetzt rannte er zurück, um nach den beiden anderen zu suchen, die immer noch am anderen

Ufer schreckensbleich ausharrten. Das Erste-Hilfe-Paket mit allem, was dazu gehört, hatte der Führer diesseits des Flusses, selbstverständlich auch den Proviant. Es erschien ihm nun das Sinnvollste, Hilfe durch ein Flugzeug aus Port Heiden zu rufen, das ein Notpaket auf der anderen Seite des Flusses abwerfen sollte. Dies hat man dann auch versucht. Das Drama war nur, daß die Hilfsausrüstung nicht auf dem Land, sondern wieder im Fluß landete. Dann wurde es Nacht. Wir gaben keinen Cent mehr für das Leben der beiden Jagdgäste. Frost brach herein. Außerdem ist es zu dieser Zeit im Herbst mindestens zehn Stunden dunkel. Bei Tagesgrauen war unser Rettungstrupp vor Ort. Wir trauten unseren Augen nicht: die beiden lebten noch. Sie hatten sich aneinandergeschmiegt, um die Wärme zu halten. Wir fanden flußabwärts auch eine Furt und konnten sie retten. – Eines der Wunder des Braided Creek oder besser Alaskas. Mit den Mächten der Natur ist hier nicht zu spaßen, genausowenig wie mit den Bären. Dafür gibt es keine Worte, keine Bilder, alles ist nur ein kleiner Abklatsch von dem, was es wirklich ist: die Bärenjagd ist ein Teil Deines Lebens."

Am nächsten Morgen, das Wetter hatte sich vorübergehend etwas beruhigt, kündigte sich die Supercub an. Jack Lewis, ein Mann mit der Erfahrung von weit über 100 erfolgreichen Bärenjagden, einer der großen alten guides, flog endlich neuen Proviant ein. Nur wenig später tauchten zwei Aufsichtsbeamte vom Fish and Game Department mit ihrem Flieger auf. Sie checken zur Jagdzeit nicht nur die Camps, sondern nehmen die behördlich vorgeschriebenen Vermessungen und Siegel gleich hier in der Wildnis vor. Das erspart später etliche Lauferei. Die beiden waren eine Art Lawrence und Hardy. Wir hatten viel Spaß. Der Schädel des Braunen maß 27 inch.

„Schade, bei 28 kommen sie normal ins Buch. Dennoch, wir haben in diesen Tagen bisher noch keinen stärkeren vermessen, was aber nichts heißen will."

Für mich war das auch völlig sekundär, für mich war er ohnehin der Größte.

Drei Tage waren Dieter, Kurt und Fred nun schon irgendwo da draußen. Denen mußte, wenn schon nicht der Mut zur Bärenjagd, so doch wenigstens die Verpflegung ausgehen. Wenn man nur wüßte? Wieder brach der Abend herein – und kein Lebenszeichen. Die sorgenvollen Gedanken waren noch nicht verflogen, als sich drei Gestalten aus dem nahen alder brush schälten. Müde, auch ein wenig enttäuschte Gesichter, ausgemergelt, und doch hatten die Kameraden sofort ein Lächeln um die Mundwinkel. Ich wollte natürlich gleich alles auf einmal wissen.

„Beinahe, keine 500 Meter von hier hätte es geklappt, ‚old ursus' persönlich. Wir wollten nur zu Euch wegen neuen Proviants. Du kannst Dir das nicht vorstellen!"

„Sicher nicht, aber jetzt kommt erst einmal ins Zelt, das Essen ist ohnehin gerade fertig. Setzt Euch hin und erzählt." Die drei machten sich ohne viel Federlesens über die Kartoffeln und das Fleisch her, und, ohne auf die Etikette zu achten, drängte ich Dieter zum Erzählen.

„Also, Du kannst Dir das nicht vorstellen!" –

„Jetzt habe ich tatsächlich schon geglaubt, für meine Strapazen der letzten drei Tage entschädigt zu werden, aber mein guter Fred hat mir die Chance durch seinen, wie ich meine, geradezu hektischen Jagdeifer verpatzt. Apropos Strapazen: Als wir Dich und Deinen Bären abends verließen, meinte ich, es gäbe keine Jagdgründe auf der Welt, die überwältigender, beeindruckender und verheißungsvoller sein könnten als dieses Fleckchen am Braided Creek. Unser nächtlicher Marsch durch die Tundra war aber auch wie nichts anderes dazu angetan, einem das Herz übergehen zu lassen. Die Dämmerung ließ den westlichen Horizont in einem fahlen Rosa erscheinen, und davor zeichneten sich die scharfen Umrisse der schroffen und schneebedeckten Bergmassive ab. Und um uns herum eine unwirtliche, das Bewußtwerden der eigenen Winzigkeit vermittelnde Stille, nur hin und wieder unterbrochen von knackenden Geräuschen sich im Busch bewegender Tiere. Kannst Du Dir vorstellen, welches Gefühl der Spannung da entstand. Fred marschierte voraus, das geladene Gewehr in der Hand. Er sagte: ‚This is bear country . . . aus dem Schatten des nächsten Busches kann einer herauskommen, und dann sind Sekunden wichtig'.

Nun ja, alles in allem blickte ich erwartungsvoll den Dingen entgegen, die da in Form von Bären und damit verbundenen Jagderlebnissen auf mich zukommen sollten.

Dieses Hochgefühl bekam aber gleich am nächsten Tag einen Dämpfer, als sich das Wetter, wie Du ja weißt, rapide verschlechterte. Wir hatten den steilen Berg des ersten Tages mit seinem schier undurchdringlichen Busch wieder erklommen, um nach jenem Bären Ausschau zu halten, den wir dort gesehen hatten. Wir suchten mit dem Glas stundenlang die näheren und weiteren Gebirgstäler ab, ohne Erfolg. Plötzlich auftretende Windböen und einzelne Regenschauer veranlaßten Fred, schleunigst zum Abstieg aufzubrechen, denn zwei Stunden Weg hatten wir noch vor uns. Nach dem kargen Abendessen und Freds obligatorischem Kaffee verkrochen wir uns auch gleich in unser kleines Zelt. Und dann ging's los. Also, ich las ja schon verschiedentlich über die Stürme der Behring-See und sah auch schon einen Filmbericht darüber. Was da aber über uns hereinbrach, übertraf alle Vorstellungen. Die ganze Nacht heulte und tobte der Orkan und riß an unserem kleinen Zelt, als wollten 1000 Furien uns geradewegs in die Hölle zerren. Ich glaube, das Ding flog nur deswegen nicht fort, weil wir zu dritt, wie die Sardinen in der Büchse, den ganzen Innenraum ausfüllten. Es war ein Inferno.

Ja, und als am Morgen der Sturm nachließ, fing es an, wie aus Kübeln zu schütten. Wir saßen bis zum Nachmittag im Zelt, aßen – weniger aus Hunger als aus Langeweile –, tranken Kaffee und sahen zu, wie die Natur langsam im Wasser unterging. Alles troff: von den Ästen der Büsche flossen Kaskaden von Wasser herab, zuvor trockener Boden verwandelte sich in schlammigen Sumpf, und aus kleinsten Rinnsalen wurden reißende Wildbäche, deren erdbraune Wassermassen tosend und gurgelnd im triefenden Dickicht verschwanden.

Irgendwann fiel Fred der Braided Creek ein. Bisher hatten wir ihn, wie Du weißt, gerade knietief durchwaten können. Und wir mußten ja durch, wollten wir zu unserem Basiscamp zurück. Also nichts wie gepackt. Wir unterschieden uns, was sie Nässe anging, nach kurzer Zeit schon nicht mehr von der uns umgebenden Natur. Das berührte uns aber nicht weiter. Unsere Gedanken beschäftigten sich hauptsächlich damit, wie wir wohl den verflixten Fluß überqueren konnten. Als wir schließlich in seine Nähe kamen, schwante uns in Anbetracht der kleinen Zuflüsse, die wir als knöcheltiefe Bächlein kannten und die jetzt zu knietiefen Bächen angeschwollen waren, nichts Gutes. Ja und dann standen wir vor ihm: ein drohender, bösartig ausschauender wilder Fluß, dessen schmutziges Wasser mit Strudeln und Stromschnellen abgrundtief und unüberwindbar erschien. Nichts mehr zu sehen von Sandbänken und sandigen Uferstreifen. Das Wasser schien das ganze Land zu bedecken. Mir wurde schon sehr mulmig zumute. Wie sollten

wir da rüber kommen! Und in dieser Situation erwies sich Fred, gegen den ich in mancherlei Hinsicht Vorbehalte habe, was ich Dir noch erzählen werde, als hervorragender Scout. Vielleicht hat er diesen Instinkt für die Natur von seinen indianischen Vorfahren geerbt, oder die Erfahrung als Trapper ließ ihn eine Furt finden, die wir benutzen konnten. Diese Aktion war trotzdem nichts für ängstliche Gemüter: beinahe hüfttief in der reißenden braunen Brühe, die dir bei jedem Schritt fast das Standbein wegreißt, immer gewärtig, in ein Loch zu treten, bis du nach endloser Zeit das seichtere Uferwasser erreicht hast.
Aber, wie Du siehst: wir leben noch." –
„Da kann man ja wirklich von entfesselter Natur reden. Aber jetzt erzähl doch mal, wie das mit dem Bären vorhin war", brachte ich Dieter wieder auf das mich am brennendsten interessierende Thema.
„Ach ja, der Bär. Also Fred wollte heute Abend zu Euch ins Hauptcamp, um Futteralien zu holen. Wegen der häufigen Regenschauer konnten wir außer zwei Stunden Beobachtung auf einem Hügelchen heute nichts unternehmen. Er meinte, Kurt und ich sollten es uns gemütlich machen, er sei bald wieder da.
Er war aber schon nach fünf Minuten wieder da. Aufgeregt wedelte er mit den Händen: Dort vorne sei ein Bär, direkt am Weg zum Hauptcamp. Du kannst Dir vorstellen, wie mich das aus meiner Regenstimmung riß. Gewehr, Fernglas und Jacke packen verfloß zu einer Bewegung. Im Davonlaufen rief ich Kurti, der gerade in den unergründlichen Tiefen seines Rucksacks kramte, noch zu, er solle die Kamera nehmen und nachkommen.
Nach 100 Metern sah ich ihn: einen schwarzer Koloß, der gerade im Dickicht des Berghanges verschwand. Etwa zwei Kilometer entfernt. Wir rannten los: vorneweg Fred, dann ich und mit einigem Abstand Kurti mit der Kamera.
Ich vertraute natürlich Freds Führungskünsten und nickte nur, als er meinte, wir sollten den Bär, der sich sicher noch an der Bergflanke herumtrieb von der anderen Bergseite angehen, um ihn von dem strauchlosen Gipfel rechtzeitig sehen zu können. Das hieß aber, einen vorgelagerten Hügel überwinden, um durch eine Senke dann den eigentlichen Berg zu erklimmen.
Ob Du's glaubst oder nicht: der widerlichste Busch von ganz Alaska wächst auf diesem Hügel. Fred stürmte los, als wäre der Leibhaftige

hinter ihm her und als hätte er nie etwas von einem Jagdgast gehört. Der hatte unsere Existenz glatt vergessen. Ich bin ja auch nicht der Langsamste, aber den Kerl hatte ich nach kurzer Zeit in dem verfluchten Busch aus den Augen verloren. Von Kurti konnte ich auch nichts mehr sehen. Der mußte irgendwo hinter mir sein. Da fiel mir der Bär wieder ein, den hatte ich im Moment vergessen. Wo steckte er? Was sollte ich tun, wenn er plötzlich neben mir auftauchte, schießen oder nicht? Mein Gott, wo war Kurti? Was passierte, wenn er dem Bären über den Weg lief. Ich hätte den Kerl vierteilen können ! ! !"
Ich verstand Dieter nur zu gut, als er bei diesen Worten seinen Führer Fred mit giftigen Blicken bedachte. Unvorstellbar, was aus einer solchen Situation entstehen konnte.
„Ja und weiter?" drängte ich Dieter.
„Ich versuchte natürlich, so schnell es ging, nach oben zu kommen, und als ich mich der freiliegenden Kuppe näherte, stand dort oben dieser Fred und machte Zielübungen nach der anderen Hangseite. Als ich dann völlig ausgepumpt oben ankam, erzählte er mir aufgeregt, er hätte den Bären leicht schießen können, er sei aus meiner Richtung keine 40 Gänge an ihm vorbeigewechselt. Wo ich denn gewesen sei?
Kannst Du Dir vorstellen, was ich ihm an den Hals gewünscht habe?"
Ich konnte – und während mir Dieters Bericht mehrere Donnerwetter entlockte, verursachte die Gefahr, in der Kurti sich befunden hatte, ein nachträgliches Grausen in mir. Es stellte sich heraus, daß sich der Bär offensichtlich in unmittelbarer Nähe von dem hinter Fred herhastenden Dieter befand, ihn bemerkte und darauf die andere Hangseite annahm. Was wäre geschehen, hätte er versucht, Dieter zu umgehen und wäre Kurti begegnet? An unserem Minitisch lief gleichzeitig die in Englisch geführte Konversation zwischen Joe und Fred. Die Schilderungen ähnelten sich, ganz deckungsgleich waren sie wohl nicht. Kurti war sich der Gefahr, in die er fast geraten wäre, gar nicht richtig bewußt. Er hatte den sich trollenden Braunen am nächsten Hang beobachten können, ein für ihn einmaliges Erlebnis.
In jedem Fall wollten die drei heute noch zurück zum Außencamp. Wir hatten auch hier nicht genügend Schlafsäcke vorrätig.
Sie waren lange weg, als Joe immer noch grübelte. Auch er fand keinen richtigen Schlaf. Zeitig holte er mich aus den Daunen. Wir wollten den anderen noch vor dem Frühstück zusätzliche Verpflegung bringen.

Fast 10 Fuß; das Zelt war beinahe zu klein ▶

Außerdem hatte er einen neuen Vorschlag. Wegen des miserablen Wetters sollte sich Kurt nun besser uns anschließen. Die beiden anderen sollten ihr Glück alleine versuchen.
Bei Morgengrauen marschierten wir bereits, um die Freunde nicht nur moralisch, sondern auch physisch zu unterstützen. Sie saßen gerade bei ihrem kargen Frühstück, als wir ihr Biwak erreichten. Die Sonderration fand freudige Aufnahme. Joe erklärte seine Pläne, die allenthalben auf Zustimmung stießen. Kurt packte seine Siebensachen, und wir verabschiedeten uns von Dieter und Fred.
Eine knappe halbe Stunde waren wir auf dem längst vertrauten Pfad unter dem Adlerhorst vorbei auf dem Rückmarsch. Wir bogen um das nächste Gestrüpp. Der Atem stockte uns. Der riesige dunkle Fleck, keine 300 Meter vor uns, in der fahlfarbigen Grasebene machte ein näheres Betrachten nicht notwendig.
Joe dreht sich zu mir um, da habe ich schon Rucksack, Gewehr und Parka hingeworfen und bin im Dauerlauf unterwegs zu Dieter. Nicht nur der ziehende Bär treibt mich zur äußersten körperlichen Anstrengung. Vielmehr die Angst, die beiden könnten bereits in die andere Richtung unterwegs und damit für mich unauffindbar sein, beflügelt, nein zwingt mich zur völligen Verausgabung. Ausgelaugt erreiche ich winkend die Flußbiegung. Dieter entdeckt mich zufällig rechtzeitig und erspart mir einige hundert Meter Geländelauf. Er deutet auch mein Handzeichen sofort richtig, und schon sind wir im Dauerlauf unterwegs zu Joe und Kurt. Hoffentlich hatte „old ursus“ ausgehalten.
Erwartungsvoll hetzen wir um die letzte Geländebiegung. In diesem Moment dreht sich Joe nach uns um. Es bedarf keiner näheren Ausführungen. Der Gesichtsausdruck ist eindeutig.
Aufgeregt war Kurt jedoch immer noch, und das mit Recht.
„Stell Dir vor, der Bär ist bis auf 80 Meter auf uns zugezogen. Auf einmal spürten wir den Wind im Nacken. Der Riese richtete sich auf seinen Hinterkeulen auf. Da stand er nun in seiner ganzen Mächtigkeit und sicherte zu uns herüber. Dann hättet ihr aber sehen sollen, wie schnell der dort drüben den Steilhang genommen hat. Noch keine Minute, daß er unseren Blicken entschwunden ist!“
Alle Anstrengungen umsonst. Was heißt umsonst? Es war in jedem Fall ein einmaliges Bärenerlebnis. Vielleicht war es der von gestern abend oder aber dessen Partner für die bevorstehende Paarungszeit?

◀ Dieter mit seinem „Blondie“ nach 10 Tagen harter Arbeit

Am achten Tag besserten sich die Wetterbedingungen. Wenn man nicht aktiv jagt und die Verpflegung nur halbwegs stimmt, sind Witterungsverhältnisse nur zweitrangig. Wir unternahmen jeden Tag unseren bewaffneten Pirschgang in die langsam erwachende Tundra. Die Caribous zeigten immer noch ihr eher winterlich helles Fahlgrau, während sich die grünen Schleier an den Wasserrändern täglich ausdehnten. Die Kraniche beherrschten auch schon lange nicht mehr alleine die Szenerie. Vielfältige Stimmenkonkurrenz hatte sich eingestellt. Begeisternd zeigten sich die Ptarmigänse bei ihren Balzflügen. Dieses im Winter weiße und im Sommer braune Rauhfußhuhn kennt hier kaum Scheu vor dem Menschen. Rot schillerten die Rosen dieses attraktiven Nationalvogels Alaskas.
Ein mehrstündiger Marsch brachte uns zu Joes Trapperhütte, richtiger, zu der, die er mit öffentlicher Genehmigung benutzten durfte. In ihren Ursprüngen geht diese Behausung auf die Zeit zurück, als die Untergebenen des Zaren noch dieses Land ausbeuteten, bis es keine Pelze mehr zu räubern gab und damit das große, weite Land, wie Alaska bei den Eingeborenen genannt wird, für sie wertlos wurde.
Die walmdachgedeckte Holzhütte erlaubte eben ein aufrechtes Stehen. Dafür gab es keine Fenster, aber einen funktionsfähigen Ofen. Und Holz lagerte auch im Vorraum. Herrlich, wir beschlossen, diese unerwartete Gelegenheit zum Aufwärmen und Trocknen unserer Habseligkeiten eine Nacht lang zu nutzen. Am nächsten Morgen marschierten wir wieder zurück. Wie es wohl Dieter ergangen sein mochte? Zehn Tage war der Bursche nun schon mit seinem Rucksack bei diesem Sauwetter da draußen. Wenn man nur helfen könnte – und keine Information seit Tagen! Einerseits behagte uns hier im Camp durchaus die persönliche Situation, andererseits bangte man mit dem Freund, der sich möglicherweise irgendwo dort in einem Schneefeld durchschlug, um eine Art von „hookmaneuver" durchzuführen. So nannte Joe das Übersteigen der Bären. Ich hatte da ja so meine Erfahrungen.
In einem schmalen Streifen hatte die Sonne gerade das Grau der Wolkenschichten durchbrochen, als die ausgemergelten Gesichter von Dieter und Fred hinter dem weißen Zelt erschienen. Es trennten uns nur noch wenige Schritte, kein ostentatives Lächeln. Aber da, Freds Rucksack – ja, die haben doch einen Bären erlegt!

Meine Erleichterung und Freude über ein Waidmannsheil eines Freundes war sicherlich nie größer als in diesem Augenblick. Der Durchhaltewillen dieses Kämpfers hatte über den Braunen gesiegt. Er hatte ihn sich verdient. Seine Strapazen in dieser Nässe waren nicht umsonst. Dieter wußte, was es heißt, in Alaska Bären zu jagen. Er hatte bis zuletzt nicht aufgegeben.
„Und wenn es noch fünf Tage gedauert hätte, inzwischen habe ich hier soviel gelernt, aufgegeben hätte ich erst am letzten Tag um Mitternacht."
Wie recht er hatte. Sein Brauner war eigentlich ein seltener Blonder. Zwar waren die Ausmaße dieses Bären nicht ganz so gewaltig. Dies machte er aber durch sein überdichtes Fell wett, das nur an den Rändern Schokoladenfarbe, sonst aber ein helles Blond zeigte, gerade wie die Haarfarbe seines glücklichen Erlegers.
Das einzige, was eigentlich diesem unvergleichlichen Abend fehlte, war ein zünftiger Fernet Branca, unser Lieblingsschnaps. Aber jetzt wollte ich erst wissen, wie er – und der Bär nicht – die letzten Tage überlebt hatte.
„Also, zuerst muß ich Dir eines sagen! Ich bin ja so froh, daß ich aus diesem Minizelt und den nassen Klamotten heraus bin . . .
Mein Gott, waren das Tage! Viel mehr Widrigkeiten, als ich sie erfuhr, kann man wohl bei der Bärenjagd nicht erleben. Aber das ist jetzt natürlich schon fast vergessen. Ich hab ihn ja!"
Freude klomm in Dieters Augen auf, als er bei diesen Worten seinen „Blonden" betrachtete.
„Nun erzähl schon, wie war das?" auch Kurti konnte seine Neugier nicht verhehlen.
„Nun ja, das herzliche Verhältnis zwischen Fred und mir war wohl etwas getrübt nach dem Erlebnis auf dem Berg dort. Auf die Stimmung drückte natürlich auch der ewige Regen. Wir stiegen jeden Tag auf einen anderen nassen Hügel und guckten uns die Augen aus. Meinst Du, ein Bär hätte sich gezeigt? Ja sicher, anderes Wild: Elche, Caribous in rauhen Mengen, auch Weißkopfadler, sogar aus nächster Nähe, aber ein Bär? Fred scheint das Wetter ja nichts auszumachen. Er sitzt mit stoischer Ruhe da und ist zufrieden, wenn er seine Zigarette hat und bei jeder passenden und unpassenden Gelegenheit seinen Ofen auspacken und Kaffee kochen kann. Welch bescheidenes Gemüt. Aber vielleicht

wird man so in diesem aufdringlichen, fast penetranten Überfluß dieser Natur.
Mir schlug das schon aufs Gemüt: alles Grau in Grau, farblose Eintönigkeit, Nebel, tiefhängende, vom Wind getriebene Wolkenfetzen ... und die ewige Nässe.
Abends aus den nassen Klamotten raus, am nächsten Morgen in die genauso nassen wieder hinein. Alles klamm und kalt. Frühstücksflocken, Kaffee, Erdnuß-Riegel. Dann auf einen der zahllosen Hügel, um stundenlang zum soundsovielten Male immer die gleichen grauen Hänge abzuglasen. Kein Bär. So vergingen unsere Tage.
Bis heute früh. Da war die Welt plötzlich wieder in Ordnung und Alaska das herrlichste Jagdland der Welt. Da fiel mir auf einmal wieder ein, daß ich ja doch auch faszinierende Erlebnisse hatte, wie zum Beispiel die Sache mit dem Biber, dessen Staudamm ich öffnete und der nach einer Stunde aus seiner Burg herauskam, um zu sehen, warum sein Wasser davonlief. Oder der Versuch, zu dem Weißkopfadlerhorst hochzuklettern, dessen Bewohner ich aus nächster Nähe vor die Kamera bekam. Und das Stachelschwein, das sich samt Jungem von mir streicheln ließ.
Ja, heute früh also stiegen wir auf denselben Hügel, von dem wir Deinen Bären ausgemacht hatten. Ausnahmsweise regnete es einmal nicht, und die Luft war glasklar. Wir konnten kilometerweit sehen.
Der Friedrich Koch (so hatten wir in einer Stunde alberner Ausgelassenheit Dieters guide Fred Cook getauft) war gerade wieder einmal damit beschäftigt, Kaffee zu kochen, während ich, das Glas an den Augen, zu der Stelle hinüberblickte, wo ich vor „Monaten“ Deinen Bären entdeckte. Mensch, wenn da doch jetzt auch einer stünde.
Und da stand er auch schon. Das heißt, er kam in scharfem Troll vom Grat herunter und verhoffte auf einer freien, mit Altgras bewachsenen Fläche.
‚I see a bear, a blond bear!‘
Bis ich in meiner Aufregung Fred die Stelle erklärt hatte, war der Blonde wieder im Busch verschwunden. Dafür tauchte einige 100 Meter weiter ein Caribou auf, das den Berg hochflüchtete. Die Färbung seiner Decke sah dem Bärenfell schon sehr ähnlich.
‚Are you sure, you saw a bear?‘
Der Zweifel stand Fred ins Gesicht geschrieben, und sein überlegenes

Lächeln ließ erkennen, was er dachte. Er wandte sich einfach wieder seinem Kochtopf zu.

Ich ließ natürlich die Stelle, wo der Bär verschwunden war, nicht mehr aus den Augen. Ich wußte, ich konnte mich nicht getäuscht haben.

Die Zeit verrann. Fünf Minuten, zehn Minuten. War es doch das Caribou?

Da stand er plötzlich in der Senke des Hochtales. Mein verhaltener Ausruf ließ diesmal auch Fred auffahren. Und jetzt waren wir beide sicher: dort drüben stand ein nicht übermäßig kapitaler, aber sicher selten vorkommender blonder Bär.

Jetzt packte mich das Jagdfieber. Ich wäre auch sofort losgerannt; vernünftigerweise mahnte Fred aber zum Abwarten. Eine Entscheidung, die sich, wie sich gleich zeigen sollte, als durchaus richtig erwies. Der Bär setzte sich nämlich erneut in Bewegung, drehte in unsere Richtung und verschwand im Busch.

Dieser Busch zieht sich ja, wie Du aus eigener Erkundung weißt, für zwei Kilometer ohne Unterbrechung bis zum 500 Meter tiefer liegenden Flußbett hin. Fred meinte, irgend etwas habe den Bären im anderen Tal vertrieben, und er käme bestimmt zum Fluß.

Mein Gott, hatte der Mensch eine Ruhe.

Die Zeit verstrich quälend langsam für mich.

Am liebsten hätte ich den undurchsichtigen Busch am Rande des schmalen Uferstreifens mit meinen Blicken durchbohrt. Plötzlich eine Bewegung, und da stand der Bär völlig frei. Er blickte anscheinend unschlüssig flußauf- und -abwärts, als überlege er, was er unternehmen könnte. Die Gewehre hatten wir natürlich längst in der Hand, und Fred gab Zeichen, durch den Busch ins Flußtal hinunterzusteigen.

Wir verloren den Bären dadurch aus dem Blickfeld. Mir schossen allerlei Gedanken durch den Kopf: Kam ich nah genug heran? Oder reichte der Busch bis ans Flußbett, so daß uns der Bär wahrnehmen konnte, weil wir doch zu nah heran mußten? Stand er überhaupt noch dort? So dumm konnte der gar nicht sein, abzuwarten, bis ich bequem zum Schuß kam. Vor mir duckte sich Fred plötzlich nieder. Ich schob mich an ihm vorbei und erblickte durch eine Lücke im alder-Gestrüpp etwa 140 Meter unter mir ‚meinen' Bären.

Vorsicht Dieter, nicht zu voreilig! redete ich mir selbst zu, noch hast du ihn nicht. Nur ruhig Blut, Junge. Der Bär bewegte sich gemächlich spitz auf mich zu. Ich kniete im hohen Altgras, den Repetierer längst im Anschlag. Endlich drehte er sich seitlich, und schon war das 19 g TUG aus dem Lauf und das Zielfernrohr auf meinem Auge. Trotzdem sah ich den Bär zeichnen. Die Kugel mußte die Kammer gefaßt haben. Schwerfällig versuchte er, den Busch anzunehmen.

Nur das nicht. Reflexartig hatte ich repetiert und trug dem Bär ein zweites Geschoß an, offensichtlich tiefblatt. Er drehte sich etwas und brach in den Hinterkeulen ein. Die dritte Kugel, inzwischen stehend freihändig, riß ihn von den Branten.

Da lag er. Ich verharrte noch völlig im Banne des Geschehens, das Gewehr halb im Anschlag, als mich ein wahrhafter Urlaut herumfahren ließ – Fred, der Indianer!

Er warf seine Kappe in die Luft und begann im Kreis zu tanzen, wie von der Tarantel gestochen. Dazu lachte er wie ein Irrsinniger. Ich war so verblüfft, daß ich nur dastand und ihn anstarrte. Der ist übergeschnappt. Was mache ich jetzt?

Langsam beruhigte er sich, aber dann, kam er auf mich zu, umarmte mich und sagte erst leise, dann immer lauter werdend: ‚You shot a bear, you shot a big . . . bear!'

Dann fing er wieder an zu lachen.

Ich begriff, daß sich hier wohl ein Ritual abspielte. Später erzählte er mir, seine indianischen Vorfahren hätten sich angesichts eines erlegten Bären so verhalten.

So, das war meine Bärenjagd. Der Rest ist schnell erzählt. Wir holten in aller Ruhe unsere Siebensachen und mußten zwei Kilometer Umweg in Kauf nehmen, um den immer noch wilden Fluß überqueren zu können. Aber wir hatten ja Zeit: der Blonde dort drüben lief uns nicht mehr davon.

Natürlich fällt es mir schwer, den Augenblick zu beschreiben, als ich an meinen Bären trat. Es war wirklich meiner; alleine entdeckt und alleine zur Strecke gebracht.

Ich glaube, diesen Augenblick werde ich in meinem ganzen Leben nicht mehr vergessen. Aber was erzähle ich da, Du hast es ja selber erfahren.

Aber weißt Du was, ich bin trotzdem froh, daß ich aus diesem Minizelt raus bin!"

Die Stimmung war natürlich großartig. Zwei Jäger, zwei Bären, das ist

nicht die Regel, wir hatten ein Saudusel. Durchschnittlich 60 bis 70 % Erfolgsquote dürfte schon sehr hoch gegriffen sein. Bis auf einige Tage schlechten Wetters waren die äußeren Umstände hervorragend. Andere meiner Freunde lagen acht Tage bei Nebel im Zelt.
Die Freude über den Erfolg konnte nicht vergessen lassen, daß wir eigentlich alle durchnäßt oder zumindest feucht waren. Ein Königreich für ein Paar trockene Schuhe! Wegen der widrigen Witterungsverhältnisse gab es auch seit Tagen keinen Versorgungsflug mehr. Die Vorräte waren aufgebraucht. Wir traten die Flucht nach vorne an, packten unsere Habseligkeiten und hofften auf die nachmittägliche Aufklarungsperiode und unseren Seniorenflieger Jack Lewis.
Nur wer tagelang vor seinem Zelt gewartet und versucht hat, die totale Stille nach Geräuschen zu erforschen, der weiß, was eine akustische Fatamorgana ist. Jacks Supercub mit ihren gestutzten Flügeln für kurze Landestrecken war keine Bewußtseinstäuschung. Der rote Vogel faßte Land und nach schmerzlicher Verabschiedung Gepäck, Dieter und Kurt. Ich wollte noch bleiben. Joe und ich standen im peitschenden Regen, Alaska zeigte sich von seiner anderen, die Peninsula eigentlich von ihrer normalen Seite. Wir resümierten, wo wohl die stärksten Bären ihren Wechsel ziehen würden. Dort hinten, in dieses namenlose Tal, in das wir nur den Blick, nicht aber unseren Fuß gesetzt hatten, dorthin müßte man einen Vorstoß wagen. Das würde ihn, Joe, einen jungen Mann, dennoch mit etwa 70 erfolgreichen Bärenjagden schon ein alter Hase, reizen.
„Bear hunt is my live. Even if sometimes I need to make my living on bear hunt."
Schwer nahmen wir Abschied. Fred blieb im Camp. Ich kauerte hinter dem Senior auf meiner Minibank.
„Ob wir es bei dem aufkommenden Sturm bis Port Heiden schaffen – ich glaube, wir müssen ohnehin gleich umdrehen."
Normalerweise ist so eine Bemerkung eine Hiobsbotschaft, eigentlich aber für mich kein Problem. Platz war in dem Zelt genug. Das Frühjahrsgewitter meinte es gut, oder mein Pilot ignorierte alle Widrigkeiten. Das Wetter drückte uns in Reichhöhe auf die Tundra. Caribous stoben auseinander. Die Gefiederten gerieten doch etwas aus der Fassung. Der alte Mann beherrschte sein Metier, vor uns tauchte Port Heiden auf.

An diesem Tag war uns die Welt gewogen. Gegen abend war zufällig noch einer dieser puddeljumper übrig, der uns nach King Salmon mitnahm. Wie groß ein solches Nest wirklich ist, sollte man ermessen, wenn man aus der Wildnis kommt, und nicht, wenn man es mit der Absicht, in die Einsamkeit zu gehen, verläßt. Uns bot es jedenfalls allen Komfort, den wir in den letzten Tagen eigentlich gar nicht vermißt hatten. Heiße Dusche, riesige T-Bones und ein weiches Bett.
Alaska ist nicht zu vergleichen mit anderen Jagdgründen, schon gar nicht mit denen in Europa. Alaska – seine Fauna und Flora, vor allem seine für uns fremde Bergwelt – wird immer eine Sonderstellung einnehmen. Jäger, die hierher reisen, um unter außergewöhnlichen Bedingungen auf außergewöhnliches Wild zu waidwerken, werden sich mit einer Vielzahl fremder Eindrücke und Gegebenheiten, wie zum Beispiel den klimatischen Verhältnissen, der Unberechenbarkeit der Führer, der Sprache, den sich schnell ändernden gesetzlichen Bestimmungen und so manchen anderen Unwägbarkeiten auseinandersetzen müssen, nicht zuletzt auch mit den rapide steigenden Preisen.
Es sei jedem Alaskajäger daher eindringlich geraten, sich für die Planung einer solchen Reise ausreichend Zeit zu nehmen und größte Sorgfalt walten zu lassen. Empfehlungen und Ratschläge von Freunden mögen dabei noch immer die beste Hilfe sein.
Vor allem wir Deutschen glauben, in vielen Ländern noch nach Herzenslust jagen zu können. Das mag bedingt zutreffen. Wirkliche Jagd aber bietet der hohe Norden des amerikanischen Kontinents.
Die Chancen, daß es so bleibt, stehen meines Erachtens gar nicht so schlecht. Das Land ist zu wild und unwirtlich, als daß dort eine Bevölkerungsexplosion zu befürchten wäre. Wenn es tatsächlich gelingt, Besiedlungsdichte, Gewinnung von Bodenschätzen und Kommerz in Grenzen zu halten, dann werden die staatlichen Aufsichtsbehörden das Notwendige dazutun, daß dieses weite, wilde Land das bleibt, was es heute noch ist: ein Teil der ewigen Jagdgründe, das Traumland für Bären, Elche und weiße Schafe.

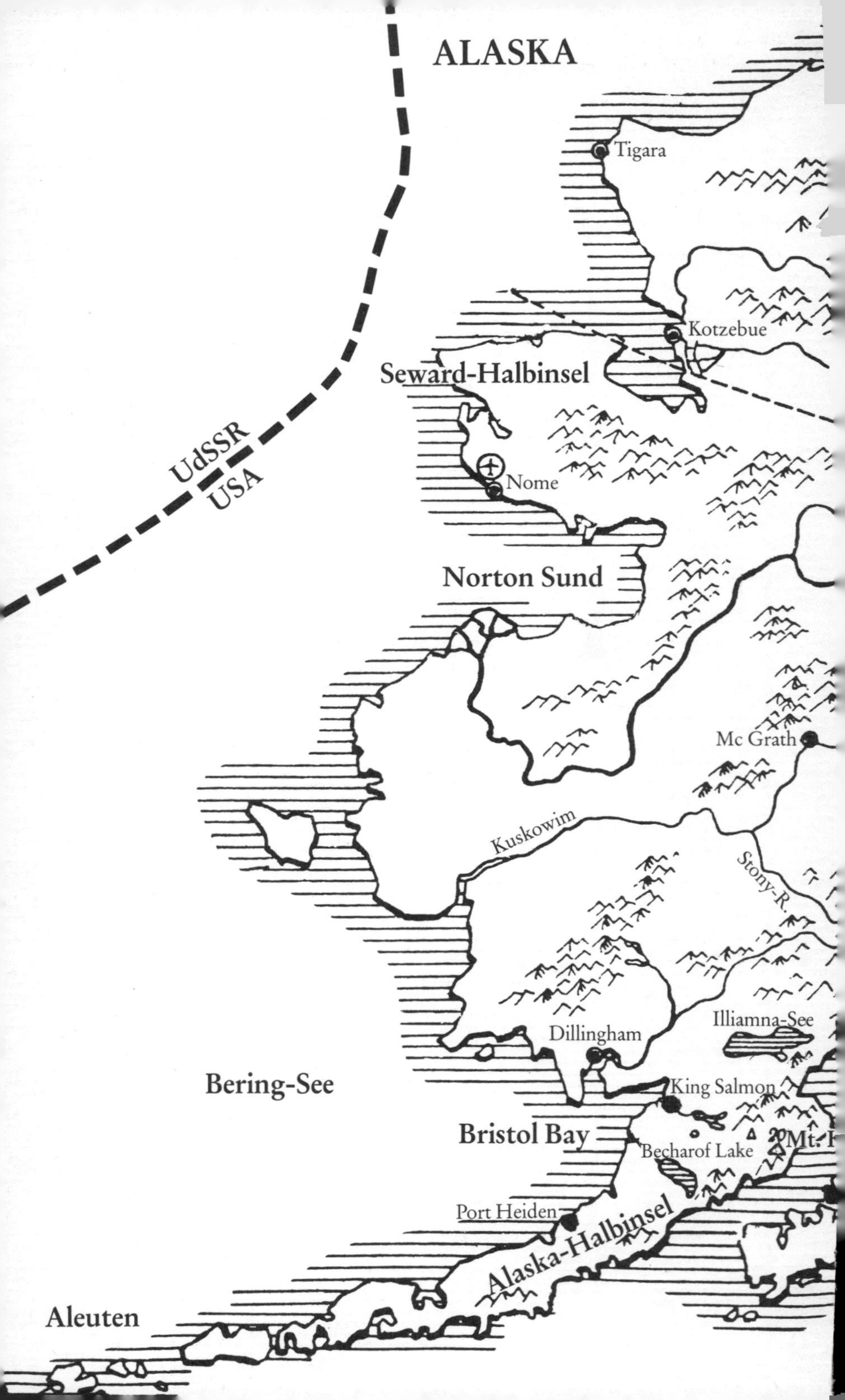

ALASKA
Tigara
Kotzebue
Seward-Halbinsel
UdSSR
USA
Nome
Norton Sund
Mc Grath
Kuskowim
Stony-R.
Illiamna-See
Dillingham
Bering-See
King Salmon
Bristol Bay
Becharof Lake
Port Heiden
Alaska-Halbinsel
Aleuten